KB266656

팀장의 품격

팀장의 품격

리더가 되기 전에
반드시 알아야 할 21가지   김성완 지음

21세기북스

제대로 소통하는 조직이 성과를 낸다

어느 날 독자로부터 한 통의 이메일을 받았다. 입사한 지 15개월 되었는데 조직 생활이 너무 힘들다는 이야기였다. 상사는 일을 가르쳐주지 않고 윽박지르기만 했고, 조직은 기본적인 회계조차도 제대로 되어 있지 않는 등 체계가 없다고 했다. 학교에서 재무회계에 대한 공부를 했지만 실무를 해본 경험은 없었던 그는 중소기업의 특성상 관련 담당자 이외에는 물어볼 대상도 없었다. '맨땅에 헤딩'하다시피 하루하루를 보내고 있는데, 그의 상사는 이러한 상황을 이해해주지 않고 무조건 하라는 식이었다. 이런 상황을 얼마나 더 버텨야 하는지, 아니면 떠나야 하는 것이 맞는지 물어왔다.

또한 팀장들의 하소연도 있었다. 요즘 사원들은 조금만 힘들면 회사를 그만두려고 하고, 주말 특근을 지시하면 그 자리에서 "다른 일이 있어 못한다"고 한다는 것이다. 가져오는 보고서는 내용은 많은데 알맹이는 없다고 했다. 어디서 좋은 것은 모두 모았는데 쓸 만한 아이디어가 없다고 하며, "어디 좋은 인재 없냐"는 하소연이었다.

무엇이 우리 조직에서 이런 상황을 만든 것일까? 결론은 조직 내 소통이 잘 되고 있지 않기 때문이다. 혹자는 이것이 하루 이틀의 문제가 아니라고 한다. 어떤 사람은 이런 문제가 없는 조직이 어디 있냐고 한다. 맞는 말이다. 이런 일화는 이제 일상적으로 벌어지고 있다. 그런데 문제는 이런 일을 그냥 흔한 일로 여긴다는 점이다. 조직의 생산성이 낮고 조직에 대한 직원들의 충성도가 떨어진다고 할 때 그 근본 원인은 무엇일까?

단언컨대 조직 내 의사소통의 장애가 조직의 생산성과 창의성을 갉아먹고 있다고 생각한다. 그런데 조직 내 의사소통 문제의 심각성에 비해 그 해결책이란 것이 빈약하기 짝이 없다. 소통을 잘할 수 있는 방법에 대해 이론이나 경험담을 담은 서적들은 넘쳐난다. 그럼에도 불구하고 현실은 왜 바뀌지 않을까? 결론은 지금까지의 소통의 방식을 바꾸고 새로운 소통의 습관을 조직 내에 자리 잡게 해야 한다는 것이다. 그렇지 않고 몇몇 사람들의 각성이나 주장만으로는 조직 내 소통의 방식은 바뀌지 않는다. 조직 내 소통의 방식은 개인의 이슈이기보다는 조직 내 문화로 자리 잡혀 있다. 그렇기 때문에 조직의 최고 의사결정권자부터 팀장이나 일선 관리자까지 소통의 방식을 바꾸려는 전사적 노력이 따라야 한다. 왜냐하면 우리나라에서는 효과적인 의사소통 방식에 대해 체계적인 학습이나 훈련이 거의 되지 못했기 때문이다.

리더는 구성원들이 좀 더 적극적, 자발적으로 일을 처리하길 원한다. 구성원들은 리더가 좀 더 명확하고 구체적인 지시를 주고, 이를 활용할 수 있는 자원을 제공하길 원한다. 문제는 서로가 과업을 바라보는 차이에서 발생한다. 그러한 차이를 해소할 수 있는 것은 지시와 보고의 대화 과정에 달려 있다. 상사는 자신도 모르는 지시를 하고, 부하는 이해되지 않는 지시를 이해한 것처럼 받아들이는 현실에서 조직의 갈등과 자원의 낭비가 발생하고 경쟁력은 떨어지게 된다.

필자는 김훈의 『칼의 노래』를 읽고 임진왜란 당시 이순신 장군이 23전 23승을 할 수 있었던 이유를 아래의 '부하와의 의사소통' 대목에서 찾았다.

"본 것을 본 대로 보고하라. 들은 것은 들은 대로 보고하라. 본 것과 들은 것을 구별해서 보고하라. 보지 않은 것과 듣지 않은 것은 일언반구도 보고하지 말라."

이것은 전장에서 전략과 전술을 수립하는 장수에게 객관적인 사실과 데이터를 확보하기 위한 지시법이다. 이렇게 구체적인 지시가 구체적인 결과를 가져온다.

또한 세종대왕의 한글창제 과정을 심도 깊게 그려낸 드라마 〈뿌리 깊은 나무〉에서도 세종대왕의 효과적인 대화방식을 느낄 수 있다. 세종대왕도 경연장에서 신하들의 반대에도 불구하고 자신의 의지와 목표를 강압적으로 관철시키는 것이 아니라, 신하들의 반대가 가지는 모순을 질문을 통해 스스로 깨닫게 한 것이다. 또한 집현전 학사들의 자발적인 동의를 이끌어내는 경청과 질문의 탁월한 대화법은 당대 최고의 업적을 탄생시킨 비결이다. 그것은 구성원들과의 효과적인 대화법이 성공적인 결과를 만들어 낸 비결임을 증명해준 셈이다.

그렇다면 매일 얼굴을 마주보며 함께 일하는 우리 직장의 모습은 어떨까? 위에서 예를 든 사원의 모습과 팀장들의 사례를 보면 마지못해 일하는 경직된 모습이 떠오른다. 최근 들어 '창조경제' '창조적 기업'을 이야기하는 목소리가 높다. 또한 '소통'의 중요성은 수년 전부터 국가뿐 아니라 모든 조직의 핵심 성공요인으로 꼽히고 있다. 그럼에도 불구하고 조직 내 의사소통은 얼마나 달라졌고 또 나의 소통방식은 얼마나 바뀌었는가?

소통이 중요하고 바뀌어야 한다는 것을 머리로는 알고 있지만 그것이 일상 대화로 표현하기 어려운 것은 크게 두 가지 이유 때문이다.

첫 번째는 사람은 감정을 가지고 있다는 점에서 기인한다. 의사결정의 과정 혹은 지시와 보고의 과정에서 문제에 직면하면 이성적 해결책을 찾지만 우선 화가 나거나 감정이 상하는 경우가 많다. 그렇다면 논리적 접근이나 이성적 대화를 기대하기 어려워진다. 물론 이러한 상황에서도 이성적이고 논리적 접근을 하는 사람은 어릴 적부터 그렇게 대응하도록 훈련이 된 상태이다. 그렇지 못한 대부분의 상사나 직원들은 감정적 대응이 먼저 나오게 마련이다.

두 번째는 지시나 보고의 효과적인 방법에 대한 훈련이 되어 있지 않기 때문이다. 특히 일을 잘하는 사람일수록 혼자서는 잘하는데 함께 팀으로 일하는 데는 미숙하거나 갈등을 일으키는 경우가 많다. 그것은 함께 일하기 위해서는 방법이나 순서, 기준에 대해 사전에 일하는 사람들 간에 공유가 되어 있어야 하는데, 그렇지 못한 경우가 많기 때문이다. 바로 지시나 보고 혹은 조직 내 대화방식에 대한 바람직한 습관이 형성되어 있지 않은 것이다. 특히 사원이나 대리들의 경우 자신의 감정을 억제하지 못하고 돌발적인 행동을 하는 것도 함께 대화하고 일하는 방식에 대한 습관이 형성되지 못했기 때문이다. 따라서 사원들이 함께 일하고 생각하고 대화하는 방식에 대해 조직 차원의 학습이 이루어져야 한다.

이 책은 이러한 두 가지 관점, 조직 내 의사소통에서 발생하는 감정의 문제와 바람직한 의사소통방법의 습관 형성에 초점을 맞추어 기술하였다. 조직 내 리더나 관리자뿐 아니라 사원에게도 도움이 될 수 있도록 쌍방향 관점에서 기술하였는데, 이는 의사소통이란 한 사람만 바뀐다고 효과가 나지 않기 때문이다. 조직을 구성하는 모든 사람들이 효과적인 의사소통법을 학습하고 습관으로 형성할 때 소통을 최대화시킬 수 있다.

그렇다면 어떻게 하면 대화의 과정에서 감정의 문제를 해결하고 효과적인 대화방법을 습득할 수 있을까? 필자는 효과적인 방법으로 '코칭대화 방식'을 제안한다. 오늘날 리더는 바로 '코치'이다. 코칭은 단순한 대화가 아니라, 주제를 해결하기 위한 대화 과정이다. 또한 코칭은 상대방의 잠재력을 극대화하여 조직이나 개인이 달성하고자 목표를 달성하도록 돕는 효과적인 의사소통의 도구이다. 오늘날 많은 조직에서 코칭을 도입하고 있거나 계획 중에 있다. 도입한 회사의 이야기를 들어보면 코칭을 조직에 적용하기 어렵다고 한다. 조직에 적용하기 가장 어려운 핵심이유는 코칭대화를 할 시간이 없다는 것이다. 지시와 보고를 빨리 해야 하는 실정인데 어느 세월에 이야기를 다 들어주고 기다려주느냐는 것이다. 현실에서는 빠른 지시와 대응이 최우선이라는 것이다. 물론 맞는 말이다. 그러나 상대방과 코칭대화를 하는데 몇 시간이 걸릴 수도 있지만 단 1분의 대화로도 코칭대화를 할 수가 있다. 그것은 코칭대화의 핵심이 경청과 질문, 피드백으로 구성되어 있기 때문이다. 몇 마디의 질문으로 수십 번의 지시를 대신할 수 있다. 몇 분의 경청으로 상대방의 마음을 무장해제시킬 수 있다. 그 핵심은 상대방과의 대화에서 내 생각을 일방적으로 강조하는 것이 아니라 상대방의 생각에 맞춰 내 생각을 이야기하기 때문이다. 억지로 설득하기보다는 상대방이 스스로 모순을 발견하고 개선하기 때문이다.

이 책은 조직의 리더나 관리자들이 업무의 생산성을 높이고 구성원들의 역량과 욕구를 강화하기 위해 다양한 조직 내 의사소통의 사례들을 코칭대화 방식으로 제시했다. 팀장 등 리더들이 겪고 있는 각각의 사례별 의사소통 상황들을 함께 살펴봄으로써 효과적인 대화방식을 습득할 수 있도록 구성하였다. 독자들이 이 책에 제시된 사례들을 읽으면서, '내가 이 상황이라면 어떻게 할까?'라고 생각한다면 자신만의 효과적인 대화방식과 습관을 형성하는 데 도움이 될 것이다.

이 책에 제시된 사례는 필자가 코칭과 기업현장에서 경험한 것을 바탕으로 각색한 것이다. 따라서 실제 기업현장에서 발생하는 생동감을 전달하기 위해 구체적인 상황을 기술하고 이슈별 해결점을 제시하려고 했다. 각각의 사례들은 스토리텔링 형식을 빌려 독자들의 공감을 얻고자 했고, 직장 내 소통의 문제를 겪고 있는 구성원들에게 '코치'로 등장하여 그 해결법을 적극적으로 모색하고자 했다.

또한 실제 상황을 해결하기 위한 최적의 이론이 무엇인가를 찾고 검토한 결과, 효과적인 대응법에 관련된 이론들을 기존 커뮤니케이션 저술들에서 인용하였다. 이것은 의사소통의 저술들이 각자의 경험만을 기술하는 오류를 최소화하고 이론적 차원의 공감대를 형성하고 발전시키는 데 일조하기 위함이다.

이 책은 항상 '성과'를 생각해야 하는 이 시대의 직장인들을 위해 쓰였다. 필자는 특히 앞장서서 부하들을 관리해야 하는 팀장들의 멘토가 되고자 자처했다. 이 책은 조직 내에서 효과적으로 소통하고 성과를 높이는 방법을 5개의 장으로 구성하였다.

1장은 상사와 부하사원 간의 갈등을 제시하고 이에 대한 효과적인 대응법을 소개한다. 사원들이 조직을 떠나는 이유의 절반이 바로 상사와의 갈등이다. 그만큼 상사와의 원만한 대화와 관계형성은 성공적인 조직생활의 필수요건이다. 마음이 맞지 않는 사람과 함께 있다는 것은 어떤 상황에서든 불행한 일이다. 문제는 상사들이 부하사원들은 어떤 생각을 하며 직장생활을 하고 있는가에 대해 무지하다는 점이다. 이 책에서는 팀장이라면 반드시 알아야 할 부하사원과의 소통법을 알려주어 업무를 원활히 하고 능력을 제고하도록 했다.

2장은 조직 내 동료 간의 의사소통 이슈와 대처법을 제시한다. 함께 일하는 동료들과 모두 마음이 맞을 수는 없다. 그것은 모든 사람이 내 맘 같기를 기대하는 것과 같다. 문제는 서로 다른 생각을 하고 다른 방식으로 일하는 사람들과 어떻게 하면 효과적으로 갈등을 해결하고 대처해가는지를 아는 것이다. 직장 동료 간의 갈등은 갈등의 당사자 뿐 아니라 조직 전체를 불행의 소용돌이로 끌어들일 수 있기 때문에 리더나 관리자들은 더욱 조심스럽게 다루어야 한다.

3장은 개인의 욕구와 조직의 방향 사이의 갈등을 다루면서 팀장들의 삶의 문제를 짚어보았다. 목표설정, 평가와 보상, 업무 및 성과 개선 그리고 직무순환까지 직장 내에서 발생하는 개인들의 욕구를 어떻게 하면 조직의 제도와 프로세스 상에서 효과적으로 담아낼 수 있을까에 대한 모색들이다. 결국 조직의 성과는 개인의 비전이나 욕구와 조직의 방향성의 일치에서 이루어진다. 조직의 성과를 높이는 팀장이 되기 위해서도 자신의 비전과 욕구를 검토해보아야 한다.

4장은 직원들의 일과 생활에서 발생하는 이슈나 갈등을 어떻게 풀어가는 것이 좋은지 살펴보았다. 특히 우수한 성과를 내는 인재일수록 직장과 가정 생활의 불균형에서 비롯되는 문제가 많다. 리더나 관리자들은 표면적으로 드러나지는 않지만 개인적으로 안고 있는 말 못하는 문제들까지도 함께 고민해야 우수한 인재들과 오랫동안 함께 일할 수 있을 것이다. 직장인들이라면 누구나 한번쯤 일과 생활에서 발생하는 고민을 겪게 된다. 중요한 것은 그러한 문제를 개인의 문제로 치부하기보다는 조직의 리더나 관리자들이 함께 이야기하고 해결할 때 일터가 단지 일만 하는 곳이 아니라 또 하나의 가족처럼 보람 있는 직장이 될 수 있다.

끝으로 5장은 개인과 팀 혹은 팀 간에 발생하는 갈등의 효과적인 해결 방법을 다루어보았다. 조직의 문제는 개인이나 조직의 사각지대에서 발생하는 경우가 많다. 개인 및 팀에서 발생하는 이슈나 문제를 최소화하고 효과적으로 대응하기 위해 조직개발의 차원에서 구체적인 방법과 진행방법을 기술해보았다. 신임리더가 조직에서 성공적으로 안착하는 어시밀레이션 스킬, 구성원들의 업무성취도를 높이는 어치브먼트 워크샵, 효과적인 팀을 만들기 위한 MRG워크샵, 팀 간 갈등을 푸는 ITB워크샵 등의 방법들이 도움이 될 것이다.

이 책은 많은 사람들의 도움과 지원으로 이뤄진 결과물이다. 모두를 인용할 수는 없지만, 특히 코칭과 강의 현장에서 다양한 이야기와 아이디어를 주신 모든 분들께 감사드린다. 그분들이 제기한 문제를 풀고자 시작한 글 한 편 한 편이 이 책의 초고가 되었다. 그 초고를 2009년부터 실어주신 《동아비즈니스리뷰(DBR)》 김남주 편집장님과 독자들에게도 감사의 인사를 드린다. 또한 작은 글들이 한 권의 책으로 출판될 수 있도록 물심양면으로 지원해 주신 21세기북스의 김영곤 사장님과 편집진들에게도 감사드린다. 끝으로 사랑하는 부모님과 항상 곁을 지켜주며 모든 글들을 감수해주고 아낌없는 조언을 해주는 아내 이현주와 아빠의 글이 도덕책 같다고 말하는 아들 윤환과 아빠의 영원한 팬인 딸 유민에게 이 책을 바친다.

이 책이 동시대를 살아가는 직장인들, 특히 막중한 책임을 가진 팀장들의 성과 향상과 역량 강화에 도움이 되길 간절히 바랄 뿐이다. 혹시 사례와 인용과정에서 오류가 있다면 전적으로 저자의 부족함 때문이다. 끝으로 이 책이 오늘도 조직의 최일선에서 성과 창출을 위해 씨름하는 리더와 일선 관리자 그리고 모든 직장인들에게 고高성과 조직을 만드는 의사소통 가이드북으로 자리매김하길 기대한다.

2013년 여름
김성완

차례

PART 1 소통할 줄 아는 리더가 성공한다
– 상사·부하간 소통 능력

PART 4 삶을 관리해야 성과를 높인다
– 일과 생활의 방향 조정 능력

소통할 줄 아는 리더가 성공한다

상사 · 부하간 소통 능력

어떻게 하면 팀원들을
움직일 수 있을까요?

박 공장장은 회의실 문을 박차고 나왔다. 비상회의를 운영한 지 7개월째, 뾰족한 대안이 없다. 영업팀에서 물량을 따오지 못하니 생산량은 갈수록 줄어들고 있다. 그렇다고 제품을 마구 찍어내 재고로 묵힐 수도 없었다. 5년 전 불량재고로 인해 엄청난 적자 위기를 경험했기 때문이다. TV패널의 부품을 생산하면서 이렇게 긴 불황의 터널은 처음 겪는다고 했다. 작년 상반기 유럽발 경제위기가 중소기업의 허리를 옥죄고 이제 턱밑까지 올라온 것이다.

벌써 공장은 잔업이 없어진 지 오래다. 하루 3교대로 돌리던 것을 주간 근무로 전환해 일하는 날보다 노는 날이 더 늘어났다. 노는 날이 늘면 좋을 법도 하건만 직원들의 얼굴엔 웃음이 오래전에 사라지고 없다. 박 공장장은 5년 동안 끊은 담배를 다시 피우기 시작했다. 일명 '불황 금단현상'이다. 불황이 올 때마다 흡연욕구가 일어났다. 그는 자신의 집무실로 향했다. 그곳엔 '통코치'가 기다리고 있었다.

"코치님 많이 기다리셨죠?"

"아닙니다. 공장장님! 30분밖에 안 기다렸으니 오늘은 준수한데요. 그나저나 오늘 회의는 성과가 좀 있었는지요?"

"사람들이 모두 복지부동이에요. 다들 자리보전에만 궁궁하지, 위기를 타개할 대안을 내놓지를 않네요. 오늘도 호통만 1시간 동안 치다가 왔어요. 이제 그것도 약발이 떨어졌나봐요. 회의만 하면 꿀 먹은 벙어리가 되는 것 같아요. 차라리 로봇을 두고 회의하는 게 낫지."

"공장장님, 제가 지난번에 드린 말씀 잊으신 것은 아니죠?"

"알죠. '질책하지 말고 먼저 들어라' '말한 내용을 질문을 통해서 확인하라'. 그런데 막상 화가 머리끝까지 뻗치면 사람들 이야기가 귀에 들리겠습니까? 혼을 내도 시원치 않을 판에……"

"혼을 내시면 사람들이 좀 알아듣는 것 같은지요?"

"그때뿐이죠. 모두 자기 몸만 사릴 뿐 회사는 안중에도 없어요. 정말, 부장씩이나 달고 앉아서는…… 월급이 아까워."

"그럼 공장장님은 팀장들이 어떻게 해야 한다고 생각하세요?"

"뭐 딴 거 있나요? 위기 극복을 위한 아이디어 팍팍 내고, 도전하고, 그러면서 하나씩 성과도 만들어내고. 새로운 아이디어를 제안하는 팀장이 없어요. 이러다 정말 큰일날 텐데."

박 공장장은 담배를 피워 물었다. 이미 재떨이는 아침부터 피운 담배로 수북했다.

"팀장들이 왜 아이디어를 제안하지 못하고 행동으로 옮기지 못할까요?"

"먼저 회사의 위기가 자신의 위기라고 생각하지 않아요. 좀 지나면 나아지겠거니 하고. 옛날에도 그랬으니까. 어려울 때는 버티기만 하면 된다고 생각하는 것 같아요. 그런데 지금의 위기는 차원이 달라요. 시장 구매력이 상실된 상태란 말입니다. 옛날에는 품질이나 가격 경쟁력으로 밀어붙였는데 이제는 시장 자체가 얼어붙었으니 판로가 없는 거죠. 유럽은 벌써 맛이 갔고, 미국도 계속 소비 감소 추세이고 그나마 중국인데, 중국도 서서히 줄고 있어요. 전 세계 소비가 얼어붙었어. 그야말로 작년부터 한파가 계속 몰아치고 있는 겁니다.”

“공장장님과 팀장들의 이야기를 들을 때마다 가슴이 아픕니다. 팀장들도 뭔가 노력해야 한다는 것은 아는데 쉽게 해결책을 찾지 못하는 것 같습니다. 소비가 감소한다는 기본 문제가 있으니 생산성 향상만으로도 한계가 있다는 것이죠. 그나마 직원들이 위기를 느끼고 자율적으로 근로시간 단축과 임금 조정에 동참해줘서 다행이라는 분위기입니다.”

“사원들이 임금 삭감에 동참하면 팀장이라는 사람들은 대안을 만들어내야 할 것 아닙니까. 언제까지 소비 감소 타령만 할 건지. 그러다 소비가 살아나지 않아서 회사가 문 닫은 뒤에도 그 타령만 할 건가?”

“사장님께서는 별다른 말씀 없으셨는지요?”

“사장님도 속이 타들어가죠. 우리는 위기를 머리로 느끼지만 사장님은 몸으로 느끼고 계시니까요. 그동안 쌓아온 유보금으로 버티고 있지만, 그것도 올 상반기가 지나면 바닥이 납니다. 상반기 안에 대책을 만들어야 하는데, 회의를 할수록 자꾸 회의만 드는군요. 통코치, 사람들을 움직이게 하는 좋은 설득의 비법이 없을까요?”

팀원들에게 변화 의지가 없을 때

설득의 첫 번째 법칙은 상대방을 변화시키려 하기 전에 먼저 상대방을 이해하는 것이다. 상대방이 내가 시키는 대로 행동한다는 것은 〈그림1〉에 따르면 동기가 유발된 상태를 뜻한다. 이는 내 직위의 권위로 인해 강제로 이루어진 것일 수도 있고, 순수하게 자발적으로 일어난 것일 수도 있다. 혹은 이도 저도 대안이 없었기 때문일 수도 있다. 당신은 상대방이 어떤 마음으로 일을 하기를 원하는가? 행동의 변화를 가장 단기간에 원한다면, 강제로 시키면 된다. 다시 말해, 지시나 상명하달이다.

시키는 대로 하게 만드는 것은 고전적인 리더십이다. 산업화 시대에는 빨리, 많이 찍어내면 되었다. 이를 위해서는 시키는 대로 하는 것이 중요했다. 그러나 요즘은 어떤가?

오늘날 한국기업들은 세계 최선두에 서 있다. 즉 한국기업들 스스로가 새로운 것을 개발하고, 시장을 개척해야만 한다는 의미다. 어떻

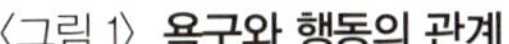

〈그림 1〉 **욕구와 행동의 관계**

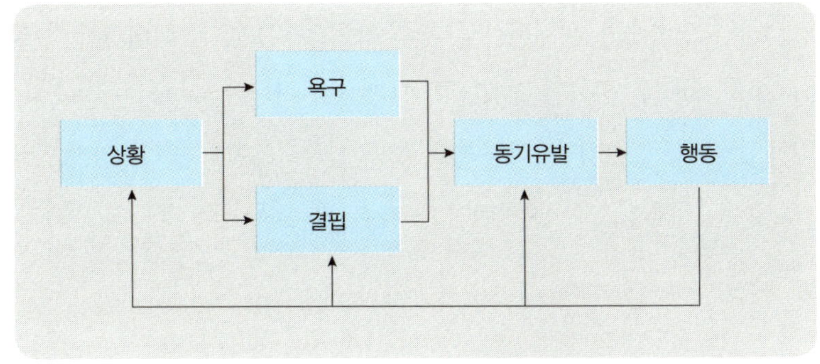

게 하면 개발 의지와 도전정신을 촉진할 수 있을까? 먼저, 직원들이 자발적으로 대안을 만들어내는 분위기를 조성하는 것이 필요하다. 분위기를 만든다는 것은 직원들로 하여금 일하고 싶은 마음을 일으킨다는 것이다. 그것은 그들의 마음을 이해하는 것에서 시작한다.

사람의 마음을 이해한다는 것, 그것은 사람을 움직이는 가장 큰 동력이다. 상호 문제가 생기는 것은 서로의 마음을 제대로 이해하지 못했기 때문이다. 서로의 마음을 아는 사람들은 눈빛만 봐도 통한다. 그때 눈빛은 마음의 빛이다. 경기가 악화된 상황에서 사람들의 마음은 어떻게 될까? 대부분 움츠려든다. 왜 그럴까?

위기상황에서 상위의 욕구가 우선일까, 아니면 하위의 욕구가 우선일까? 매슬로의 욕구 5단계에 근거하면 대체로 하위의 욕구가 먼저 발동한다. 위기상황일수록 생리적 욕구, 안전의 욕구가 먼저 발동한다. 소속감이나 남들로부터의 존경도 중요하지만 안전이 담보되지 않는 상황에서 자아실현의 욕구를 기대하기는 어렵다. 따라서 사람들이 움직일 수 있도록 생리적 욕구와 안전의 욕구를 충족시켜줘야 한다. 사람들이 불안한 마음을 가지고 있는데, 불안을 증폭시키고 위협과 강압적 태도로 일관해서는 지속적인 효과를 거둘 수 없다.

사람들의 마음을 이해한다는 것은 아기를 바라보는 어머니의 마음과 같은 것이다. 아기의 울음소리만 들어도 어머니는 아이가 아픈지, 배가 고픈지, 졸린지, 놀아달라고 칭얼거리는 것인지 안다. 진정으로 직원들을 이해하고자 하는 마음을 가질 때, 직원들의 행동에 변화가 나타난다.

말귀를 알아듣지 못할 때

설득의 두 번째 법칙은 명확하게 말하는 것이다. 상대방이 말귀를 못 알아듣는 것이 아니라, 내가 명확하게 말하지 못하는 것이다. 명확하게 말한다는 것은 어떤 것일까? 이것은 듣는 사람이 알아듣도록 말하는 것이다. 나는 '아'라고 이야기하는데, 상대방은 '어'라고 듣는다면 누구의 잘못일까? 말을 듣는 사람에게도 문제가 있지만, 말을 하는 사람이 더욱 책임이 크다. 그렇다면 어떻게 하면 명확하게 말할 수 있을까?

명확하게 말하는 것은 적어도 2가지 조건이 충족되어야 한다. 먼저 사실fact에 근거해서 이야기해야 한다. 사람들이 이해하지 못하거나 오해하는 가장 큰 이유는 그 말이 사실이 아니거나 자신의 생각과 다르다고 생각하기 때문이다. 사실이란 실제 일어난, 있는 그대로의 모습이다. 그러므로 사실에는 개인의 의도나 주관이 개입되지 않아야 한다.

두 번째는 나의 말이 상대방에게 동기부여motivation가 되어야 한다. 명확히 표현한다는 것은 말하는 사람이 주체가 되는 것이 아니라 듣는 사람이 주체가 되어야 하는 것으로, 듣는 사람이 명확히 이해할 수 있다면 명확히 표현된 것이라고 할 수 있다. 그러기 위해서는 표현 방법이나 내용이 상대방의 관심이나 흥미를 유발시킬 수 있어야 하며 궁극적으로 상대방의 행동으로 전이될 수 있어야 한다.

정리하면 명확하게 말하는 것은 말을 듣는 사람이 이해할 수 있고 행동으로 옮길 수 있도록 유도하는 말하기를 의미한다. 그런데 상대방의 마음을 이해하고 명확하게 표현했는데도 변화가 없다면 어떻게 해야 할 것인가? 설득의 기초는 말을 잘하는 것이 아니라 상대방의 말을 잘 듣는 것이다. 그리고 상대방을 설득한다는 것은 나의 의도를 상대방에게 제대로 전달하는 것이다. 리더가 말을 하는데 사람들의 머릿속에 '또 시작이네' '언제 끝날까?' '오늘 점심 뭐 먹을까?' '그 놈의 잔소리' 같은 생각뿐이라면 어떻게 해야 할 것인가? 설득의 세 번째 법칙에서 그 해답을 찾아보자.

내 말이 씨알도 안 먹힐 때

설득이란 상대방이 나의 뜻을 이해하여 스스로 행동하게 만드는 것이다. 따라서 설득은 강요나 협박, 타협과는 다르다. 스스로 행동하게 하는 것, 여기서 설득의 핵심을 발견할 수 있다. 어떻게 하면 상대방이 스스로 행동할까? 먼저 설득의 첫 번째 법칙인 '상대방 이해하기'와 두 번째 법칙인 '명확하게 말하기'가 선행되어야 한다. 그 다음 세 번째 법칙, '상대방을 억지로 설득시키려는 대신 질문하기'가 따라야 한다.

비즈니스 회의에 참관해보면, 많은 경우 리더들이 참가자들보다 이야기를 더 많이 한다. 물론 리더는 내용을 파악하고 의사결정을 내려야 하므로 많은 이야기를 할 수 있다. 그러나 문제는 리더가 참석자들의 의견을 듣기보다는 자신의 의견을 주장하는 데 더 치중한다는 점이다. 이것의 병폐는 무엇일까? 리더 혼자만 이야기를 하고 모든 결정을 내리면 직원들은 생각할 필요가 없어진다. 시키는 일만 잘하면 된다는 생각에 빠지게 된다. 결국에는 스스로 할 수 있는 힘이 없어지고, 상사의 눈치만 보게 된다. 이것이 바로 조직의 불통不通병이다. 불통병은 자기 의사를 구체적으로 표현하지 못하고 위만 바라보는 조직의 의사소통 장애이다.

이러한 불통병을 고치는 가장 좋은 약이 바로 '질문'이다. 질문을 하게 되면 크게 3가지 효과를 얻을 수 있다.

첫 번째 효과는 사람들의 생각이나 의도를 파악할 수 있다는 것이다. 이것은 설득의 첫 번째 법칙인 상대방을 이해하기와 연관되어 있다. 상대방의 의도를 파악하기 위해 경청도 중요하지만 적절한 질문을 하는 것이 효과적이다. 다만 질문을 할 때 주의할 점은 상대방에게 공격적이라는 인상을 주지 않는 것이다. 직원들의 생각이나 의도를 파악하려는 상사들의 질문이 공격적이라고 느낄 수 있기 때문이다.

질문의 두 번째 효과는 내가 말한 내용을 이해했는지 확인할 수 있다는 것이다. 어떤 주제에 대해 이야기를 하고 지시했으면 상대방이 얼마나 이해하고 있는지 꼭 확인 질문하는 것이 중요하다. 확인 질문을 통해 상대방이 무엇을 알고 무엇을 모르는지 알 수 있다. 또한 상대방의 생각을 이해하고 상대방의 의도를 파악할 수 있다.

질문의 세 번째 효과는 상대방의 생각을 열어주는 데 도움이 된다. 사람은 자신의 가치와 습관, 기준에 따라 생각하는 경향이 있다. 모든 일들에 판단하고 행동하는 데 정해진 방식대로 생각하는 습관이 있다. 그렇기 때문에 새로운 시각으로 바라보거나 새로운 대안을 떠올리기가 쉽지 않다. 기존에 생각하지 못했던 질문을 받으면 갑자기 멍해진다. 질문을 한 뒤에는 스스로 생각하고 이야기할 수 있도록 시간을 주고 기다려주는 것도 필요하다. 질문을 한 뒤에 상대방이 바로 대답

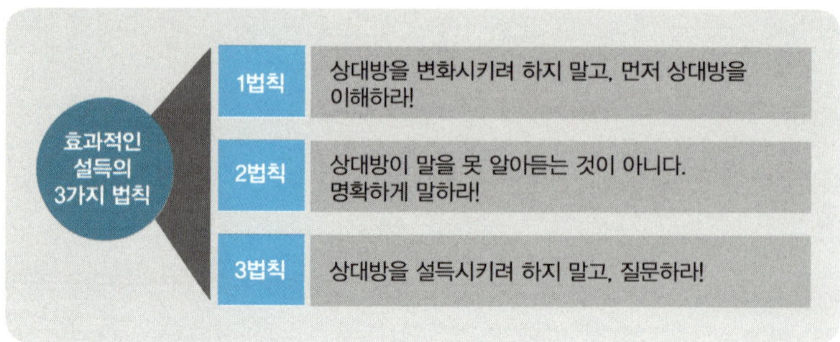

을 하지 않는다고 꾸지람을 하거나 질책하기도 하는데, 상대방의 생각을 열고 싶다면 기다려주어야 한다.

이상에서 살펴본 효과적인 설득의 3가지 법칙은 먼저 상대방에 대한 이해와 신뢰를 형성하고 명확한 말하기와 적절한 질문을 통해 사람들이 스스로 움직이게 하는 것이다. 스스로 하는 방법을 찾도록 가장 효과적으로 도와주는 것은 바로 질문이다. 구성원들이 스스로 행동할 때, 조직은 창의적이고 생산적인 고高성과 조직으로 탈바꿈한다.

대화는커녕 화부터 납니다

김 팀장은 말없이 커피잔을 들었다. 원두커피의 그윽한 향이 구름처럼 피어올랐다. 통코치는 이번 코칭의 취지와 의미, 그리고 코칭 프로세스에 대해 설명했다. 김 팀장은 마시던 커피잔을 내려놓으며 말문을 막았다.

"코치님, 저 바쁘거든요. 다음 달 5일까지 신상품 기획안을 만들려면 2주도 남지 않았어요. 여기서 코치님이랑 한가하게 이야기할 시간 없습니다. 회사에서 하라고 해서 왔지만 코칭받을 여유가 별로 없습니다. 받은 것으로 할 테니 그냥 넘어가면 안 될까요?"

"회사에서는 핵심인재들을 대상으로 코칭의 기회를 제공했지만 필요 없으시다면 안 하셔도 됩니다. 인사팀에 통보하시면 되고요. 후에 코칭이 필요하다고 생각되실 때 다시 신청하시면 됩니다."

잠시 어색한 정적이 흘렀다.

"아니 그렇다고 코치님께서 바로 그만두자고 하면 제가 좀 그렇지 않습니까? 기왕 회사에서 어렵게 기회를 준 거, 한번 해보죠. 이것도 리더십 개발의 기회가 될 수 있겠죠. 좋습니다. 다만 출장이나 회의로 시간 내기가 어려울 수 있다는 점은 사전에 알려드립니다.”

“그러시죠. 핵심인재들은 일도 많고, 높은 성과를 유지하려면 더욱 바쁘시겠지요. 출장이나 회의로 시간 내기가 어려울 때 이틀 전까지만 저에게 연락 주시면 조정하도록 하겠습니다.”

“그럼 무엇부터 해야 하나요?”

“먼저 김 팀장님께서 코칭받고 싶은 주제를 정하는 것부터 시작하죠. 아직 정하지 못하셨다면 좀 더 시간을 두고 자신을 탐색해보시고 저와 대화를 하면서 주제를 선정하셔도 좋습니다. 억지로 하거나 형식적인 주제를 잡아봐야 별로 도움이 되지 않습니다.”

“네, 한번 저의 리더십에 대해 생각해보겠습니다.”

“혹시 제가 팀장님의 코칭을 하기 전에 팀 회의에 참석하거나 팀원 몇 분과 인터뷰를 할 수 있을까요? 코칭 주제를 잡는 데 도움이 될 것 같습니다.”

“그러시죠. 참 팀원들은 저를 싫어할 거예요. 매일 일만 시키고 잘 못한다고 닥달하거든요. 그래도 우리 상품기획B팀 성과가 전체에서 최고입니다.”

“네, 알겠습니다. 이번 주 팀 회의 때 참관하겠습니다. 그리고 계층별로 세 분 정도만 추천해주시면 고맙겠습니다.”

질책과 훈계가 절반인 회의시간

신상품 기획안 팀 회의는 매주 금요일 오전 9시 30분에 시작해 대개 2시간에 걸쳐 진행된다. 그런데 어떤 날은 3시간이 넘도록 꾸지람과 훈계가 내내 이어지기도 한다. 그날도 시계바늘은 12시를 향하고 있었다. 마지막 발표자는 팀 내 최고 에이스로 통하는 이 대리였다. 김 팀장은 다짜고짜 몰아붙였다.

"이 대리, 지금 그 신차 콘셉트를 아이디어라고 내고 있는 거야? 지금 이 어느 시대인데 70년대 히피 같은 분위기의 차를 만들자는 거지?"

"네, 이번 신차는 좀 더 자유롭고 다이나믹하게 꿈을 추구한다는 콘셉트로 소형차를 구매하는 젊은 신세대층에게 어필할 수 있다고 생각합니다."

"꿈 좋아하시네. 꿈을 찾는 게 아니고 딴 차를 찾겠다. 차 모델 이미지가 저게 뭐냐? 완전 고물상 잡동사니네. 요즘 젊은 층은 고품격의 차를 원한다고 몇 번이나 말했어. 리서치 결과도 그렇게 나오고 있잖아. 왜 아직도 자네 생각대로만 모델을 생각해. 다른 파트의 이야기는 귀로 안 듣고 코로 듣나?"

"물론 리서치 파트에서 올린 소비자의견 조사서를 검토했습니다. 하지만 이번 소비자의견 조사서도 의미가 있지만 좀 더 다양한 계층의 의견을 들을 필요가 있다고 봅니다. 특히 소형차 중에서도 배기량 1,000CC급 차량은 직장 초년생들이 선호하는 차량이라는 점으로 볼 때 청년들의 자유와 꿈에 대한 이미지가 더욱 맞다고 생……"

"아, 이 친구 정말 골통이네. 내가 몇 번을 이야기했는데 아직도 자유와 꿈 타령이야. 그럴 거면 네가 팀장하고 의사결정하지 보고는 왜 해!"

일순간 냉기가 돌면서 침묵에 싸였다. 이 대리는 더 이상 대답을 못하고 고개를 떨구고 있었다. 모두 말이 없었다. 김 팀장은 수첩을 집어들며 회의 종료를 알리고 다음 주 수요일까지 전체 재보고를 통보했다. 그때까지 제대로 된 신제품 아이디어가 나오지 않을 때는 각오하라는 엄포까지 놓았다. 모두들 풀이 죽은 채 또 밤새야 하느냐는 불만이 새어나왔다.

2명의 인터뷰를 마치고 마지막으로 그날 보고자였던 이 대리와 인터뷰를 했다.

"오늘 팀 회의에 처음 참석했는데 이 대리님의 출중한 프레젠테이션 실력에 감탄했습니다. 자료 내용도 알찼고, 논리적 구성과 차분한 어투가 무척 설득력 있었습니다."

"칭찬은 정말 오랜만에 들어보네요. 이 팀에 와서 팀장님에게 칭찬을 들어본 적이 없거든요. 야단치지만 않으면 그게 칭찬인 거죠. 우리는 꾸지람을 밥 먹듯이 들어요."

"팀장님께서는 회의나 지시에서 항상 오늘처럼 야단치시고 나무라시는가요?"

"오늘은 그래도 양호한 편입니다. 아마 코치님이 있어서 그럴 거예요. 평상시는 더한 육두문자가 남발합니다. 회의시간에 저희 팀은 거의 동물원 분위기입니다."

"그래도 조직 전체에서 보면 팀장님은 상당한 성과를 내고 인정도 받고 있는 것으로 압니다."

"그렇죠. 저희를 완전히 쫙쫙 쥐어짜는데 좋은 아이디어가 안 나올 수가 있겠습니까? 정말 일주일 내내 밤 10시 이전에 들어가는 팀원은 1명도 없어요. 정상 퇴근은 꿈도 못 꾸죠. 일요일 하루라도 쉬고 싶을 때가 한두 번이 아니예요. 이번에도 다음 주 수요일까지 기획안 다시 만들려면 리서치부터 콘셉트 설정까지 모두 다시 해야 하는데 어떻게 들어갈 수 있습니까? 사실 일이 힘들어 떠나는 사람들이 한둘이 아니예요. 전사적으로 우리 팀은 빡세게 일하는 부서로 악명이 높지요."

"그래도 뭔가 해냈다는 성취감을 느끼기 때문에 열심히 하는 것은 아닐까요?"

"성취감도 처음에 한두 번이죠. 6개월이 멀다고 신차의 콘셉트를 만들어내야 하는데 그게 어디 매번 좋은 아이디어가 나올 수 있는가요? 히트 상품 하나 내면 그 다음 날부터 바로 다음 신차 콘셉트 회의 들어가요. 쉴 틈이 없습니다."

이 대리의 얼굴에서 피곤함과 분노가 절절히 배어나왔다. 이 대리의 이야기는 끝없이 이어졌다.

대화방식을 바꾸고 싶다면 이렇게

김 팀장과 두 번째 코칭 미팅이었다. 지난 팀 회의 관찰과 인터뷰를 토대로 코칭의 주제를 협의할 예정이다. 오늘도 원두커피가 가득 담긴 머그잔을 들고 왔다. 향은 오늘따라 더 짙게 회의실에 감돌았다.

"김 팀장님 지난주 잘 지내셨는지요? 오늘은 안색이 훨씬 밝아 보이십니다.”

“네, 어제는 우리 팀 모두 일찍 들어갔습니다. 팀원들도 연이은 야근으로 많이 피곤해 있었고요. 사무실에서 끙끙 머리를 싸맨다고 훌륭한 아이디어가 솟아나는 것은 아니거든요. 안 될 때는 바람도 쐬고 다른 곳도 가보고 그냥 푹 쉬는 것도 방법입니다.”

“맞는 말씀입니다. 지난 인터뷰에서 팀원들도 신차 개발 아이디어에 대한 심적 부담감이 컸었습니다.”

“참 지난주 팀원들 인터뷰에서 뭐 좀 좋은 제안이 있었습니까?”

“팀원들의 의견을 솔직하게 말씀드리면, ‘팀장님께서 너무 일방적으로 몰아붙이신다’ ‘자신들의 이야기를 잘 들어주시지 않는다’ ‘업무 외에 비업무적인 대화도 좀 했으면 좋겠다’, ‘칭찬도 좀 해주셨으면 좋겠다’ 등등 의견이 많았습니다.”

“팀원들이 아직 정신을 못 차리고 있네요. 세계시장에서 까딱하다가는 밀릴 수 있는 상황인데 좋은 신차 만들 생각은 안 하고 편해지려는 궁리만 하고 있네요. 그럴 줄 알았습니다. 그런 이야기 여러 번 들었지요.”

“그런 이야기를 들으실 때마다 어떤 생각이 드십니까?”

“정신이 번쩍 들도록 다그쳐야겠다는 생각이 들죠. 쇠는 두드릴수록 단단해지는 법입니다. 닦달하고 쥐어짜야 멋진 아이디어가 나오죠. 편안함 속에서는 탁월한 아이디어가 나오지 않습니다.”

“저도 그런 점은 어느 정도 공감합니다. 그런데 혹시 이런 생각은 안 해보셨는지요? 팀장님의 대화방식과 팀원들의 업무 수행속도 및 효율성이 어떤 관계인가 하는 점입니다.”

"무슨 뜻인지요?"

"팀 회의에서 팀장님께서는 '아직도 내 말귀를 못 알아듣는다'는 답답함을 주로 피력했습니다. 그리고 화도 약간 내셨고요. 그에 대해 팀원들은 입을 다물거나 고개를 떨군 채 더 이상 대답을 하지 않았습니다. 대화가 단절된 것이지요. 그리고 그때 팀장님의 훈계나 지시가 뒤따랐습니다. 이 점에 대해서 팀장님께서는 어떻게 생각하십니까?"

"저도 답답해 죽겠습니다. 똑같은 말을 몇 번 이야기했는데도 올라오는 콘셉트나 아이디어를 보면 이전 것과 별로 다르지 않아요. 이것저것 고치라고 일일이 지적해줘야 그제야 바꿔오는 경우가 많습니다. 저도 역정을 내지 않고 좋게 말하려고 하는데 그게 잘 안 됩니다."

"많이 답답하시리라 생각됩니다. 팀원들이 알아서 잘 해주면 좋은데 쉽지가 않지요. 혹시 팀장님의 대화 스타일을 조금 바꿔보시는 것은 어떨까요? 팀장님의 의도와 팀원들의 의도에 대해 토론을 하고 일치를 한 후에 보고서나 제안서를 만드는 것입니다."

"지금도 그렇게 하고 있습니다만, 팀원들이 고민을 안 해요. 제가 이야기하기 전에는 새로운 아이디어를 가져오질 않아요."

"지난번 팀 회의에서 팀장님이 하신 말씀을 내용별로 분류를 해보면, 야단이나 꾸지람이 40%였고 훈계나 지시가 40%를 차지했습니다. 감정 표현을 조금 자제하고 질문을 더 해보시는 것은 어떨까요?"

"저도 그렇게 하고 싶습니다만, 별 생각이 없는 녀석들의 이야기를 어떻게 계속 듣고 있습니까?"

"팀장님께서는 팀원들을 어느 정도 신뢰한다고 생각하십니까?"

"음, 글쎄요. 팀원에 따라 다르겠죠. 믿고 맡길 수 있는 팀원도 있고 그렇지 못한 팀원도 많아요."

"그 비율은 어느 정도 인가요?"

"뭐 반반 정도 되는 것 같습니다."

"혹시 팀장님께서 팀 회의에서 역정을 내시고 꾸짖고 나무라는 것이 팀원들에게 신뢰가 가지 않아서 그런 것은 아닐까요. 물론 다른 요인도 있겠지요. 제가 참석한 지난 팀 회의에서 발표자가 4명 있었는데 그들 모두에게 야단을 치거나 나무랐습니다. 이런 꾸지람이나 질책이 팀원들에게 어떻게 받아들여진다고 생각하십니까?"

"그래야 좀 움직이죠. 그렇지 않으면 바꾸려고 하지 않습니다."

"저는 질책이나 꾸지람이 옳다 그르다 말하는 것이 아닙니다. 팀장님께서 일방적으로 몰아붙인다는 점, 팀원들이 그 야단이나 질책을 어떻게 받아들인 것인가 하는 점에 대해서 이야기하는 겁니다."

"저도 바꾸고 싶지만 쉽지가 않네요. 사실 저도 지금의 방식에는 한계가 있다고 봅니다. 몇몇 팀원들은 떠날 궁리를 하는 것 같고요. 실적은 내야 하는데 저도 답답합니다."

"그렇다면 팀원들에 대한 피드백 방식을 바꾸는 것을 코칭 주제로 잡아보는 것은 어떨까요?"

"좋습니다. 팀원들에게 보다 효과적인 피드백 방식이 있다면 뭐든 배우고 싶습니다."

꾸짖을 땐 인정과 칭찬도 함께

사람은 누구나 야단 맞을 때 기분이 좋지 않다. 그래서 꾸짖는 사람의 말이 귀에 들어오지 않는다. 이미 감정의 문이 마음을 닫아버렸기 때문이다. 꾸짖고 야단치는 것도 그 사람이 잘 되고 더 좋은 결과를 만들라고 하는 것인데 역효과만 생긴다. 어떻게 하면 효과적으로 꾸짖을 수 있을까?

결론부터 이야기하면 꾸짖을 때일수록 감정의 균형을 잡아야 한다. 효과적으로 꾸짖기 위해서는 꾸짖는 목적을 분명히 해야 한다. 상대방의 행동을 교정시키기 위함인지, 아니면 그 행동의 결과가 마음에 들지 않아서인지를 구분해야 한다. 순간적으로 분노가 폭발해서 하는 꾸지람은 대체로 그 행동의 결과가 마음에 들지 않아서이다. 그러나 꾸지람은 상대방 행동에 대한 교정의 성격을 가질 때 효과적일 수 있다. 효과적으로 꾸짖는 사람이야말로 설득의 달인이다. 그렇다면 부하사원을 효과적으로 꾸짖는 4단계 방법을 살펴보자.

제1단계, 상대방의 강점이나 잠재력을 인정하거나 칭찬을 한다. 어떤 사람은 꾸짖을 때 소리가 높아지고 얼굴이 붉으락푸르락해진다. 또 어떤 사람은 차분하면서도 조용히 이야기하는데도 행동의 변화를 유발한다. 설득에 성공한 것이다. 설득의 달인일수록 화가 나거나 바람직하지 않은 결과에도 침착함을 유지하면서 그 사람의 감정적 동요를 막고 잠재능력을 먼저 불러일으킨다.

제2단계, 사실과 근거에 의거해 꾸짖는다. 꾸짖을 때 감정적 판단이나 선입견이 개입되는 경향이 많다. 감정과 선입견이 개입되는 순간 상대의 마음에는 빗장이 걸린다.

제3단계, 상대방이 그 사실이나 근거에 대해 생각할 수 있도록 질문을 한다. 꾸지람이 일방적인 호통이 되지 않기 위해서 꾸중받는 사람의 의견을 물어봐야 한다. 상대방이 꾸지람에 대해서 어떻게 생각하는지, 오해는 없는지 파악할 수 있다. 이럴 때 상대방이 취하는 태도가 자신의 과오를 인정하고 개선하려는 노력이 있는 경우와 그렇지 않고 핑계를 대거나 상황을 무조건 피하려고 하는 경우가 있다. 후자의 경우 인간의 자기보호 기능이 작동한 결과라고 볼 수 있다. 이럴 때일수록 한 번 더 생각할 수 있도록 기회를 주는 것도 좋다. 그렇지만 상황을 판단하지 못하고 도망갈 궁리만 할 경우에는 따끔한 말이나 야단이 필요하다. 다만 이것은 상대방의 수용 태도에 따라 제한적으로 사용하는 것이 좋다.

제4단계, 상대방의 변화를 유도하기 위해 대안을 제시한다. 물론 꾸짖는 가운데 대안을 제시하기란 쉽지 않다. 그러나 질문과 대화를 하

〈그림3〉 **부하사원을 효과적으로 꾸짖는 4단계 방법**

1단계	상대방의 강점이나 잠재력을 인정하거나 칭찬한다.
2단계	사실과 근거에 의해서 꾸짖는다.
3단계	상대방이 그 사실이나 근거에 대해 생각할 수 있도록 질문한다.
4단계	상대방의 변화를 유도하기 위해 대안을 제시한다.

다 보면 오히려 상대방이 좋은 아이디어를 제시할 수도 있다. 자신의 경험을 토대로 대안을 제시하는 것도 효과적인 꾸짖기 방법이다.

질책도 상대에 따라 다르게

꾸짖을 때 상대방의 태도와 잠재능력을 고려하면 상대방을 설득하는 데 도움이 된다. 행동의 개선이나 바람직한 결과를 가져오기 위해서는 야단이나 질책만으로는 효과적일 수 없다. 상대방의 태도와 잠재능력을 고려한 사려 깊은 꾸짖음은 상대방의 성장에 도움이 된다.

상대방의 태도를 고려함은 꾸짖을 때 그것이 수용적인가 거부적인가를 살피는 것이다. 꾸짖는 사실이나 근거를 거부하거나 받아들이지 않을 경우 다른 방식으로 꾸짖어야 한다. 한 가지 방식으로 계속 밀고 나가다가는 낭패를 볼 수 있다. 한편, 상대방의 잠재능력은 원하는 결과나 행동의 변화를 어느 정도 수위로 설정할 것인가 고민할 때 고려해야 할 요소이다. 상대방의 잠재능력에 따라 꾸짖는 방식도 달라야 한다.

먼저 태도가 수용적이고 잠재능력이 높을 경우는 인정이 중요하다. 인정과 칭찬이 다른 점은 인정은 당사자의 존재Being 자체에 대한 피드백이고, 칭찬은 당사자의 행동이나 행위Behavior의 결과에 대한 피드백이라는 것이다. 칭찬은 바람직한 결과가 나타날 때 효과적이다. 그렇지만 인정은 바람직한 결과가 나타나지 않거나 실패했을 때에도 중요하다. 일을 하다 보면 성공할 수도 있고 실패할 수도 있다. 탁월한 리더는 팀원이 성공할 때보다 실패할 때 그의 자존감을 살리고 다음 성공 기회를 만들 수 있도록 효과적으로 인정해주는 데 주의를 기울인다.

다음으로 태도가 수용적이고 잠재능력이 낮은 경우이다. 이때는 꾸지람의 성격을 격려에 초점을 두어야 한다. 격려는 긍정적 피드백이고 꾸지람은 부정적 피드백이라고 종종 생각된다. 그러나 꾸짖는 것도 격려의 방식으로 활용한다면 상대방의 수용력을 더욱 높일 수 있다. 소리치고 야단치는 것만이 꾸짖는 것이 아니다. 조용하지만 상대방을 감화시킬 수 있는 꾸짖는 방법이 중요하다.

셋째, 상대방의 태도가 거부적이고 잠재능력이 높은 경우에는 직면의 기술이 필요하다. 사실 이 경우가 꾸짖는 사람도 가장 힘들다. 잠재능력이 있지만 자신의 감정을 컨트롤하지 못하거나 고집을 부릴 경우 뾰족한 대안이 없을 때가 많다. 결국은 소리가 높아지거나 서로의 감정이 상하는 경우가 많다.

직면(대면Confrontation)에 대해, 미국의 커뮤니케이션 전문가 조셉 그레니는 『결정적 순간의 대면』에서 "상대방의 면전에서 책임을 묻는 것"이라고 했다. 직면에 관한 여러 방법들과 이론들이 있지만 제일 중요한 것은 꾸짖으려는 사람의 진정성이다. 사람은 대화할 때 대화의 내용보다는 먼저 상대방의 의도를 살핀다. 상대방의 의도가 선할 경우는 수용적 태도를 취하지만 상대방의 의도가 선하지 않거나 수용할 수 없는 것일 경우에는 대화의 내용이 아무리 옳은 이야기라도 거부한다. 부하를 꾸짖을 경우에는 부하를 진정으로 위하는 마음에서 우러난 것인지를 다시 한 번 생각하고 꾸짖어야 한다.

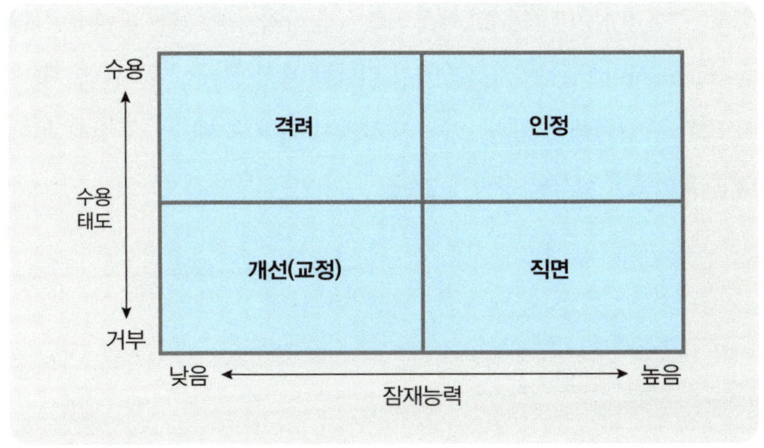

끝으로 태도도 거부적이고 잠재능력이 낮은 경우이다. 이때는 상대방의 행동을 교정시켜야 한다는 강한 목적의식이 필요하다. 그렇지 않고서는 대부분 실패한다. 성공의 잠재력이 보일 경우에는 리더가 부하의 성장을 위해 교정의 노력을 해야 하지만 그렇지 않은 경우에는 계약관계로 이루어진 기업 조직에서 굳이 '개선적 피드백'까지 하느라 헛된 노력을 할 필요는 없다.

개선적 피드백이란 상대방의 행동이나 행위의 개선을 목적으로 의도적인 개입을 하는 것을 말한다. 개선적 피드백이 통하기 위해서는 상대방이 이 목적에 동의해야 한다. 그러나 꾸지람에 대해 거부적 반응을 보이는데 개선이나 교정의 목적에 동의하기란 쉽지 않다. 그럴 때는 꾸짖는 것을 멈추고 감정의 균형을 이룰 수 있도록 시간을 가진 후 차후에 시도하는 것이 효과적이다. 개선적 피드백은 직면 이후의 단계에서도 고려할 수도 있다.

이상으로 효과적인 꾸짖기 방법에 대해 정리해보았다. 꾸짖기를 잘하지 못하고서는 조직을 효과적으로 통솔하기가 어렵다. 다양한 사람들의 요구사항이 중첩된 조직에서 리더는 부하에 대한 효과적인 꾸짖기 스킬을 터득해야 한다. 일선 현장에서 리더가 제대로 꾸짖지 못한다면 리더로서 실격될 수밖에 없다.

결재하기가 망설여집니다

A중공업 재경팀 조급해 대리는 내년도 목표 달성을 위해서는 추가적인 장비 투자가 필요하다는 안을 만들어 올렸다. 그러나 일주일이 지났는데도 재경팀장인 사 팀장의 결재가 나지 않았다. 3일 전에 찾아갔을 때도 아직 검토 전이라는 이야기를 들었다. 그후 또 이틀이나 지났지만 아직 소식이 없다. 조 대리는 다시 사 팀장을 찾았다.

"팀장님! 지난주에 결재올린 추가 장비 투자안 보셨는지요?"

"아, 금속가공 제작장비 투자건? 봤지. 그런데 갑자기 왜 금속가공 제작장비 투자건을 올렸지?"

"보고서에 작성했습니다만, 생산팀과 설계팀에서 연초부터 금속가공 제작장비 추가 투자의 필요성이 언급되고 있었습니다. 그동안 경기 악화로 본격적인 논의가 보류되었다가 최근 중장기 사업 강화를 위해 필요한 투자는 해야 한다는 경영회의 결정에 따라 필요한 시설·장비 투자안을 올리라고 해서 제출한 것입니다. 의결이 끝난 지 벌써 2주가 지났습니다. 팀장님께서도 그 회의에 참석하셨잖습니까?"

"알지, 알고말고. 그때 향후 사업을 위해 시설·장비 투자가 필요한 부분을 검토하라고 했지. 그런데 우리 팀이 아니라 생산팀과 설계팀에서 검토를 해야 하는 게 아닌가?"

"맞습니다. 사전에 현업 팀장님들과 협의를 마쳤고 결재를 맡아서 팀장님께 결재를 올린 것입니다."

"현업에서 사업부장에게 결재를 올리면 되는 것을 왜 우리가 하는 거지?"

"현업에서 올리려던 것을 제가 우리 재경팀의 검토와 팀장님의 결재가 필요한 사항이라고 강조해서 우리가 주도적으로 안을 준비한 것입니다."

"조급해 대리, 우리 일도 아닌데 꼭 우리가 나서서 올릴 필요가 있을까? 현재 경영상태도 좋지 않고. 올렸을 때 통과는 안 되고 반려되거나 핀잔만 들을 수도 있잖아."

"먼저, 투자심의는 우리 부서의 중요한 역할입니다. 특히 지난번 사장님께서도 재경팀이 장기 및 전략 투자에 대해서는 합의가 아닌 기획의 역할을 해야 한다고 강조하셨고요. 그리고 지금은 경기가 안 좋지만 미래를 위한 투자는 꼭 필요하다고 봅니다. 그때 경영회의에서도 그렇게 의결을 해서 검토하라는 지시가 있었고요."

"이봐, 조급해 대리, 조직 생활 하루 이틀 하나? 위 사람들은 다 말만 그럴듯하게 하는 거야. 막상 올라가면 눈치 없는 사람으로 낙인찍히기 십상이라고. 말은 그렇게 해도 지금은 숨죽이며 기다릴 때야."

"팀장님, 제가 올린 안을 한번 보시기나 하셨는지요? 그 안에 보면 지금 왜 투자를 해야 하고 그 장비 투자로 얻을 수 있는 효과에 대해서 검토되어 있습니다. 벌써 2년 전부터 필요하다는 현업 부서의 의견이 있었지만 우리가 아직 투자 여력이 없다고 막아왔습니다!"

"왜 갑자기 소리 지르고 야단이야. 팀장한테 말버릇이 그게 뭐야. 내가 아직 아니라고 하면 아닌 것이지, 무슨 팀원이 이렇게 말이 많아. 그렇게 상사의 뜻을 헤아리지 못해서 어떻게 조직생활 하겠어?"

"팀장님, 이 건은 저의 사사로운 감정으로 제안한 것이 아닙니다. 현업 팀장님들과 실무 담당자와의 협의를 거쳐 필요하다는 결론에 도달한 것입니다. 며칠 전 팀장님께 이 장비가 필요하다고 말씀드렸고, 팀장님께서 한번 검토하라고 하셨지 않습니까?"

"그랬나. 하여튼 검토하라고 했지, 투자하자고 결정한 것은 아니야. 그리고 자네 보고서는 아직 효과가 검증되지 않았고. 또한 3억이라는 금액을 투자할 만큼 우리 회사의 현금 유동성이 좋지 않아. 잘 알면서 그런 말을 하다니. 지금은 기다릴 때야. 좀 더 기다리고 있어. 위에서 별다른 지시가 없는 이상 기다리는 것이 상책이야."

"……"

조 대리는 결재판을 들고 다시 자기 자리로 돌아갔다. 벌써 몇 번째 인가? 검토하라고 해서 결재를 올리면 번번이 때가 아니다, 분위기가 좋지 않다, 자금 여력이 없다, 모두 안 된다는 소리뿐이다. 그는 자신의 업무가 정말 '투자심의'가 맞는지 점점 의구심만 커졌다.

팀장의 일은 의사결정에서 시작된다

경영성과를 창출하기 위한 조직의 행동은 의사결정으로 시작한다. 결정이 나지 않으면 실행될 수 없다. 조직에서 제일 힘들고 답답할 때는 의사결정이 나지 않을 때다. 며칠 밤을 새워서 만든 기획안이 상부회의에서 퇴짜를 맞으면 안타까운 마음이 들긴 해도 보완을 해서 다시 올리면 된다. 그러나 이도 저도 아닌 '보류' 상태에는 마땅한 해결책이 없다. 기획안의 어느 부분이 부족하고 보완되어야 하는지 명확하지 않다면 그 기획안은 죽은 것이나 다름없다.

그런데 의사결정이 나지 않는 이유가 기획안 내용의 문제여서가 아니라 의사결정을 하는 사람의 문제 때문이라면 양상은 달라진다. 상사의 결재가 나지 않은 일은 하라는 것인지 말라는 것인지 혼란스럽다. 서랍 속에 잠자는 보고서를 꺼내 여기저기 다시 손대보지만 시효가 지난 보고서는 그냥 폐지더미에 불과하다. 결국 보고서를 만든 당사자는 자신의 상사를 의사결정하지 못하는 우유부단한 상사로 낙인을 찍는다. 어차피 고생해봐야 서랍 속에서 묵혀두게 될 보고서, 최선을 다해 만들 이유가 없다고 생각하게 된다. 어떻게 하면 효과적인 의사결정을 이끌어 낼 것인가?

일반적으로 의사결정이란 '의사결정자가 문제를 인식하여 이를 체계화하고 문제해결에 필요한 정보를 수집하고, 편집하여 최종 대안을 찾아내는 일련의 과정'이다. 의사결정이란 문제해결의 한 부분으로, 결정을 잘 하는 사람은 문제를 잘 푸는 사람이다. 다음에서 의사결정의 과정과 의사결정의 수준별 영향요인을 살펴보자.

의사결정 과정의 이해

의사결정 과정은 문제해결 과정의 일부분으로 〈그림5〉와 같은 단계를 거쳐 이뤄진다. 의사결정 과정은 문제를 인식하고 진단한 뒤, 대안을 개발 혹은 발견하여 대안 평가와 선택까지의 과정을 말한다. 이렇게 결정된 대안이 실행되고 유지 및 사후관리되는 과정까지 포함할 경우 문제해결 과정이 된다. 각 단계별 세부 내용을 정리하면 다음과 같다.

먼저 문제 인식 및 진단 단계이다. 문제란 일반적으로 바람직한 상태와 현재 상태의 차이를 말한다. 개인이나 조직의 문제해결 과정에서 중요한 것은 문제를 조기에 정확하게 인식하는 것이다. 문제 인식 단계에서 중요한 것은 문제에 대한 의사결정자와 의사결정 관련자들 간 인식의 차이Perceptual difference이다. 여기서 의사결정자들의 판단은 자신의 지각, 인지, 성격 등에 따라 영향을 받는다. 또한 문제를 인식하는 과정에서 오류가 개입될 수 있다.

둘째, 대안의 개발 및 발견 단계이다. 개인이나 조직의 문제해결 과정에서 문제가 제대로 정의되었다면 문제해결을 위한 대안을 찾는 것이 중요하다. 이것을 정보 수집 및 조직화 단계라고도 한다. 여기서는

〈그림5〉 **의사결정 프로세스**

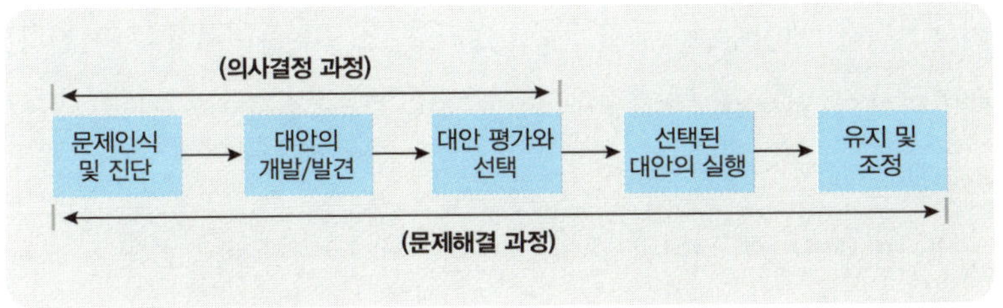

* 출처 : 백기복, 『조직행동연구』

다양한 정보를 확보하는 것이 중요하다.

셋째, 대안의 평가와 선택 단계이다. 이 단계는 의사결정에 드는 비용, 각 대안의 장점과 단점, 그리고 해결책 실천의 문제를 생각하는 단계이다. 의사결정의 대안 평가 및 선택의 방법으로는 경제적 합리성 모델, 제한적 합리주의 모델, 정치적 선택 모델 등이 있다.

넷째, 선택된 대안의 실행 단계이다. 이 단계부터는 문제해결의 과정으로 실행담당자들의 실행의지가 무엇보다 중요하다. 특히 성공 확률이 낮은 대안이 선택된 경우, 성공 가능성을 높일 수 있는 유일한 단계가 바로 실행단계이다. 반대로 아무리 훌륭한 대안이라도 실행이 제대로 이뤄지지 않는다면 좋은 결과를 가져오기 어렵다.

끝으로 유지 및 조정의 사후관리 단계이다. 어떤 문제에 대해 의사결정된 방법은 기억의 저편에 남게 되어 차후의 의사결정에도 반영된다. 이러한 과정은 개인이나 집단에 있어 학습과정이 된다. 이 단계는 학습된 내용을 저장하고 재실행을 준비 혹은 보완하는 단계라고 볼 수 있다. 이상의 의사결정 및 문제해결 과정은 지속적으로 반복되고 실행된다.

의사결정의 영향 요인

의사결정은 개인수준, 집단수준, 그리고 조직수준으로 나누어진다. 대인관계의 의사결정을 개인수준과 집단수준 중심으로 살펴보기로 한다.

개인의사결정은 개인이 혼자서 판단, 선택, 결정하는 과정을 대상으로 한다. 사안에 따라서는 타인에게 정보를 얻기 위해서 질문을 한다든가 의견을 묻는 것까지를 포함한다. 개인의사결정에 영향을 주는 요인들로는 스키마, 창의력, 정보처리능력 및 개인의 속성 등이 있으며 개인의 성품과 성향에 관계된 요소들로 나뉜다.

먼저 스키마Schema란 '과거의 경험에 의해서 형성된 개인의 인지구조'이다. 즉 어떤 사람, 사물 또는 사건에 대해서 각 개인이 머릿속에 과거로부터 형성해놓은 의미체계이다. 특별하지 않은 일상적 현상에 직면한 경우에는 심도 깊은 분석과정을 생략한 채 자동적으로 스키마가 제공하는 대안을 선택한다. 익숙하지 않은 상황이나 사람들과는 스키마가 형성되지 않아서 조심하거나 시간이 걸린다. 직장에 처음 들어갔을 때, 모든 것이 어색하고 익숙하지 않은 것은 스키마가 형성되지 않았기 때문이다. 그러나 시간이 가고 경험을 하면서 자신의 스키마가 형성되면 그 다음부터는 자동적으로 대응하게 된다. 이러한 스키마 덕택에 인간은 복잡한 의사결정을 한결 간편하게 한다. 아침에 일어나 세면하는 방법으로 고민하지 않는 것은 바로 스키마가 형성된 덕택이다.

둘째, 창의력이다. 창의력은 '문제에 대해 비범한 대안을 만들어낼 수 있는 능력'을 말한다. 창의력이 좋은 사람은 복잡한 문제나 어려운 상황에도 새로운 대안을 만들고 실행하는 데 뛰어난 사람이다. 이러한 창의적 대안이 때로는 비논리적이고 비현실적으로 보이는 것은 익숙하지 않은 대안이기 때문이다.

셋째, 정보처리능력이다. 오늘날 무수한 정보들이 온라인과 오프라인을 통해서 개인에게 들어오고 있다. 바야흐로 정보의 홍수 시대이다. 의사결정의 과정에서도 마찬가지다. 상황이나 개인에 대한 다양한 정보들 중에서 어느 것이 사실인지를 정확하게 판단하고 평가하는 것이 중요하다. 뛰어난 정보처리능력을 위해서는 다양한 사실에 대한 파악과 전문성이 요구된다.

끝으로 개인의 속성으로 개인이 갖고 있는 성격이나 가치관 등이 개인의사결정에 영향을 미친다. 여기서 가치관이란 개인이 판단이나 선택을 함에 있어 사용하는 옳고 그름에 대한 신념, 규범, 윤리성 등으로 정의된다. 가치관은 개인의 사고체계를 형성하는 중요한 요소로서 개인의사결정과 문제해결과정 전반에 지대한 영향을 미친다. 균형 있는 대인관계에서 방향성에 영향을 미치는 요인이기도 하다. 성격은 '개인을 특징짓는 지속적이며 비교적 일관된 행동양식이자 사고양식'이다. 예를 들어 권위적인 사람과 자율적이고 개성이 강한 사람의 의사결정 방식은 차이를 보일 것이다.

다음으로 집단의사결정의 장점과 단점에 대해 살펴보자. 집단의사결정은 문제해결에 걸리는 시간이 길지만 정확도가 높다. 또한 어려운 문제해결시 집단 내 구성원이 가지고 있는 자원을 활용할 수 있다. 일반적으로 고능력을 가진 집단이 보통의 능력을 가진 집단보다 나은 의사결정을 할 확률이 높다. 집단의사결정의 장점과 단점을 표로 정리하면 다음 〈표1〉과 같다.

집단의사결정의 단점을 좀 더 살펴보자. 첫째, 집단의사결정이 가지는 정치적 역학이다. 이것은 개인의사결정과 달리 집단이 가지는 특징 즉 공동의 목적을 달성하기 위한 사람들의 집단이므로 공동의 목적에 대한 서로의 입장 차이가 정치적 역학관계로 나타나게 된다. 즉, 최적의 판단이기보다는 조직의 이익에 부합하는 방향으로 결정을

장점	단점
– 구성원으로부터 다양한 정보를 얻을 수 있다. – 다각도로 문제에 접근할 수 있다. – 구성원의 합의에 의한 것이므로 수용도와 응집력이 높아진다. – 의사결정에 참여한 구성원들의 교육효과가 높게 나타난다.	– 집단 내 정치적 힘이 작용한다. – 의사결정 시간이 지연된다. – 서로의 의견에 비판 없이 동의하는 경향이 있다. – 차선책을 채택하는 오류를 범한다. – 집단사고의 함정에 빠질 수 있다.

*출처 : 백기복, 『조직행동연구』

하게 된다.

둘째, 서로의 의견에 비판 없이 동의하는 경향이다. 집단 내 상사와 부하 관계에서 부하사원이 상사의 의견에 대해 다른 목소리를 내기가 쉽지 않다. 이 역시 집단 내 역학관계의 작용 결과이다. 이러한 조직 내 집단 역학에 의한 판단을 집단사고라고 한다. 집단사고란 '집단 구성원들의 잘못된 의견일치 추구성향'을 말한다. 집단사고에 빠진 구성원들은 자신이 속한 집단이 최고라는 착각에 빠지게 되며 의견이 일치된 것으로 착각하는 경향이 있다. 이러한 집단의 폐쇄성은 다른 의견을 무시하거나 다른 의견이 있더라도 쉽사리 의견을 개진하기 어려운 환경을 만든다.

종합하면 개인의사결정에 영향을 미치는 중요한 요인에는 스키마, 창의력, 정보처리능력, 성격과 가치관 등이 있다. 개인의사결정과 집단의사결정의 차이점은 개인의사결정에 영향을 미치는 요소들이 개인적 성품이나 인지적 능력이라면 집단의사결정은 이러한 개인적 요소들보다 집단 역학적 요소들이 더 많이 작용한다. 또한 개인의사결정은 개인이 선택하는 것이고 집단의사결정은 집단합의에 이르는 것이라는 차이가 있다. 끝으로 개인의사결정은 개인이 선택함으로 시간을 단축할 수 있는 장점이, 집단의사결정은 의사결정이 정확하고 정보가 풍부하다는 장점이 있다.

올바른 의사결정을 위한 조언

도입사례에서 나타난 사 팀장과 조급해 대리의 대화에서 나타난 의사결정과정의 문제점과 개선방안을 정리하면 〈표2〉와 같다.

사 팀장의 사례에서 보듯이 의사결정은 대인관계에 큰 영향을 미친다. 특히 조직 내 상사와 부하관계에서 상사의 의사결정은 부하사원의 사기와 업무의욕뿐만 아니라 개인에 대한 신뢰에까지 영향을 미친다.

사 팀장의 의사결정 과정에서 나타난 문제점과 영향요인 및 개선방

〈표2〉 **사 팀장의 의사결정 과정 분석 및 개선**

구분	문제 인식 및 진단	대안의 개발 및 발견	대안 평가와 선택
의사결정 과정의 문제점	− 금속가공 제작장비 신규투자건에 대한 부정적 입장 − 신규투자는 현업의 역할이고 재경팀은 합의하는 역할로 조급해 대리와 다른 입장 표명	− 신규투자건에 대한 입장 유보 및 결정을 보류함 − 조급해 대리의 투자 필요성 요청을 거부함	− 조급해 대리의 주장에 대해 감정적으로 대응함 − 상사의 결정을 무시한 처사로 판단함 − 경영위기와 조직생리상 현재는 기다리는 것이 필요하다고 판단함
의사결정 영향요인	− 개인의 가치관 − 집단 역학	− 개인의 성격(감정)	− 스키마, 개인의 가치관 − 집단 역학
의사결정 개선방안	경청, 관찰	경청, 감정관리	경청, 질문, 설득

안을 정리하면 다음과 같다. 먼저 문제인식 및 진단 과정에서 두 가지 문제점이 있다. 하나는 금속가공 제작장비 신규투자건에 대한 부정적 견해이다. 현재 경영환경 및 재정환경이 악화된 상황에서 거액이 투입되는 장비투자는 어렵다고 보고 상부에 보고하지 않는 것이 좋다고 판단한다. 또 하나는 신규장비 투자는 재경팀의 역할이 아니라는 입장과 집단 역학적 관점이다. 사 팀장은 재경팀의 심의기능은 기획기능보다는 합의기능을 위한 것이며, 현업에서 올리기를 꺼려하는 것을 재경팀이 올려서 손해볼 필요가 없다고 생각한다.

사 팀장의 이러한 문제 인식 및 진단 과정을 개선하기 위해서는 경청과 합의의 정신이 필요하다. 우선 사 팀장이 조급해 대리의 보고서 내용을 꼼꼼히 검토했다고 보기 어렵다. 그것은 조급해 대리의 의견과 주장에 귀 기울여 듣지 않은 채 현재는 결재가 어렵다는 말만 반복하는 모습에서 알 수 있다. 이를 개선하기 위해서는 상대방의 의도를 잘 헤아리고 해결하려는 노력과 의지가 선행되어야 한다.

다음 대안의 개발 및 발견 과정에서의 문제점을 살펴보자. 사 팀장은 신규투자건 결정을 보류하면서 조급해 대리의 결재 필요성을 감정적으로 대응한다. 이 의사결정 과정에는 개인의 성격요인, '감정'이 가장 많은 영향을 끼치고 있다. 상대방의 대화에서 자신의 의견이 관철되지 않자 감정적으로 대하기 시작한다. 이에 대해 조급해 대리도 서운함을 표시하고 자신의 의견을 주장한다. 이에 대해 사 팀장은 자신의 입장을 강요한다.

이러한 의사결정 단계의 문제를 개선하기 위해서는 먼저 상대방의 이야기를 끝까지 듣고 이해해주려는 경청의 태도가 필요하다. 또한 감정적 대응보다는 상대방을 이해하고 상대방이 알아들을 수 있도록 대화를 하는 노력이 중요하다. 부하사원이 자신의 의견을 받아들이지 않는다고 화를 낼 경우 그것은 자신의 이해력과 설득 능력이 부족하다는 반증일 뿐이다. 물론 부하사원이 자신의 의견에 고집을 부린다면 따끔하게 이야기해야 하겠지만 자신의 의견을 받아들이지 않는다고 무조건 화를 낸다면 그것은 상호 간 신뢰관계를 무너뜨리는 지름길이다.

끝으로 대안평가와 선택의 과정에서 문제점을 살펴보면 사 팀장은 신규투자건의 보류를 결정하며 조급해 대리가 일방적으로 따르도록 명령하고 있다는 것이다. 여기에서 사 팀장의 영향요인은 개인적 차원에서는 스키마와 개인의 가치관, 집단적 차원에서는 집단 역학으로 볼 수 있다. 스키마는 경영환경 위기와 열악한 재정환경에서 투자는 어렵다는 자동적인 결정을 내렸을 가능성이 높다. 조급해 대리의 보고서를 제대로 검토도 하지 않았다는 것이 이를 반증한다. 이처럼 스키마는 습관이나 습성처럼 자동적으로 사람을 움직인다. 선과 악, 행함과 행하지 않음, 선호에 대한 판별까지 스키마는 자동적인 의사결재 시스템처럼 사람을 움직인다.

또한 스키마는 이미 사 팀장의 가치관의 한 구석을 차지하고 상대방의 이야기를 듣지도 않게 한다. 가치관은 스키마의 덩어리라고 볼 수 있다. 집단 역학은 사 팀장의 대화 내용 전반을 차지하는 중요요인이다. 조직에서 리더가 집단 역학 관계에 대해 문외한이면 문제가 될 수 있다. 될 것과 되지 않을 것에 대한 명확한 결정을 내리지 못한다면 사 팀장도 자신의 상사로부터 신뢰를 얻기 어려울 것이다.

의사결정을 한다는 것은 또 다른 시작을 의미한다. 결정으로 끝나는 것이 아니다. 결정은 새로운 시작의 예고편이다. 결정의 과정이 고통스럽고 힘들었어도 그것을 실행하는 과정은 즐겁고 최적의 결과를 만들어낼 수 있다. 그것이야말로 최고의 결정이다. 오늘날 조직 구성원들이 기대하는 리더의 의사결정 능력은 바로 이런 것이 아닐까?

리더의 의사결정력을 높이는 코칭 Tip

❶ 자신의 의사결정 스타일을 이해하고 있는가?
  • 신중한 편인가? 빠른 편인가?
  • 안정을 선호하는가? 도전을 선호하는가?

❷ 의사결정 과제(문제)의 증상과 본질을 파악하고 있는가?
  • 과제(문제)의 대안들은 과제(문제)의 본질을 해결할 수 있는가?

❸ 의사결정 참가자들의 의견에 대해 어떻게 판단할 것인가?
  • 의사결정 참가자들의 다양한 의견을 경청했는가?
  • 어느 정도의 합의 수준이 되어야 의사결정을 하는가?

❹ 현재 의사결정을 하는 데 걱정이 되거나 문제가 되는 것은 무엇인가?
  • 과제(문제) 수행과정에서 예상되는 애로사항은?
  • 그 애로사항은 내부적으로 해결가능한 것인가?

❺ 의사결정을 한 뒤에 오늘밤 편히 잘 수 있는가?

구성원들을 변화시킬
방법이 없어요

"통코치님, 지난 몇 년 동안 조직구조도 바꾸고, 평가보상제도도 보완하고, 전사적 교육 및 혁신 활동을 펼쳤지만, 조직진단 결과를 보니 별로 달라진 것이 없습니다. 무엇이 잘못된 걸까요?"

"공장장님께서는 무엇이 잘못되었다고 생각하십니까?"

"글쎄요, 저는 원인을 찾지 못하겠습니다. 2년 동안 컬설팅을 받으면서 필요한 프로그램과 제도를 보완하고 전사적 혁신활동을 추진했지만 별반 달라진 것이 없습니다."

"모든 조직변화나 혁신활동의 결과에 대한 평가는 목표 달성도에 달려 있습니다. 우리 회사의 경영혁신 활동의 목표는 무엇입니까?"

"'경영성과 2020 달성'입니다. 즉, 2년마다 매출액 20%와 영업이익 20% 증가죠. 그렇지만 경기악화로 매출액 신장은 고사하고 최근 3년간 감소추세이며, 영업이익은 반토막이 난 상태입니다."

"그렇다면, 목표 달성에 실패한 원인은 무엇이라고 생각하십니까?"

"세계 경제의 악화로 해외수요의 급감, 기존 업체 간 경쟁심화와 저가 수주의 증가가 매출의 감소와 수익성 악화로 이어졌다고 평가하고 있습니다."

"그동안 실행해온 경영혁신 활동은 위기상황에 대비하기 위한 활동이 아니었던가요?"

"그러고 보니 위기상황에 대비하기보다는 일상적인 개선활동에 그친 경향이 있습니다. 환경변화에 대응하기 위한 조직구조 개편, 평가보상 제도개선, 기술 표준화 작업이었지만, 보다 실질적인 혁신활동으로 나가지 못한 느낌입니다. 특히 새롭게 개편된 조직구조가 아직 안정화되지도 못하고 기술영업 능력의 부족으로 적극적인 수주활동을 펼치지 못한 경향이 있습니다."

"지금 말씀하신 조직구조 불안과 기술영업 능력의 부족은 중요한 변화요인이라고 생각됩니다. 이 두 문제의 개선을 위해 취하신 조치가 있으신지요?"

"조직구조 안정화는 시간이 걸리는 문제이고, 기술영업 인력의 강화는 외부 충원이 되어야 하는데 아직……"

"알겠습니다. 이러한 문제를 실질적으로 해결하기 위한 긴급한 조치가 필요하겠군요. 특히 조직안정화가 되지 않을 경우, 팀 간 역할과 책임에 대한 갈등이나 협력의 문제가 발생할 수 있기 때문입니다. 다음으로 회사 구성원들은 혁신활동에 적극 동참하고 있는가요?"

"저희 같은 중소기업은 생산하기에 바빠서요. 전사적인 혁신활동은 품질혁신교육을 중심으로, 실질적인 활동은 몇몇 TF팀을 중심으로 진행되고 있지요."

"구성원들의 참여를 촉발할 만한 동기부여 방안은 어떤 것이 있는지요?"

"우수 테스크 활동을 한 팀에게 포상을 했습니다. 초기에는 제안제도를 시행했지만, 참여가 저조해서 중단했고요."

"그 외에 구성원들의 요구를 반영한 개선활동이나 참여를 활성화하는 방안은 또 없었는지요?"

"조직진단을 하면서 요구사항을 파악했지만, 대부분 임금인상이나 복지개선에 대한 사항들이 많습니다. 금전적인 부분은 현실적으로 받아들이기 어려운 형편입니다."

"지금까지 공장장님께서 말씀하신 내용을 정리하면, 경영환경이 악화로 수익성이 악화되고, 현재의 혁신활동이 경영목표 달성으로 초점이 모아지지 못하며, 또한 구성원들의 기대나 참여를 활성화할 장치도 미흡한 것으로 파악됩니다."

"휴, 그렇습니다. 어디서부터 다시 시작해야 할까요?"

조직 변화가 어려운 이유

위 사례는 많은 기업들이 경영혁신 활동을 추진할 때 발생하는 대표적인 문제들이다. 이러한 실패의 원인은 성공을 위한 처방만큼이나 많은 해답을 가지고 있다. 여기서는 경영혁신 및 조직변화 활동들이 실패하는 근본원인을 파악하고 대응방안을 모색해보자.

먼저 경영혁신 및 조직변화 활동들이 실패하는 근본이유에 대해 전문가들의 의견을 종합해보면 다음 3가지로 정리할 수 있다.

첫째, 임직원 간 변화를 바라보는 시각이 다르다. 스위스 국제경영 개발원의 폴 스트레벨은 《하버드 비즈니스 리뷰》에 기고한 '구성원이 변화에 저항하는 이유Why Do Employees Resist Change?'라는 글에서 "경영진은 변화를 사업과 경력의 기회로 여기는 반면, 직원에게 변화는 혼란, 방해물, 균형을 깨뜨리는 것으로 이해된다"고 했다. 이것은 혁신이나 변화 활동의 출발점이 어디에서 시작해야 할 것인가에 대한 시사점을 제공한다. 임직원 모두에게 절실하며 상호 공감되는 혁신이나 변화의 목표를 설정하지 못하면 시작부터 실패를 예견할 뿐이다.

둘째, 변화는 상호 의존적인 네트워크 속에서 일어난다. 찰스 제이 콥스는 그의 저서 『리와이어!REWIRE』에서 "조직의 변화는 다양한 구성원들의 욕구와 상호 관계의 망 속에서 발생하기 때문에 조직 내부와 외부의 전반을 고려한 전략 수립과 대응이 필요하다"고 강조했다. 변화나 혁신활동이 조직 내부와 외부 네트워크에 변화를 주지 못하거나 속까지 침투하기 못할 경우 그 활동은 뿌리를 내리지 못하고 주변만 맴돌다 사라질 뿐이다.

셋째, 변화는 근본적으로 감정에 관한 것이다. 지니 대니얼 덕은 《하버드 비즈니스 리뷰》에 기고한 글 '변화관리: 조절의 기술Managing Change: The Art of Balancing'에서 "기업은 구성원들의 감정을 고려하지 않고 행동만을 강조한다"고 비판하며, 오히려 '할 수 있다'는 태도가 성과를 향상시킨다고 강조했다. 또한 그는 변화의 핵심이 "각 부분을 독립적으로 생각하는 것이 아니라, 모든 부분 균형을 유지하고 상호 연결하는 것"이라고 했다. 여기서 효과적인 변화관리를 하려면 리더는 조직 전체와 부분의 균형을 추구할 수 있어야 한다. 이때 구성원의 감성과

이성을 조화롭게 이끌 수 있는 리더십이 중요하게 대두된다.

즉, 변화와 혁신활동에서의 리더십의 중요성에 대해 하버드대학 존 코터 교수가 자신의 저서 『변화 이끌기Leading Change』에서 "효과적인 관리를 넘어선 고도의 리더십이 필요하다"고 강조한 것과 같은 맥락이다. 특히 그는 기존의 기획 및 예산, 조직 및 인재충원, 통제 중심의 관리에서 벗어나 조직의 방향설정, 인적자원 집중, 동기부여 및 사기진작의 리더십의 필요성을 강조했다.

종합하면 성공적인 경영혁신과 조직변화를 위해서는 임직원 간 시각 차이, 상호 의존적인 네트, 그리고 구성원의 감정 중시의 3가지 요인을 관통해야 한다. 이러한 혁신과 변화의 3가지 요인의 핵심에는 사람이 있다. 즉, 구성원들의 변화를 이끌어내는 리더십이 경영혁신과 변화관리의 핵심임을 알 수 있다.

또한 조직변화가 어려운 이유 3가지 요인의 바탕에는 상호 신뢰의 문제가 깔려 있다. 리더와 구성원 간 신뢰를 강화하기 위한 효과적인 리더십 방법으로 '코칭'이 있다. 오늘날 경영위기나 조직변화의 상황에서도 코칭이 필요한 것은 바로 구성원 상호 간 코칭 대화를 통해 소통을 원활하게 하고 상호 신뢰를 증진시키기 위함이다. 그리할 때, 개인의 감정도 치유되고, 조직 내외의 네트워크도 강하게 형성되며, 경영목표에 대한 '한 방향 정렬'도 촉진될 수 있다. 그렇다면 코칭을 통해 구성원들의 변화를 어떻게 이끌어낼 것인가?

상황에 맞는 리더십으로 변화를 이끌어내자

조직의 경영환경은 항상 변화하며 새로운 균형을 추구한다. 경영혁신이나 조직변화 활동 역시 목표는 새로운 균형점이 되어야 한다. 그 균형점은 조직의 내부 및 외부 상황의 변화, 구성원의 능력과 의지, 그리고 리더의 자질과 능력에 달려 있다. 이와 같이 부하의 성숙도에 따른 효과적인 리더십 모델로 허시와 블랜차드의 '상황대응 리더십Situational Leadership'을 들 수 있다.

상황대응 리더십이 오늘날 각광받는 이유는 '상이한 상황은 상이한 리더십을 요구한다'는 철학을 바탕으로 두고 있기 때문이다. 이것은 위기와 변화의 경영 시대에 필수적인 리더십 철학이라 할 수 있다. 내 방식이 무조건 옳다든가, 초지일관 밀어붙이는 방식의 시대는 굴뚝경제와 함께 지나갔다. 상황의 변화에 유연하게 대응하면서 부하의 성숙도(발달수준)에 적합한 리더십이 중요하다. 이것은 리더십이 환경변화에 대응하는 과정이며, 조직의 성과 창출의 핵심요인이기 때문이다. 효과적인 리더십을 발휘하기 위해서는 상황에 적합한 리더십 행동을 해야 한다.

반면, 상황대응 리더십의 가장 큰 단점은 상황변수인 부하의 성숙도(발달수준)라는 개념이 모호하다는 것과 다른 상황변수를 고려하지 못했다는 점이다. 그럼에도 불구하고 부하의 능력과 의지에 따른 성숙도는 조직의 성과에 가장 큰 영향을 미치는 변수임에는 분명하다. 또한 리더십 유형의 과업(지시적) 행동과 관계(지원적) 행동은 현실 경영을 효과적으로 반영한 모델이라 할 수 있다. 조직의 상황 즉, 부하

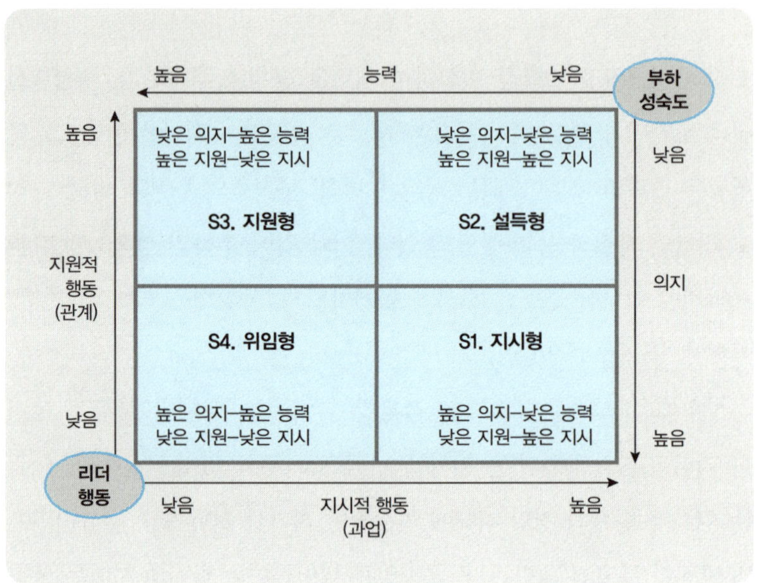

의 성숙도에 따라 효과적인 리더십 유형이 달라야 한다는 상황대응 리더십은 상황적 코칭의 기반을 형성한다. 여기서 상황적 코칭Situational Coaching은 '상대방(부하)의 성숙도(발달수준)에 따라 지시·설득·지원·위임의 4가지 코칭 유형을 효과적으로 발휘하여, 상대방의 잠재력을 개발하고 경영성과를 창출하는 코칭'이라고 정의하기로 한다.

부하의 성숙도(발달수준)에 적합한 리더의 지시적 행동과 지원적 행동을 조합한 상황적 코칭의 4가지 유형을 그림으로 나타내면 〈그림6〉과 같다. 먼저 부하의 능력이 낮지만 의지가 높을 경우, 리더는 높은 지시적 행동과 낮은 지원적 행동의 '지시형 코칭(S1)'이 효과적이다. 둘째, 부하가 능력도 부족하고 의지도 낮은 경우, 리더는 높은 지원적 행동과 높은 지시적 행동의 '설득형 코칭(S2)'이 효과적이다. 셋째, 부하가 상당한 능력을 가졌지만 의지가 낮은 경우, 리더는 높은 지원적 행동과 낮은 지시적 행동의 '지원형 코칭(S3)'이 효과적이다. 끝으로 부하가 능력과 의지 모두 높은 경우, 리더는 낮은 지원적 행동과 낮은 지시적 행동의 '위임형 코칭(S4)'이 효과적이다.

옆의 상황적 코칭 모델은 상황대응 리더십 이론의 4가지 리더십 유형을 바탕으로 한 것으로, 각각의 리더십 행동을 코칭의 차원에서 해석했다. 혹자는 '리더십 행위 자체가 코칭이 될 수 있는가'라고 반문할 수 있다. 가령, 지시형 코칭과 설득형 코칭이 코칭의 철학 즉, 개인 내면의 잠재력을 개발하고 도우며, 답은 자기 안에 존재한다는 코칭 패러다임에 위배된다고 여겨질 수 있다. 이러한 문제제기는 티칭, 컨설팅, 상명하달식 지시가 코칭과 다르다고 전제하기 때문이다. 그러나 이러한 방법들은 코칭과 다른 방법론을 구별하기 위한 것이지, 코칭의 과정에서 지시나 티칭, 지도, 혹은 위임이 코칭 과정에 포함할 수 없다는 의미는 아니다. 오히려 코칭의 과정에서 다양한 방법을 함께 구사함으로써 코칭의 효과를 더욱 높일 수 있다. 따라서 상황적 코칭에서는 리더의 지시적 행동과 지원적 행동을 코칭의 차원에서 활용한다.

오늘날 비즈니스 현장에서 리더는 지시, 지도, 티칭, 위임 등 다양한 방법을 구사할 수 있어야 한다. 다만 이러한 방법들은 코칭의 철학과 원칙에 따라 코칭 과정에서 활용되어야 효과적이다. 요약하자면, 상황적 코칭은 조직의 경영성과 창출을 위해 상대방(부하)과 코칭대화를 통해 성숙도(발달수준)에 따라 지시와 티칭, 지도, 지원 및 위임의 다양한 방법들을 활용하는 코칭 방식이라 할 수 있다.

상황적 코칭의 단계와 코칭 유형

상황적 코칭은 먼저 상황에 대한 인식을 통해 변화의 목표를 설정한다. 그 다음 현 상황의 분석을 통해 실행가능한 전략적 과제를 도출하고 실행한다. 끝으로 부하(팀원)의 업무 수행이 잘 진행되고 있는지 점검하며 업무 수행에 필요한 동기를 제공한다. 이러한 단계별 진행은 앞의 〈그림6〉에 보여지듯 부하(팀원)의 성숙도(발달수준)에 적합한 코칭 유형을 선택하여 제공한다. 이때 리더가 부하의 성숙도에 최적화된 코칭 방법이 아닌 다른 코칭 방법을 제공할 경우 효과가 반감될 수 있다.

여기서 코칭 단계는 코칭대화 모델을 의미한다. 리더가 상황(부하의 성숙도)의 변화를 효과적으로 이끌기 위한 상황의 인식-분석-대응의 단계별로 코칭을 진행한다. 1단계는 상황을 인식하여 목표를 설정하는 단계이다. 2단계는 상황을 분석하여 전략(해결방안)을 수립하는 단계이다. 3단계는 상황에 지속적으로 대응하기 위해 상대방에게 동기를 부여하는 단계이다. 각 단계는 1회로 그치는 것이 아니라 지속적인 반복을 거쳐 목표달성을 추구해간다. 각 단계별 4가지 코칭유형의 세부 진행방식은 〈표3〉과 같다.

먼저 지시형 코칭(S1)의 가장 큰 특징은 업무의 목표나 일정, 우선순위 그리고 실행방안이나 과제선정에 대해 부하가 아닌 리더가 직접 제시한다는 것이다. 비상 상황시, 열정은 있으나 능력이 부족한 신입사원 코칭, 신속한 업무진행에 효과적이다. 또한 동기부여의 방법에서도 업무상황을 점검하고 피드백 하며, 그 수행 결과에 따라 칭찬과 꾸지

〈표3〉 **상황적 코칭의 4가지 코칭 유형과 3단계별 코칭 방법**

구분		지시형 코칭(S1)	설득형 코칭 (S2)	지원형 코칭 (S3)	위임형 코칭 (S4)
상황예시		초보형 (혹은 비상상황)	정체형	기복형	성숙형 (혹은 자율조직형)
상황적 코칭 3 단계	1단계 상황 인식 (목표 설정)	– 리더가 업무의 목표, 일정 및 우선순위를 정한다.	– 업무의 목표, 일정, 및 우선순위를 상호 협의하지만 최종 결정을 리더가 내린다.	– 부하가 업무의 목표, 일정, 및 우선순위를 결정하도록 돕는다.	– 부하가 업무의 목표, 일정, 및 우선순위를 주도적으로 결정한다.
	2단계 상황 분석 (전략 수립)	– 리더가 구체적 실행방안을 제시한다. – 리더가 역할과 책임, 및 범위를 규정한다	– 리더는 부하가 실행방안을 수립하도록 돕는다. – 리더는 업무 관련 정보 및 자원을 제공하고 지도한다.	– 부하가 주도적으로 실행방안을 수립하고 실행한다. – 요청이 있을 경우, 세부 실행방안을 협의하고 조언한다.	– 부하가 실행방안에 대한 책임과 권한을 갖는다. – 부하 스스로 실행할 수 있도록 리더는 지시나 제안을 최소화 한다.
	3단계 상황 대응 (동기 부여)	– 업무의 진행 상황을 점검하고 피드백 한다. – 업무수행 활동 결과에 따라 칭찬이나 꾸지람을 한다. – 새로운 지식과 업무 수행의 기회를 제공한다.	– 부하의 고충과 의견을 경청한다. – 업무수행에 필요한 능력 강화를 지원하며 격려한다. – 업무수행 활동 결과에 따라 긍정적 혹은 교정적 피드백을 제공한다.	– 부하의 업무 진행 상황을 질문을 통해 파악하며, 피드백 한다. – 목표 달성에 방해가 되는 장애물을 제거하도록 지원한다. – 일의 결과에 대해 인정과 칭찬을 한다.	– 부하의 도전적인 업무 수행을 기대하고 격려한다. – 부하의 업무 공헌을 인정하고 상을 준다.
코칭 대화 예시		~이렇게 하시오. ~이것을 언제까지 해주길 바래요. ~이렇게 하면 어떨까요?	~이 방법이 좋다고 봅니다. ~이 점에 대해 어떻게 생각하나요? ~이 방법에 대한 강점과 약점은 무엇일까요?	~지금 하고 있는 과제는 어떻게 되고 있나요? ~만약 이런 일이 일어난다면 어떻게 하겠습니까? ~앞으로 우리가 대비해야 할 과제는 무엇입니까?	~현재 진행 과정에서 더 나은 성과를 창출하기 위해서는 어떻게 해야 할까요? ~필요한 지원사항이 있다면 무엇입니까? ~이 문제가 잘 되지 않을 때 어떤 대안이 있나요?

람을 적절히 한다. 또한 능력 강화를 위한 지식 습득과 새로운 업무경험의 기회를 제공하는 것이 중요하다. 지시형 코칭의 주요한 대화표현으로는 "이렇게 하시오" "이렇게 하면 어떨까요?" 등이 있다.

다음 '설득형 코칭(S2)'은 무기력한 사원처럼 일에 대한 의지와 능력을 강화하는 코칭 방법이다. 즉, 상호 대화를 통해 업무의 목표, 일정, 우선순위, 과제 등을 선정하지만 최종 결정은 리더가 제안하는 것이 효과적이다. 아직 능력이나 의지 모두가 낮기에 스스로 대안을 제시하기는 어려운 상태이기 때문이다. 또한 설득형 코칭은 부하와의 대화를 통해 고충을 듣고 해결안을 도출할 수 있도록 도와주는 것이 중요하다. 설득형 코칭의 주요한 대화 표현으로는 "~한 방법이 좋다고 봅니다" "~한 점에 대해 어떻게 생각하나요?" 등이 있다.

셋째, '지원형 코칭(S3)'은 경력사원처럼 업무 수행능력은 높지만 일을 하고자 하는 의지는 약한 경우에 효과적이다. 다만 스스로의 능력에 대한 확신이 부족하고 업무 경험이 부족하여 스스로 해결할 때 어려움이 발생할 수 있다. 따라서 리더는 이러한 마음 상태를 이해하여 스스로 할 수 있다는 자신감을 심어주고 업무 주도의 기회와 중간 점검 및 인정과 칭찬을 제공하는 것이 중요하다. 또한 업무를 처리하면서 발생할 수 있는 문제나 장애물을 사전에 발견하여 제거하도록 도와주면 더욱 효과적이다. 지원형 코칭의 주요한 코칭 대화 표현으로는 "지금 하고 있는 과제는 어떻게 되고 있나요?" "내가 도와줘야 할 것은 무엇입니까?" 등이 있다.

끝으로 위임형 코칭(S4)은 고성과형 인재이거나 자율적 업무추진이 강한 조직에서 부하의 능력과 의지 모두 최상의 상태일 경우 부하의 책임과 권한 하에 독자적인 업무수행을 하는 것을 돕는 코칭이다. 이때 부하의 성과를 향상하기 위해서는, 자기 책임 하에 수행할 수 있도록 지시나 지원을 최소화하면서 전반적인 맥락을 짚어주는 것이 중요하다. 또한 문제나 애로사항을 스스로 찾고 해결할 수 있도록 지원을 해주는 것도 효과적이다. 이처럼 높은 성숙도의 부하는 수행한 업무 결과에 대해서 적절한 인정과 포상을 통해 자신의 성과를 인정받을 수 있도록 하는 것이 좋다. 위임형 코칭의 주요한 대화 표현으로는 "현재 진행 과정에서 더 나은 성과를 창출하기 위해서는 어떻게 해야 할까요?" "필요한 지원 사항이 있다면 무엇입니까?" 등이 있다.

이상에서 부하의 성숙도에 따라 효과적인 상황적 코칭의 4가지 코칭 유형과 3단계별 효과적인 코칭 방법을 살펴보았다. 상황대응 리더십과 마찬가지로 상황적 코칭은 상대방(부하)의 상황(성숙도)에 따라 코칭 방법을 달리해야 한다는 철학을 바탕으로 한다. 또한 상황대응 리더십을 토대로 상대방의 상황에 적합한 4가지 코칭 유형을 활용할 수 있다면 조직변화와 성과창출에 더욱 효과적일 것이다. 리더십은 대화를 통해서 나타나며 그 대표적 수단이 바로 코칭이기 때문이다. 코칭은 스스로 인식할 수 있는 힘을 기르는 대화법이다. 리더의 행동이 코칭 대화를 통해 발현될 때, 리더와 구성원의 신뢰는 더욱 강해지고, 조직의 성과는 더 높아질 것이다.

일이 아니라 사람과의 관계가 힘들다

동료 간 갈등 해결 능력

밤을 새서라도
끝내야 하는 것 아닌가요?

오 대리의 등에서 식은땀이 흘렀다. 저녁도 거르면서 프로그램의 문제를 찾고 있지만 도무지 찾을 수가 없었다. '또 밤을 새야 하나. 벌써 3일째인데……' 깊은 한숨이 나왔다. '처음 맡은 팀 프로젝트인데, 기간은 이제 한 달 남짓 남았는데……' 오 대리는 샌드위치를 씹으면서 컴퓨터의 자판을 열심히 두드렸다. 들어가라고 만들어진 '엔터 키', 꼭 필요할 때는 들어가지지 않고 먹통이 된다.

옆에 있는 사원들도 미안한 듯 모니터만 바라볼 뿐이다. 지난 3개월 동안 각자가 작업한 프로그램을 합체하는 과정에서 원인 모를 충돌이 계속 발생하고 있다. 개발 초기 코드화를 진행할 때 표본 테스트만하고 모듈별 개발로 진행한 것이 화근이 되었다. 초기 세팅에서 시간 부족으로 전체 테스트를 하지 못한 것이 합체 과정에서 문제를 발생시킨 듯했다.

시계는 밤 12시를 가리키고 있었다. 옆에 있는 두 사람도 어느새 꾸벅꾸벅 졸고 있다. 자리에 붙어 있는다고 해결될 문제가 아니었다. 일단

두 사람을 귀가시키기로 했다. 또한 오 대리는 이 프로그램의 문제가 자신의 능력을 벗어난 문제임을 직감했다. 2년 전 개인 프로젝트를 진행할 때도 이와 비슷한 문제가 발생한 적이 있었다. 3일 밤낮을 매달렸지만 해결되지 않아 결국 선배 프로그래머에게 프로젝트가 넘어갔고, 다시 만들다시피 해서 문제를 해결했다.

프로그램 개발의 세계에는 아직도 원인을 찾지 못하는 문제가 부지기수다. 단기 프로젝트의 경우에는 개발시간 연장으로 급한 불을 끌 수 있다. 그러나 장기 프로젝트의 경우는 다시 시작하기가 쉽지 않다. 결국에는 위약금을 물거나 인력을 대거 투입해서 문제를 해결해야 한다.

결국 오 대리는 두 손을 들고 말았다. 그는 문제발생 보고서를 작성하기 시작했다. 문제의 개요, 원인분석 결과와 지금까지 수행한 결과 및 요청사항이 담긴 1페이지짜리 보고서였다. 전자보고서를 팀장 앞으로 보냈을 때 시계는 2시 30분을 넘어서고 있었다. 우선 옷을 갈아입으러 집으로 가야 했다. 이틀분의 비상용 옷이 다 떨어졌기 때문이다. 그만큼 상황은 긴박했다.

당신, 대리 몇 년 차야?

다음 날 오 대리는 서둘러 사무실로 출근했다. 그런데 아침부터 팀장 자리에서 요란한 소리가 들려오고 있었다. 이 과장이 맡은 신규 게임개발 프로젝트에 문제가 있는 모양이었다. 그 역시 3개월째 밤낮으로 작업하고 있지만 진척이 더뎠다. 프로젝트 매니저가 가장 답답할 때는 진도가 나가지 않을 때다. 문제가 터지면 '처리'하면 되지만 개발 진도가 나가지 않는 것에는 뾰족한 수가 없기 때문이다. 개발자들을 닦달한다고 문제가 해결되는 것도 아니다. 맘 좋은 김 과장은 늦은 진척도의 책임을 고스란히 떠안고 있었다.

오 대리는 김 과장이 깨지는 모습이 남일처럼 보이지 않았다. 그의 손에서 식은땀이 배어나왔다. 드디어 정 팀장이 오 대리를 불렀다.

"오 대리, 당신 대리 몇 년 차야?"

"3년 차입니다."

"대리 3년 차면 내년이면 과장 달 사람인데 아직도 문제를 해결하지 못하면 어떻게 해! 그리고 프로젝트 만료시점 한 달 전에 와서 문제발생 보고서를 올리면 나더러 어떡하라는 거야? 못 하겠으면 미리 못 한다고 말을 하던가?"

"죄송합니다. 자체적으로 문제를 해결하려고 해보았습니다만, 기존의 방법으로는 해결이 되지 않았습니다."

"오 대리, 기존의 방법으로 해결되면 그게 문제인가? 당신 프로젝트 리더 맞아?"

"……"

"대체 이 문제를 어떻게 해결할 거야?"

"자체적으로 문제 해결을 위해 노력하겠습니다만, 만약을 대비해서 추가인력이나 개발기간의 연장을 검토해……"

"또 그 소리야. 이제 일 좀 한다 싶어 프로젝트 리더를 맡겨놓으니 첫 프로젝트부터 이따위야. 개발기간 연장이 누구 강아지 이름이야. 그리고 추가로 누구를 투입해. 내가 들어갈까. 사람 없는 것 뻔히 알면서 그런 소리를 하는 거야?"

"나름대로 생각해보았지만 문제를 해결하기에는 좀 더 시간이 필요해서……"

"문제가 터졌으면 '어떻게든 해결해보겠습니다'라고 해야지. 문제가 터졌으니 사람 요청하고, 납기 연장하면, 고객은 가만히 제자리에서 '예 알겠습니다, 그렇게 하셔요'라며 기다리겠나. 한심한 사람하고는. 현재 프로젝트 멤버들하고 밤을 새서라도 문제 해결해. 내가 1주일 주지. 그 안에 해결 못하면 프로젝트 연장하기 전에 당신 책상부터 뺄 각오해!"

"알겠습니다. 문제 조치 후 다시 보고드리겠습니다."

오 대리는 자리에서 일어나 개발실로 무거운 발걸음을 옮겼다.

부하가 과제수행을 자신 없어할 경우

정 팀장은 퇴근길에 통코치의 사무실을 찾았다. 통코치는 정 팀장의 얼굴에서 노기와 다급함을 느낄 수 있었다. 또 무슨 문제가 터졌음을 직감했다.

"통코치님, 이를 어쩌면 좋지요?"

"정 팀장님, 먼저 숨부터 돌리시고 천천히 말씀해보시지요?"

"현재 진행 중인 5개의 개발 프로젝트 중 3개는 그럭저럭 납기와 품질을 맞추고 있는데 2개의 프로젝트가 제대로 진척되지 못하고 있습니다. 그중에서도 오 대리가 진행하는 알파 프로젝트가 중요한 것인데, 글쎄 이 오 대리가 또 사고를 쳤지 뭡니까?"

“사고라니요?”

정 팀장은 그동안의 경과에 대해 설명했다.

“마음고생이 많으시겠습니다. 팀장님! 그래서 어떻게 하실 계획이신
지요?”

“그걸 안다면 제가 왜 찾아왔겠습니까? 코치님으로부터 뭔가 대책을
구하고 싶어서 왔지요.”

“제가 도울 수 있는 것이라고는 팀장님이 생각하시는 것을 비춰주는
것인데요?”

“그럼 빨리 제 생각을 비춰주세요.”

“농담도 잘 하십니다. 팀장님께서 생각하시기에 오 대리와의 대화에
서 나타나는 표면적 이슈와 내면적 이슈는 무엇이라고 생각하십니까?
표면적 이슈란 대화의 과정에서 직접적으로 나타나는 이슈이고요. 내면
적 이슈란 팀장님께서 짐작하시는 오 대리의 생각이나 의도입니다.”

“글쎄요. 표면적 이슈라면, 오 대리가 현재의 문제해결에 자신 없어
한다는 것과 문제 대응 속도가 떨어진다는 것입니다. 내면적 이슈는 좀
어렵네요. 오 대리가 실력이 없는 것은 아니지만, 동일한 문제가 반복되
는 것을 보면 탁월한 실력을 갖추었다고 보기는 어렵고요. 성실하고 원
만한 성격으로 두루 관계가 좋긴 하지요.”

“팀장님의 이야기를 정리하면 오 대리는 업무 전문성이 조금 떨어진
다고 볼 수 있겠네요. 이것이 오 대리와의 대화에서 느끼는 답답함이라
고 볼 수 있겠습니다.”

“맞습니다. 전문성이 떨어지다 보니 자꾸 시행착오를 합니다. 그 문
제를 해결하기 위해 또 시간이 과다투입되고, 해결되지 않으면 문제발

생 보고서를 작성해서 보고를 하지요. 사전에 저에게 문제가 예상된다든지, 프로젝트의 애로사항을 협의하거나 대화를 한 경우는 드뭅니다."

"말씀하신 것처럼 조직에서 업무 전문성과 대인관계 능력은 관계가 깊습니다. 사실 조직에서 대인관계가 낮은 사람들을 보면 업무수행능력이 떨어지는 경우가 많습니다. 자신감과 도전성이 떨어지기 때문입니다. 이처럼 업무와 대인관계를 함께 분석하는 도구로 '균형 있는 대인관계 모델'(《그림7》)을 참고해보시면 도움이 될 것입니다."

업무와 대인관계의 균형을 찾아서

많은 사람들이 대인관계를 힘들어하는 이유는 관계의 균형이 깨졌기 때문이다. 야구 투수의 투구 폼의 균형이 깨지면 좋은 투구가 나오기 어렵다. 삶 또한 마찬가지이다. 살아간다는 것은 균형을 찾아가는 과정이라고도 할 수 있다. 일을 지나치게 하고 쉬지 않으면 피로가 쌓이고 병에 걸리기 쉽다. 쉬지 못해 생기는 대표적인 병이 바로 감기이다.

균형Balance에 대한 사전적 정의는 '어느 한쪽으로 기울거나 치우치지 아니하고 고른 상태'이다. 이것은 동양의 중용中庸의 의미와 일치한다. 즉 바람직한 균형이란 어느 한쪽으로 치우치거나 부족함이 없는 상태인 역동적 개념의 균형이다.

이처럼 균형은 사람이나 사물이 지향하는 궁극이라 할 수 있다. 인생의 희로애락은 각각 다른 느낌이지만 인생 전반을 볼 때 삶의 균형을 찾아가는 자연적 과정이라 할 수 있다. 그래서 궁극적인 기쁨도 궁

〈표4〉 대인관계의 기본원리 3가지

1. 자기 중심의 원리	사람은 타인이나 사물을 인식할 때 자기 중심적으로 인식한다.
2. 상대성의 원리	사람은 상황에 따라 타인 혹은 집단에게 다르게 행동한다.
3. 균형의 원리	개인과 타인 혹은 집단의 관계에서 상호 간 균형(조화)을 추구한다.

극적인 슬픔도 없다. 삶의 균형이란 기쁨도 슬픔도 아닌 상태이며 그 상태가 바로 행복이라 할 수 있다.

대인관계는 개인과 타인 그리고 상황 속에서 발생한다. 이 3가지 조합의 작동원리가 바로 대인관계의 기본원리가 된다. 자기중심의 원리가 먼저 작동하고 타인과 상황에 따라 다르게 적용되다가 결국에는 균형을 찾아간다. 이 말은 인간관계에서 일방적인 손해나 이익은 없다는 뜻이다. 시간의 관점에서 보면 인간관계는 이익도 손해도 아닌 균형을 찾아간다. 마이크로소프트의 빌 게이츠 역시 천문학적인 돈을 모았지만 지금은 그 돈을 자선사업에 기부한다. 다시 말해, 균형 있는 대인관계는 상생相生의 관계를 지향한다.

이러한 균형의 개념을 토대로 '균형 있는 대인관계'를 정의하자면 '개인의 욕구 및 행위와 타인의 기대 및 목표 간에 균형을 이루어 대인관계에서 성과를 창출하는 것'이라 할 수 있다. 그리고 개인의 욕구나 행위와 타인의 기대나 목표가 만나는 점에서 균형은 이뤄진다. 그 균형점은 높은 균형점일 수 있고 낮은 균형점일 수 있다. 또한 개인에 치우친 균형점일 수도 있고 타인이나 집단에게 치우친 균형점일 수도 있

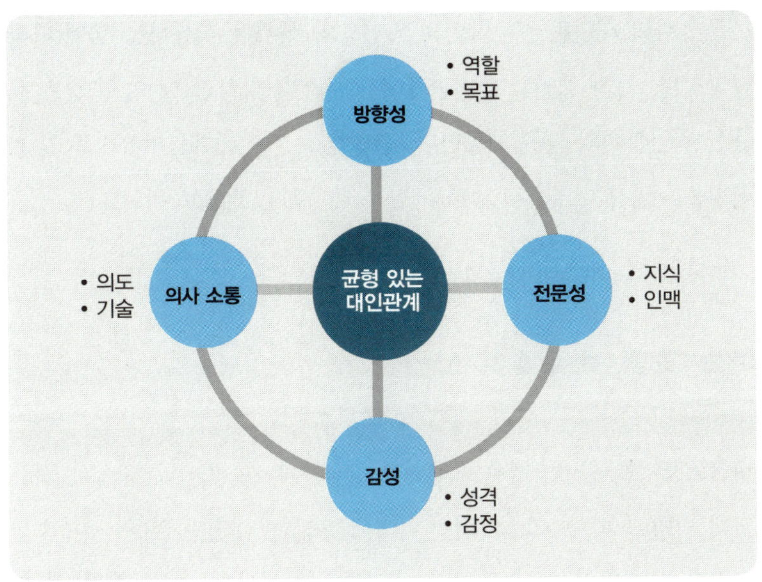

다. 그것이 바로 역동적 균형의 개념이다. 균형의 역동을 좌우하는 것은 바로 상황의 힘이다. 그 상황이 어떻게 작용하느냐에 따라 개인에게 타인에게 다르게 영향을 미치기 때문이다.

대인관계에 영향을 미치는 핵심요인을 정리하면 상호 간 방향성, 전문성, 감성, 의사소통이다. 〈그림7〉의 세로축인 방향성과 감성은 개인의 마인드Mind 차원의 대표적 요인이며, 가로축인 전문성과 의사소통은 개인의 행위Behavior의 대표적 요인이다.

먼저 방향성은 개인의 역할과 목표가 얼마나 명확하며 서로 연계되어 있는가를 말한다. 둘째, 전문성은 개인이 가지고 있는 업무적 지식이나 숙련도 혹은 인적 네트워크를 의미한다. 셋째, 감성은 개인이 가지는 성격이나 상황에 따른 감정조절 능력이다. 끝으로 의사소통은 상황에서의 의도 파악과 의사소통의 경청, 질문, 피드백 기술을 말한다.

　종합하면 대인관계는 개인의 마인드와 행위가 작용하는 힘에 따라 달라진다. 특히 개인의 대인관계에서 문제를 파악할 때 이 모델은 유용한 원인분석의 틀을 제공한다. 균형 있는 대인관계는 4가지 요인 간 균형을 어떻게 이루느냐에 따라 다른 대응책을 필요로 한다.

아는 만큼 해결책이 보인다

정 팀장은 오 대리의 업무 수행과정에서의 대인관계를 '균형 있는 대인관계 모델'에 따라 〈그림8〉처럼 나타내 보았다. 대인관계에서 역할수행 능력이 떨어지며 의사소통 기술도 부족한 편이었고, 업무 전문지식 또한 뛰어난 편은 아니지만 상대적으로 감성은 좋은 편이었다. 이를 토대로 개선방향을 세워 보면 단기적으로는 의사소통 기술의 향상과 프로젝트 리더로서의 역할과 목표에 대한 인식능력의 강화가 요구되었다. 장기적으로 전문성을 강화하기 위한 업무 기회와 교육이 필요했다. 정 팀장은 오 대리와의 미팅을 통해서 이 문제를 좀 더 구체화해보기로 했다.

　"오 대리, 지난번 발생한 신규 프로그램 개발의 문제는 어떻게 처리되고 있는가?"

　"네, 거의 처리했습니다. 아직 100%는 아니지만 문제의 90%는 조치 완료했고 일부 프로그램 트러블 에러에 대해 대체 프로그램을 개발하고 있습니다. 아마 이번 주까지면 완료될 것으로 생각됩니다."

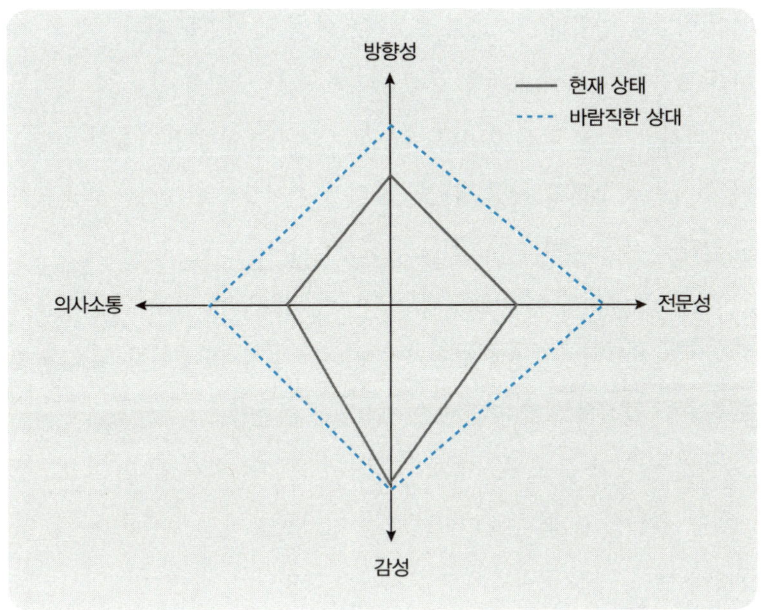

"지난번에는 어렵다고 인력과 개발기간 연장을 요청하더니 어떻게 해결한 건가?"

"팀장님께서 말씀하신대로 현재의 자원과 시간을 가지고 머리를 짜내 보니 해결의 실마리를 찾을 수 있었습니다. 먼저 제대로 해보지도 않고 어렵다, 안 된다고 말씀드린 점 죄송합니다."

"그래, 지금이라도 '할 수 있다'는 자신감을 가지고 추진한 점을 높이 평가하네. 문제는 이러한 사건이 발생할 때마다 유사한 실수가 재발된다는 점이야. 어떻게 하면 이러한 실수가 반복되는 패턴의 고리를 끊을 수 있을까?"

"이번 신규 프로그램 개발 과정을 돌아보면서 저의 역할수행 능력과 의사소통 방식에 대해 반성을 많이 했습니다. 앞으로 프로젝트 리더로서의 역할을 명확히 인식하고 프로젝트의 목표 완수를 위한 시간과 자원의 효율적 활용에 초점을 두겠습니다. 또한 구성원 간 상호 협의를 활성화하고, 믿고 맡긴 후 사전 확인도 강화하겠습니다. 아울러 팀장님께 수시로 보고하고 사전 협의를 드려서 문제발생의 여지를 최소화하고 발생시 빠른 조치가 가능하도록 하겠습니다.”

“이제 오 대리가 정말 프로젝트 리더가 되었구먼. 그래 그런 마음가짐으로 실천한다면 훌륭한 프로젝트 리더가 될 수 있을 거야. 나도 힘껏 도울 테니 열심히 해보게. 다른 개선점은 없는가?”

“사실 실력의 중요성을 뼈저리게 느꼈습니다. 제가 좀 더 프로그램 개발능력이 뛰어났더라면 이런 문제를 미리 예상하고 조치나 대책을 강구했을 텐데, 아직 실력이 많이 모자른가 봅니다.”

“물론 탁월한 실력이 있었으면 사전에 조치할 수도 있었겠지. 그렇지만 아무리 실력이 뛰어나도 모든 것을 예방할 수는 없는 일이지. 다만 동일한 문제가 반복되는 것은 아직 자네의 개발력을 보완할 필요성을 말해주는 것이라네. 개발능력 강화를 위해 무엇을 하고 싶은가?”

“개발능력은 일단 시간이 필요하고 경험도 필요하다고 봅니다. 우선 관련 분야 교육이나 독서를 통해 보완하겠습니다. 아울러 기존 프로젝트의 개발경험을 정리 및 분석해서 프로그램 개발 문제해결 매뉴얼을 만들어 보겠습니다. 개발과정에서 발생하는 문제들을 유형화하고 대책들을 정리하면서 스스로 문제해결능력을 강화하고 향후 후배들에게 도움이 되며 전체가 함께 매뉴얼을 검토한다면 우리 회사의 소중한 문제해결 대책자료가 되리라 생각합니다.”

"오, 그거 훌륭한 생각이네. 그렇지, 매뉴얼을 만들면 자신도 공부가 되고 후배와 회사를 위해서도 도움이 되겠군. 일단 매뉴얼 작업을 업무 목표에 포함합시다."

드디어 오 대리의 얼굴에 희미한 미소가 피어올랐다. 정 팀장도 호탕한 웃음으로 화답했다.

팀워크는 잊은 지
오래입니다

전화벨이 울렸다. 정 대리는 어쩔 줄 몰랐다. 전화기에 머리를 조아리며 연신 "I'm so sorry"를 읊조렸다. 정 대리는 오세아니아팀에서 가장 대차고 실적 좋은 최고의 영업실무자였다. 정 대리의 저런 모습은 1년에 한두 번 보기 힘든 광경이었다. 간신히 전화를 끊은 정 대리는 다짜고짜 외쳤다.

"호주 B사 인보이스 팩스 본 사람 있나요?"

순간 사무실은 정적이 감돌았다. 얼마나 소리가 컸던지 사무실 반대편에 앉아 있는 아시아 사업부 팀원들에까지 들렸다. 그러나 아무도 대꾸를 하지 않았다. 정 대리는 관리팀 옆에 있는 팩스 서류함을 살펴보았지만 깨끗했다. 누군가 청소를 한 것이다. 그런데 이 서류함은 청소하시는 아주머니는 건드리지 않는다. 그렇다면 사무실 내 누군가가 치웠다는 의미다.

정 대리는 관리팀과 그 옆에 있는 북미팀, 중국팀 등 온 팀을 다니면서 호주 B사의 팩스의 행방을 수소문했다. 아무도 보지 못했다는 대답만 돌아왔다. 정 대리는 자리로 돌아와 호주 B사에 사과의 편지를 쓰며 인보이스 재발송을 요청했다. 그러나 지금 긴급 발주를 낸다고 해도 제품 요청 기일을 맞추기는 어려웠다. 그렇다고 항공편으로 보낸다면 엄청난 물류비용을 감당해야만 했다. 팔아도 남는 것이 없을 것이었다.

사무실이 한창 소란스러울 때 오 대리는 회의실에서 신입사원 이소연씨에게 열심히 광물 영업에 대한 OJT를 진행하고 있었다. 나란히 자리에 앉은 두 사람은 회의실 창 너머로 씩씩거리는 정 대리를 보면서 의아한 표정을 지었다. 정 대리는 오 대리와 동갑이었지만 오 대리보다 2년 선배로 K상사에서 잔뼈가 굵은 6년 차 베테랑이었다. 아이템별 영업실적만 본다면 줄곧 상위권 안의 실적을 내고 있었다. 그러던 차에 작년부터 오 대리가 정 대리의 실적을 넘어 사내 최고의 영업실적을 달성했다. 회사에서도 오 대리의 실력을 인정하고 광물 매출확대를 위해 신입사원을 오 대리 파트에 추가 배치한 것이다.

"정 대리님, 무슨 일 있어요? 얼굴 표정이 말이 아니네요?"

"오 대리 지금 몰라서 물어?"

정 대리가 오 대리에게 말을 낮출 때는 화가 단단히 났다는 증거다. 평상시는 서로가 존칭어를 쓰는 사이이다. 오 대리가 발끈했다.

"아니 정 대리님, 왜 말을 놓고 그러세요. 무슨 일인지는 모르지만 후배라고 함부로 말 놓으면 섭섭하죠."

"아니 지금 불난 집에 부채질이야. 수천만 원이 날아가게 생겼는데 옆에서 도와주지는 못할 망정 무슨 뚱딴지 같은 소리야!"

"알겠습니다. 가만히 있어드리죠."

두 사람은 등 돌리고 앉았다. 그러나 정 대리도 오 대리도 마음이 편치 못했다. 정 대리는 다시 컴퓨터 자판을 두드리기 시작했다. 그 소리가 마치 망치로 두드리는 듯 했다. 정 대리는 팀장에게 사고발생 보고서를 올렸다. 호주의 B사로부터 의류 선적일자를 앞당겨달라는 고객의 팩스가 중간에 분실되어 납기지연에 따른 영업손실 보고서였다. 그는 전사 게시판에 호주 B사 팩스 본 사람을 찾는 공지를 올린 뒤 팀장에게 보고하러 갔다.

신입사원 소연씨는 공지를 보고 깜짝 놀랐다. 지난 금요일 사무실을 정리하면서 팩스와 복사기 등 사무기기와 서류보관함 주변이 종이들로 너저분하게 어지럽혀 있길래 그것을 정리했는데 바닥에 떨어진 서류는 읽어 보지 않고 분쇄기에 넣어버렸던 것이다.

등 돌린 두 대리

정 대리는 팀장 보고를 마치고 자리에 돌아왔다. 아침부터 소란을 떨어서인지 오후 내내 마음이 편치 않았다. 점심도 먹지 않았다. 벌써 5시가 가까워졌다. 게시판을 보니 조회수가 전사 인원에 육박해 있었다. 그러나 아무런 답장이 없었다. 그때 신입사원 이소연씨가 등 뒤에서 서 있었다. 정 대리는 흠칫 놀라며 말했다.

"어, 소연씨구나. 왔으면 말을 하지. 깜짝 놀랐잖아."

"죄송합니다. 정 대리님!"

소연씨 눈에는 벌써 눈물이 그렁거렸다. 정 대리는 사태를 알아차렸다.

"어휴 정말, 사고뭉치 한 명 들어왔네. 정신을 어디에 팔고 다니는 거야. 팩스와 폐지도 구분 못하니. OJT기간 동안 뭘 배운 거지? 기본도 안된 애들한테 자꾸 어려운 영업이론부터 가르치려고 하니까 이 모양이지."

그때 마침 오 대리가 팀장 미팅을 마치고 자리로 돌아왔다.

"아니, 소연씨 무슨 일 있어? 정 대리님 소연씨가 뭐 잘못했습니까?"

"잘못했지요. 잘못도 큰 잘못을 했지요. 입사 1개월 만에 생돈 수천만 원을 날리게 되었으니……"

"아니 그게 무슨 말씀인지. 혹시 그 호주 B사 팩스건과 소연씨가 관련이 있나요?"

"눈치는 빠르시네. 오 대리! 신입사원 교육을 어떻게 시킨 거야. 왜 가만히 있는 팩스를 분쇄기로 갈아먹어."

정 대리는 목소리를 높였다. 오 대리는 약간 얼굴을 찡그리며 이소연씨의 얼굴을 보았다. 이소연씨는 또다시 눈물을 훔치고 있었다. 사무실을 둘러보니 모든 시선이 이쪽을 향하고 있었다. 어떻게든 정리해야만 했다.

"정 대리님, 제가 대신 사과드리겠습니다. 이제 입사한 지 1개월 지났는데 뭐 알겠습니까? 다 제 불찰입니다. 이번 건은 제가 책임을 지도록 하겠습니다."

"오 대리가 어떻게 책임을 지겠다는 건가? 매출손실이라도 대신 메우다는 거야 뭐야?"

"그렇게 해야 한다면 제가 책임을 지겠습니다. 죄송합니다."

"오 대리, 안 그래도 한마디 하려고 했었는데. 신입사원 교육을 기본부터 시키지 않고 무슨 영업이론 교육부터 하나?"

"아니, 정 대리님! 팩스 처리 잘못한 것과 저의 신입사원 교육방식이 무슨 관련이 있습니까? 그리고 이런 문제로 전 사무실 사람들이 다 들리도록 나무라시면 신입사원과 제가 어떤 느낌이겠습니까?"

"오 대리가 잘 했으면 내가 이러겠어? 후배교육을 어떻게 시켰길래 팩스도 분간을 못해. 사무관리 기초교육은 업무 OJT의 기본이야. 내가 오 대리 처음 왔을 때 어떻게 교육시켰어. 아직 사무 기초도 안된 애한테 영업이론 가르쳐서 뭐해."

두 사람의 소리가 점점 높아졌다. 팀장회의를 마치고 나오던 오세아니아팀 김 팀장이 그 소리를 들었다. 김 팀장은 두 사람에게로 다가왔다.

"왜 이렇게 시끄러워. 여기가 두 사람만 근무하는 곳이야? 그리고 문제가 있으면 해결하려고 하지는 않고 잘잘못부터 따지고 있어. 두 사람 회의실로 따라와."

김 팀장은 회의실로 두 사람을 데리고 갔다. 정 대리가 자초지종을 설명했다. 오 대리는 신입사원인 이소연씨에게 하는 교육방식을 정 대리가 간섭한다고 했다. 또다시 두 사람은 얼굴이 붉히며 소리를 높였다. 감정의 골이 깊었던 모양이었다. 김 팀장은 그런 두 사람을 단단히 혼냈다. 그러나 혼을 낸다고 될 일이 아니었다. 감정의 골은 대화를 가로막고 있었다. 두 사람은 어설픈 화해의 제스처를 하고 돌아갔다. 김 팀장은 그동안 실적 중심의 팀 운영이 구성원 간 갈등을 부추기지는 않았나 돌아보았다. 그리고 저녁에 통코치와 미팅을 잡았다.

어쨌든 팀은 하나다

통코치와 오랜만에 하는 저녁식사였다. 김 팀장은 통코치와 한 달에 2번 코칭 미팅을 해왔다. 회사에서 모든 팀장들에게 리더십 개발과 문제해결을 위해 일괄적으로 연중실시하는 프로그램이었다.

"통코치님, 저희 팀에 정 대리와 오 대리가 있는데 두 사람 사이가 너무 안 좋아요. 오늘도 글쎄, 사무실이 떠나가라 싸우고 있지 않겠어요."

"두 대리에게 무슨 일이 있었던 건가요?"

김 팀장은 통코치에게 오늘 사건의 경과를 설명했다. 통코치는 고개를 끄떡이며 가만히 듣고 있었다.

"언제부터 두 사람 사이가 안 좋았나요?"

"줄곧 한 팀이었지만 두 사람 사이가 썩 좋지는 않았어요. 원래 조직에서는 경쟁을 하다 보니 서로가 마찰을 일으킬 때가 가끔 있었죠."

"팀장님 다른 이유가 있지는 않는지요?"

"아무래도 둘 다 나이는 같은데 정 대리가 대리고참이다 보니 오 대리가 못마땅해하는 눈치였죠. 그렇다고 다른 팀에 보낼 수도 없고. 혹시 이 문제를 해결하는 좋은 방법이 없을까요?"

"다음의 조직 내 갈등에 대한 자료를 참고해보시면 대인관계 갈등 문제를 해결하는 데 도움이 되실 것입니다. 우선 팀 내 갈등의 원인을 제대로 파악해야 대책을 세울 수 있습니다."

팀원 간 갈등 해결하기

팀 구성원 간 갈등처럼 팀 리더를 힘들게 하는 것은 없다. 매일 얼굴을 맞대며 생활하는 직장동료 간 갈등의 원인과 처방을 살펴보자. 먼저 대인 간 갈등 원인은 크게 3가지로 분류할 수 있다. 대인 간 갈등은 근본적으로 개인차, 한정된 자원, 역할차별 때문에 일어난다. 조직 내 대인관계에서 발생하는 갈등의 원인에 대한 세부 내용은 〈표5〉에 정리되어 있다.

대인관계 갈등의 원인을 파악하고 난 다음 갈등해결 전략으로는 회피, 약화 그리고 직면 전략이 있다. 여기서 상대방과의 직면 전략은 1) 승자–패자 혹은 힘의 전략 2) 패자–패자 혹은 절충 전략 3) 승자–승자 혹은 융화 전략으로 구분된다.

이상의 갈등해결 전략 중에서 제일 바람직한 것은 상호 승자–승자의 직면 전략이다. 토니 알레산드라&필립 헌스커는『행복한 일터의 커

〈표5〉 **조직 내 대인갈등의 원인**

갈등의 원인	주요 내용
개인 간 차이	나이, 성별, 태도, 믿음, 가치, 경험, 상황이나 다른 사람을 보는 방식에 개인 간 차이가 있다. – 세대 간 차이, 여성 상사와 남성 직원, 학력 차이, 경험의 차이 등
한정된 자원	재정적, 인적, 기술적, 시간적 등 물질적 자원과 감정이나 관심 등 비물질적 자원을 모두 포함한 자원의 제한 – 제한된 성과급, 기술력의 차이, 납기의 제한 등
역할 차별	위계질서, 주도권, 신임, 개인적 욕구 등에 동의하지 않는 경우 발생 – 선임사원을 제외한 채 후배사원에게 업무지시, 시간외 근무에 대한 결정 등

*출처: Gail E. Myers & Michele Tolera Myers, 〈The Dynamics of Human Communication: A Laboratory Approach〉(수정 인용)

뮤니케이션^{Communicating at Work}』에서 직면이란 "서로 발전적 피드백을 주고받음으로써 행동을 변화시키는 방법"이라고 했다. 여기서 발전적 피드백이란 상대방의 성장을 위해 태도나 행동의 개선에 대해 이야기해주는 것이다. 직면에 있어서는 타이밍이 중요하다. 상대방이 받아들일 준비나 여유가 없는 상태에서 일방적인 직면은 오히려 상대로 하여금 거부반응을 낳을 수 있다. 더구나 승자—승자의 직면이 되기 위해서는

〈표6〉 **대인관계 갈등해결 전략**

갈등 전략 구분		사용 시기	수행 결과 예측
회피 전략		갈등의 소지에 대해 위협을 느끼거나 갈등을 효과적으로 다룰 수 없을 경우 – 발뺌, 부정, 억누르기, 어물쩍 넘어가기, 나가버리기, 등	갈등이 다른 형태로 좀 더 격렬하고 폭력적으로 다시 도출함.
약화 전략		갈등에 참여한 사람들의 흥분이 가라앉도록 일단 정지시킬 때 사용함. – 정보 파악, 냉정 유지, 다른 시각으로 전환함. 실제 문제는 해결되지 않은 채 보류.	사소한 문제는 합의를 보겠지만 큰 문제는 해결하지 못함. – 흥분을 가라앉히는 정도
직면 전략	승자–패자	갈등을 해결하기 위해 누군가 승리해야 한다는 생각에 토대를 두는 일반적인 갈등해결 방식 – 해고/강등/보직변경/폐업 등의 위협, 투표, 다수결, 법규, 규칙 강요 등	모든 창조적인 문제해결의 길이 막힘. 패자에게 비통과 원망이 남아 자신이 힘을 가져 복수하고자 함.
	패자–패자	서로 어느 쪽도 이득을 보지 못하는 중간 위치에서 절충함으로써 참여자들이 모두 패자가 됨.	쉽게 절충해버리는 습관이 들어 서로의 차이점을 긍정적으로 취하거나 협상하지 못함.
	승자–승자	갈등을 이기기 위한 싸움이 아니라 문제해결의 과정으로 인식하며, 누구도 완전히 잃지 않는다는 것을 받아들일 때 나타남. – 상호 차이점 보다는 유사점에 초점	서로의 입장을 좀 더 이해하고 신뢰와 합의로 문제를 해결함. 시간이 걸릴 수 있지만 모든 참가자들이 만족하는 대안 창출함.

*출처: Gail E. Myers & Michele Tolera Myers, 〈The Dynamics of Human Communication: A Laboratory Approach〉(수정 인용)

첫째, 상대가 직면을 받아들일 준비가 되어 있는지 파악해야 한다. 둘째, 그 직면의 결과가 자신에게 어떠한 영향을 미칠 것인지를 검토해야 한다. 끝으로 직면을 통해 나는 무엇을 얻고 상대방에게는 무엇을 해줄 수 있는가를 명확히 해야 한다. 대인관계에서 직면은 나와 상대방을 동시에 고려하는 갈등해결 전략이다. 만약 어느 일방이 손해를 입거나 위압감을 느낀다면 그 직면 전략은 성공하기 어렵다.

서로 버팀목이 되어주는 팀이란

김 팀장은 상호 승자-승자의 직면을 어떻게 이행할 수 있을까 고민 끝에 정 대리와 오 대리를 저녁식사에 초대하기로 했다. 세 사람은 오랜만에 중국집으로 향했다. 약간의 반주로 분위기를 띄우고 다양한 코스요리로 입맛도 돋우고 대화의 소재를 풍부하게 하는 데로는 중국식당이 그만이다. 김 팀장은 먼저 정 대리에게 말문을 열었다.

"정 대리, 우리가 한 팀이 된 지도 벌써 꽤 시간이 지났지."
"네, 제가 입사하고 다음 해에 부임해오셨으니 5년쯤 되었습니다."
"그렇지, 그리고 그 다음 해에 오 대리가 입사를 했지."
"네 팀장님."
오 대리가 짧게 대답했다.
"두 사람과 우리 팀원들 덕택에 지난 3년 동안 최고의 매출실적을 달성할 수 있었네. 그동안 고마웠다는 이야기를 하고 싶네."

"아닙니다. 팀장님! 저희가 고맙습니다." 두 사람이 동시에 대답했다.

"오 대리는 광물수입 분야에서, 그리고 정 대리는 의류와 자동차 등 수출 분야에서 높은 실적을 올려주었어. 그리고 우리 같은 중견기업도 원자재 수입이라는 새로운 분야를 개척할 수 있다는 자신감을 가지게 했지. 나는 현재에 안주하지 않고 항상 신시장을 개척하는 데 보람을 느꼈다네. 두 사람은 어떠한가?"

"네, 저희도 그렇습니다." 두 사람은 서로의 얼굴을 마주보며 말했다.

"나는 앞으로도 그럴 거라고 봐. 우리가 이 회사 생활을 하는 한 우리는 같이 성장하겠지. 먼저 정 대리가 과장이 되겠지. 그러면 누가 정 대리를 도와줄까? 오 대리일 거야. 그렇지 않나 오 대리?"

"네, 당연히 도와드려야죠. 아니 오히려 제가 더 도움을 받아야죠."

"하긴 그렇군. 그리고 정 대리, 자네가 앞으로 관리자가 되면 누구의 도움을 제일 많이 받을까?"

"글쎄요. 후배 사원 모두가 저를 따르고 서로를 돕고 있습니다."

"맞아. 서로가 서로를 도우려는 마음이 중요한 것이지. 개인 실적이라는 게 정말 혼자만의 노력의 산물일까? 서로가 서로에게 정보를 주고 부족한 부분을 채워주기 때문에 가능한 것이지. 광물수입만 하면서 광물만 보나, 그 지역의 시장과 기업의 움직임에 대한 정보도 같이 나누어야 더 크게 성공하지."

"네, 팀장님" 오 대리가 대답했다.

"나는 우리가 저 테이블 위의 원판처럼 돌아야 한다고 봐. 어느 한쪽으로 기울어지면 쓰러지고 마는 거야. 서로가 버팀목이 되고 균형을 잡아주어야 생생하게 잘 돌아갈 수 있지."

팀장님의 이야기를 듣고 있던 정 대리가 응수를 했다.

"오늘따라 팀장님께서 상당히 철학적이십니다. 며칠 전 저희들이 다 툰 일 때문에 많이 마음이 상하셨죠. 이렇게 자리도 만들어주시고 좋은 말씀 고맙습니다. 앞으로 작은 나보다는 조직 전체를 생각하면서 일하 도록 하겠습니다."

"역시 정 대리야. 고마워. 그렇게 이해해줘서. 나는 항상 정 대리가 선 임사원이라고 생각해. 후배들을 이끄는 리더십도 있고. 앞으로 관리자 가 돼서도 탁월한 리더가 될 수 있을 거야."

"고맙습니다. 팀장님."

"그리고 오 대리, 자네는 업무추진력도 뛰어나고 고객대응력도 뛰어 나지. 물론 실적도 좋고. 그렇지만 후배들만큼이나 선배들로부터 인정 받는 것이 중요해. 왜 그럴까?"

"글쎄요. 선배나 후배 모두에게 인정 받는 것이 중요하다고 봅니다."

"물론 다 중요해. 하지만 선배는 당신을 이끌어주는 사람이야. 후배 는 자네가 챙겨야 할 사람이고. 이 점을 잊지 말길. 아무리 후배가 잘해 도 선배를 뛰어넘을 수는 없는 거야. 뛰어넘는 그 순간 조직의 팀워크는 무너지는 것이지. 그렇다고 무조건 순종하거나 자기의 뜻을 굽히라는 것은 아니야. 어떻게 하면 함께 좋은 결과를 만들고 성공할 수 있는지를 생각해야 해."

"네, 알겠습니다. 앞으로 선배님은 깍듯하게 모시겠습니다. 자, 정 대 리님. 제 술 한잔 받으시죠. 제가 특별히 이 집 사장님에게 사과주를 부 탁해놨습니다. 모두 건배하시죠."

오랜만에 세 사람의 마음은 가뭄에 단비처럼 시원하게 녹아내렸다.

대인관계 갈등에 대한 효과적인 설득 Tip 9가지

❶ 논쟁을 피한다.

❷ 인간성과 잠재의식에 기반을 둔다.

❸ 상대방에게 자신의 의견을 말하게 한다.

❹ 상대방의 잘못을 지적하지 않는다.

❺ 자기의 의견을 부드럽고 또 확실하게 말한다.

❻ 자기 의견을 제 3자를 통해 말하게 한다.

❼ 상대방이 우선 합의할 수 있는 화제를 찾는다.

❽ 상대방에게 새로운 생각이 떠오르게 한다.

❾ 상대방의 면목을 세워준다.

* 출처: 박연호, 이종호, 임영제 외 『현대 인간관계론』

도대체 어느 팀 잘못입니까?

"상무님, 분기 대책 보고서를 월간 대책 보고서로 전환하기 위해서는
각 영업팀에서 신속하게 정리한 데이터가 필요한데 제때 올라오지 못하
는 경우가 많습니다."

"어느 팀이 늦게 올라옵니까?"

"꼭 집어서 말씀드리기는 그렇고, 전반적으로 그렇다는 것입니다."

"이봐 최팀장, 당신이 그렇게 두루뭉수리하게 이야기하니까 문제가
개선되지 않는 거잖아! 영업 대책 보고서도 그래. 매번 어렵다, 안 된다,
고객이탈이 심각하다, 이런 내용 말고 제대로 된 대책을 올리란 말이야!
각 팀에서 대책안이 나오지 않으면 재촉해야 할 것 아니야!"

"……"

옆에 있던 영업2팀 박 부장이 곤란해하는 최팀장을 도우러 나섰다.

"최팀장, 제때에 실적 보고 데이터를 올리지 않는다고요? 실제 문제
는 데이터가 아니라, 문제에 대한 대책이 제대로 나오지 않아서 그런 것

아닌가요?"

"맞습니다. 박 부장님, 데이터도 문제가 있지만 더 큰 문제는 각 영업
팀에서 목표를 달성하지 못했을 때 대책이 없거나 기존의 것을 답습하
는 경우가 많다는 겁니다. 영업기획팀에서 이를 개선해줄 것을 몇 번이
나 요청했지만 '그것은 영업기획팀에서 해야 하는 것 아니냐'며 떠넘기
는 경향이 있습니다."

들고 있던 영업1팀의 최고참 서 팀장이 카랑카랑한 목소리로 말을 끊
고 나왔다.

"최팀장, 무슨 소리야. 각 영업팀에서는 수주 따랴, 고객 만나랴, 개
발팀 비위 맞추랴 힘든데, 영업기획팀에서 그런 것은 알아서 해야 하지
않나? 대책안 만들라고 영업기획팀 만든 것이잖아. 그걸 못한다고 하면
팀장 자질에 문제가 있는 것 아니야?"

모든 팀들이 힘들어 하는 이유

영업기획팀 최팀장은 회의를 마치고 팀 간 효과적인 업무 조율과 분장
법을 찾기 위해 통코치를 찾았다.

"코치님, 다른 팀들이 제가 요청을 하면 '바쁘다' '힘들다' '기획팀에
서 해야 되지 않냐' 등등 부정적인 이야기만 합니다. 어떻게 하면 다른
팀들과 서로 협력하고 업무 조율을 잘 할 수 있을까요?"

"최팀장님, 팀장님께서 보시기에 현재 다른 팀들의 업무 상황이 어떻
습니까?"

"네, 각 팀마다 일이 많고, 요즘 경기도 좋지 않으니까 힘들어합니다. 그렇지만 영업기획팀에서 요청하는 업무가 무리한 것은 아닙니다. 업무 결과를 정리하고 어떻게 하면 잘 할 것인지 대책을 세워달라는 것인데, 그게 힘들다고 하니……"

"그렇다면 팀장님께서 말씀하신 서로 협력하고 업무조율이 잘 되는 팀이란 어떤 모습일까요?"

"모든 팀들이 자기 부서 업무의 미션과 역할을 충실히 수행하고, 고객의 관점에 따라 일을 수행했으면 합니다."

"역시 최팀장이십니다. 업무분장의 원칙에 대해 잘 알고 계십니다. 조직의 업무는 주어진 미션과 역할을 충실히 하는 것이죠. 그 역할을 수행하기 위해서는 고객관점이 중요하고요. 그런데 현재 팀 간 업무협조에서 어떤 어려움이 있습니까?"

"머릿속에 고객관점에 대한 개념은 있는데 실제 조직내부에서 구현시키기가 쉽지가 않아요. 모두 '고객이 중요하다'라고 하지만, 실제로 내부고객은 안중에도 없는 경우가 많아요. 각자 자기 실적 내기에 바쁘죠. 여력이 있으면 도와주고 싶지만, 사람은 적고 일이 많으니 여력이 없지요. 또 도와줘도 돌아오는 것은 없고 자기 일만 늘어나니 마음 같지 않습니다."

"그렇죠. 협력을 하고 도와주고 싶지만 현실적으로 어려움이 많지요. 그렇다면 어떻게 하면 말씀하신 조직 간 실적 문제, 인력 문제, 결과에 대한 쉐어링sharing 문제를 해결할 수 있을까요?"

"글쎄요. 쉽지 않은 문제입니다만, 팀 간 업무조율이 잘 되기 위해서는 업무분장이 잘 되어야 합니다. 서로 도와가면서 해야 하지만, 어떤 업무를 어느 부서에서 어느 정도의 수준으로 완수되어야 하는가에 대한 구체적인 가이드라인이 없어요. 그러니 주는 부서나 받는 부서 모두 다른 생각을 하고 다른 결과를 낳는다고 봅니다.”

“좋은 의견이십니다. 업무분장은 어느 부서가 어떤 업무를 어느 정도 수준으로 수행하느냐가 관건입니다. 이것은 앞에서 말씀하신 미션과 역할의 구체적 표현이라고 생각됩니다. 혹시 다른 의견은 없으신지요?”

“효과적인 업무분장이 되기 위해서는 미션과 역할에 따른 구체적인 업무 프로세스를 만드는 것이 중요합니다. 팀 간 업무 프로세스에 대해 기준을 정립하고, 그 결과에 따라 상호 보상할 수 있는 방안을 마련해 둔다면 다른 팀들도 모두 따를 것이라고 봅니다.”

“업무 프로세스의 기준을 정립하고 성과에 대한 보상도 좋습니다. 그렇다면 지금까지의 말씀을 토대로 현재 고민중인 업무분장의 문제에 어떻게 적용하면 좋을까요?”

“먼저 분기 실적 및 대책 보고서를 월간 실적 및 대책 보고서로 대체하여 작성할 때, 팀별 작성 가이드라인을 제시하고, 쟁점 대책에 대해서는 사전에 회의 어젠다로 상정하여 회의 의제로 하면 좋을 듯합니다. 또한 과제별 계획을 세울 때 목표 달성 결과에 대한 보상방안에 대해서도 사전 계획수립에 반영하면 좋을 듯합니다.”

“월간 실적 및 대책 보고서의 구체적 실행방안을 제안해주셨군요. 그렇게 했을 때 예상되는 애로사항이나 문제점은 무엇일까요?”

“구체적 가이드라인을 제시해준다면 영업팀들도 작성하는 데 도움이 될 것입니다. 그리고 팀에서 작성하기 어려운 사항은 별도 의제로 제안 해달라고 하면 모두 좋아할 듯합니다. 사실 대책이 없는데 대책을 마련하라고 하니 어려워하죠. 오늘도 좋은 코칭 감사합니다."

"도움이 되셨다니 제가 고맙습니다. 모쪼록 잘 진행하신 후 그 결과에 대해 다음 미팅에서 또 이야기 나누시죠."

효과적인 조직의 업무분장법

실제로 회의에 참석하여 이야기를 듣다 보면, 이것은 누구의 문제이고 책임이가 하는 공방이 발생할 때가 많다. 왜 이런 현상들이 생기는 것일까? 그것은 문제를 바라보는 시각 차이에서 발생한다. 좋고 성과가 있는 일들이면 자기 부서가 하려고 하고, 문제나 잘못은 다른 부서의 책임으로 돌리려는 경향이 있다. 어쩌면 조직의 생리상 당연한 일인지도 모른다. 결국 이러한 문제는 공통 업무를 수행하는 부서나 경력이 짧은 부서장에게 돌아가는 경우가 많다. 어떻게 하면 효과적인 업무분장으로 조직 간 갈등을 최소화하고 성과를 창출할 수 있을까?

먼저 업무분장의 핵심 기준은 조직의 사명Mission과 역할Role에 달렸다. 팀의 사명과 역할을 구체적으로 명기한다. 또한 상황과 역할의 변화에 따라 수행하는 업무도 보완해야 한다. 가급적 매년마다 정기적으로 조직 전체의 사명과 역할을 조율하여 조직 간 오해나 업무누수를 방지한다.

다음으로, 조직의 사명과 역할에 따른 업무 프로세스를 명확히 한다. 여기에는 업무별 의사결정 권한과 책임의 소재를 구체화한다. 전체 업무가 어떤 식으로 전개되고, 어디까지 수행하는지 절차를 수립한다. 우리 기업들이 가장 약한 부분이 이 절차 부분이다. 팀별로 사명과 역할을 구체화했는데 업무 갈등이나 누수가 발생했다면, 그것은 각 업무가 수행되는 절차가 구체화되지 않았기 때문이다. 새로운 업무가 발생하거나 업무가 이관되었을 때도 이 업무 프로세스를 보완 하여 업무 누수가 발생하는 것을 최소화해야 한다.

끝으로 팀 간 업무분장이 효과적으로 작동하기 위해서는 고객 마인드가 중요하다. 여기서 고객 마인드란 자기 팀의 관점에서 업무를 바라보는 것이 아니라 고객의 관점에서 업무를 수행하고 평가하는 것이다. 고객은 사외 고객뿐만 아니라 조직 내부고객도 중요하다. 조직 간 업무분장에 관한 갈등도 조직 간 오해에서 발생한다. 업무상 관련된 전후 공정의 부서들이 업무를 수행하는 데 어려움이 없는지, 우리 부서가 사전에 해야 할 역할을 충실히 하고 있는지, 자기 팀의 관점이 아니라 고객부서의 관점에서 봐야 한다.

우리는 외부고객에게는 웃는 얼굴을 내밀면서 옆의 부서에는 인상을 쓰고 있지는 않은가? 조직 간 갈등은 바로 자기중심적이며, 전체가 아닌 부문 최적화의 관점에서 접근하고 행동한 결과가 아닐까?

남극 황제 펭귄은 아기 펭귄을 자신의 발등에 올려놓고, 다같이 동심원을 그리면서 서로의 어깨를 맞대고 조금씩 움직인다. 바깥에 있는 펭귄이 눈바람을 막고 서로의 온기가 내부의 온도를 높이면서 자연에 도전해 생존을 이어간다. 이처럼 황제 펭귄의 허들링처럼 조직 내부의 갈등이나 문제도 조직 전체의 관점에서 보고 개선한다면 한결 쉽게 해결될 것이다.

갑작스런 부서 개편으로
혼란스럽습니다

금요일 오후 4시 정 팀장은 팀 회의를 소집했다. 갑작스런 회의 소집에 팀원들은 다소 어리둥절했다. 팀원들은 다른 회사에서 A전자로 부임해 온 정 팀장의 방식에 아직 익숙하지 않았다. 이 차장과 석 과장, 최 과장 등 세 명의 파트장도 무슨 일인가 의아해할 뿐이었다.

"갑작스럽게 팀 회의를 소집해서 다소 놀랐죠. 지난주 실시한 팀원들과의 인터뷰와 경영지원센터장님과의 면담을 통해 조직구조를 새롭게 개편하기로 했습니다. 먼저 개편의 배경은 현재 3개의 파트, 즉 교육기획파트, 경영교육파트, 전문교육파트의 체계가 수년간 지속되면서 팀원들 간 교류가 부족했다는 점, 둘째 전 세계 기업교육 부서의 흐름이 기능 중심 조직에서 프로세스 중심 조직으로 변화하고 있다는 점, 끝으로 각 사업부의 교육적 지원을 체계적으로 지원해야 할 필요성이 증대되고 있다는 점입니다."

모두들 숨을 죽이고 듣고 있었다. 교육공학 박사 학력으로 외국계 기업에서 HR^{Human Resource}관련 업무를 13년간 수행한 전문성이 묻어나는 대목이었다. 그러나 무슨 큰일을 벌이시기에 이렇게도 사설이 길까, 하며 하품을 하거나 팔짱을 끼고 듣는 팀원들도 있었다. 정 팀장은 준비한 슬라이드 자료를 띄웠다. 모두의 눈이 번쩍 떠졌다.

"팀의 구성을 현재의 기능별 조직에서 고객밀착형 프로세스 조직으로 전환하겠습니다. 기존의 3개 파트를 해체하여 4개 파트 체제로 운영합니다. 교육기획파트는 그대로 최 과장님이 맡아주시고, 새로운 조직개발파트는 이 차장님이, 과정개발파트는 석 과장님이, 과정운영파트는 이 대리님이 각각 파트장으로서 역할을 수행해주시기 바랍니다.

각 파트별 세부 역할은 이렇습니다. 교육기획파트는 기존의 총괄교육기획과 예산업무 이외에 대외협력 업무를 추가합니다. 조직개발파트는 각 사업부의 교육적 지원 및 운영과 고객니즈 수렴의 창구 역할을 합니다. 여기에는 점점 늘어나는 해외법인의 지원업무도 포함합니다. 교육과정 개발이 필요할 경우 과정개발파트와 협업합니다. 다음으로 기존의 경영교육과 전문교육의 기능을 통합하여 과정개발파트와 과정운영파트의 프로세스별로 운영합니다. 과정개발파트는 경영 및 전문 기술교육 과정의 개발을, 과정운영파트는 경영 및 전문교육과정의 운영을 전담합니다. 과정 개발파트와 운영파트뿐 아니라 이번 조직개편의 승패는 각 파트 간의 유기적 결합과 소통에 달려 있습니다. 팀원들은 아래와 같습니다."

모두들 한참 동안 말없이 슬라이드를 바라보며 자신이 어디에 속해 있는지 살폈다. 그때 이 차장이 질문을 했다.

"팀장님, 갑작스런 개편에 모두들 얼떨떨합니다. 말씀하신 대로 조직 개편의 배경에는 공감을 합니다. 고객밀착형 프로세스 중심의 조직, 좋습니다. 그러나 우리 회사에서 벌어지고 있는 약 80개가 넘는 교육과정을 과정개발파트와 과정운영파트에서 모두 소화하기는 어려움이 따를 것입니다. 기존의 경영교육과 전문교육의 8명으로도 힘이 부쳤는데 그것을 각 3명씩 총 6명으로 모두 운영하라 하심은 현실을 도외시한 방침이 아닌가 생각됩니다. 또한……"

"이 차장님 말씀 잘 알겠습니다. 많은 교육과정을 더 적은 인원으로 개발 및 운영하기는 어려울 수밖에 없습니다. 그래서 후속조치로 교육과정에 대한 개편을 착수할 예정입니다. 현행 교육과정이 모두 필요한지 그 적합성과 효과성을 검토한 뒤 과정의 통폐합을 진행할 예정입니다."

모두들 말이 없었다. 팀 최고참인 이 차장의 의견이 묵살된 마당에 누가 이견을 제안하겠는가? 정 팀장은 조직개편의 당위성을 다시 한 번 강조하며 모두 새롭게 부여된 임무에 최선을 다해줄 것을 당부했다. 그날 회의는 갑작스러운 만큼 일찍 끝이 났다. 조직개편은 팀장의 고유권한이라 왈가왈부할 사안은 아니었다. 그러나 팀원들의 입장에서 보았을 때 기존의 업무를 다 뒤집고 전혀 새로운 업무를 받고 이관해야 할 판이어서 모두들 당황하지 않을 수 없었다. 업무 인수인계는 다음 주 수요일까지 마무리되어야 했다. 정말 신속한 진행에 팀원들은 그저 말을 잃었다.

회의를 마치고 3명의 기존 파트장들이 휴게실에 모였다.

"이 차장님 혹시 오늘 발표될 내용에 대해 알고 계셨습니까? 미리 말씀이라도 좀 해주시지."

"석 과장, 나도 조직개편이 있을 거라고만 들었지, 이렇게 대폭적인 변화라고는 생각을 못했지. 나도 답답해. 조직개발파트가 뭐야. 게다가 파트 구성원이 4년 차밖에 안 된 여사원 한 명이야. 최 과장은 알고 있었지?"

"네, 알고 있었습니다. 이 차장님."

"그런데 왜 아무런 말도 안 했어? 사전에 조율이라도 해야지."

"조율 같은 것은 아예 말씀도 하지 않으셨습니다. 지난주 인터뷰를 하기 전부터 생각해오신 조직도라고 봅니다. 저라고 이야기하지 않았겠습니까? 적은 인원으로 파트를 많이 만드는 것은 팀원들의 업무가 가중되고, 해외법인과 각 사업부의 교육적 지원이 많아지는 것은 사실이지만 그것을 다 하기 위해서는 현재 인원에 추가적인 인원이 필요하다고 말했습니다. 그랬는데도 현재의 인원으로 가능하다고 하시는데 어떡합니까?"

"그래도 그렇지, 최 과장. 이 대리는 이제 대리 3년 차인데 벌써 파트장이야. 그러면 직책상으로는 이 차장님과 동급이네. 그리고 이 대리가 교육운영 업무를 알겠어? 줄곧 기획파트 업무만 해왔는데."

"석 과장님, 팀장님은 그 문제도 지적하셨어요. 교육업무를 하면서 어떻게 교육운영 업무를 안 해볼 수 있느냐는 거예요. 먼저 운영과 개발 업무를 거친 후에 기획 업무와 조직개발 업무를 하는 방식으로 인력을 운영할 방침이라 하십니다."

"그런데 왜 사전에 우리 파트장들과는 협의를 안 하셨지?"

"저도 그건 모르겠습니다. 파트장이 공식 조직이기보다는 비공식 조직이고 개별적으로 인터뷰를 하셨기 때문에 굳이 필요성을 느끼지 않으신 게 아닐까요?"

"최 과장, 그래도 우리에게 귀띔을 했어야지. 하긴 최 과장만의 잘못
은 아니지. 팀장이 협의할 의사가 없는데 무슨 수로 할 수 있겠어."

세 사람은 말없이 커피만 마셨다.

조직개편으로 인한 상처들

휴게실에서 돌아온 세 사람을 정 팀장이 불렀다.

"모두들 갑작스런 조직개편에 당황해하는 것 같군요. 세 분께서 각
파트원들을 잘 다독여 업무인수인계에 차질이 없도록 도와주세요."

정 팀장은 얼굴에 미소를 띠며 말했다. 3명의 파트장은 떨떠름한 표
정을 감추지 못했다. 어색함을 최 과장이 깼다.

"예 알겠습니다. 팀장님! 각 파트원들이 이번 조직개편의 배경과 취
지를 잘 이해할 수 있도록 조치하겠습니다. 새로운 업무는 곧 익숙해질
것입니다."

"팀장님, 조직개발파트는 저와 여사원 1명으로 구성되었는데 무엇을
어디서부터 시작해야 하는지요?"

"이 차장님, 제가 조금 전 발표하실 때 듣지 않으셨어요? 각 사업부
의 교육지원 업무와 창구역할 그리고 해외법인의 교육지원입니다."

정 팀장의 목소리가 조금 높아졌다. 이 차장의 목소리도 점점 거칠어
졌다.

"그 말씀은 저도 들었습니다. 구체적으로 어디서 무엇부터 해야 하는

가 말입니다."

"이 차장님, 지금 농담하시는 거예요? 세부 업무는 파트장이 기안하고 준비해야 하는 것 아닌가요?"

"저도 지금까지 경영교육과 전문교육을 해보았습니다만, 사업부 지원이란 게 어디서 어디까지인지 잘 이해가 되지 않습니다. 현재의 3개의 사업부 지원을 제게 모두 맡기셨다는 건 우선적인 지원사항을 파악해 두신 것이라 생각되어 질문드린 것입니다."

"조직 경험은 저보다 이 차장님이 더 많지 않나요? 사업부가 3개지만 3개 사업부가 동시에 교육적 요구가 있지는 않다고 봅니다. 또한 3개 사업부가 공동으로 지원할 수 있는 프로그램을 만들면 일손을 줄일 수도 있고요. 할 수 없는 것을 하자는 것이 아니라 무엇부터 할 것인가를 고민해서 하자는 것입니다."

갑자기 분위기가 삭막해졌다. 잘 해보자고 모였는데 모두 자신의 입장만 강조할 뿐이었다. 정 팀장은 대화를 마무리하고 같이 저녁식사를 하자고 제안했다. 금요일 오후였지만 세 파트장은 팀장의 요청에 마지못해 따를 수밖에 없었다.

정 팀장은 술을 잘 마시지 못하지만 이 시점에서 뭔가 관리자들을 설득시키지 못하면 계속 밀릴 것 같은 느낌이 들었다. 오늘 저녁은 새로 임명된 이 대리까지 모두 5명이 참석했다. 깔끔한 한정식에 갈비가 잘 익어갔다. 술이 몇 잔 돈 뒤 정 팀장은 이야기를 꺼냈다.

"오늘 오후에 세 파트장님과 대화를 하면서 조직개편의 필요성을 이해시키려는 노력이 부족했음을 느꼈어요. 이 자리에서 지난 2주간 같이 생활하면서 느낀 점이나 조직개편에 대한 어떤 이야기를 해도 좋습니다. 생각도 같이 나누고 행동도 함께 했으면 합니다."

"자리를 만들어주셔서 감사합니다. 오늘 조직개편에서 대리 3년 차인 제게 파트장을 맡겨주셔서 솔직히 부담이 됩니다. 교육기획은 오랫동안 했지만 교육운영 업무를 손 놓은 지 벌써 5년은 되어서 잘 할 수 있을지 걱정도 됩니다."

"먼저 이야기해줘서 고마워요. 이 대리는 파트장으로서 충분한 자질을 가지고 있다고 봅니다. 또한 기존에 인사팀과 전문교육팀에서 근무한 경력이 있으므로 조금만 경험을 쌓으면 충분히 할 수 있을 것입니다."

"그렇게 믿어주셔서 감사합니다. 어쨌든 과정운영 파트의 업무를 최선을 다하겠습니다. 이 차장님과 두 분 과장님께서도 많이 도와주세요."

이 대리가 술을 권하기에 모두 건배를 외치며 술잔을 기울였다. 이 대리와 최 과장은 뭐가 좋은지 연방 웃으며 팀장과 담소를 나누었다. 그러나 이 차장과 석 과장의 얼굴에는 아직도 어두운 그림자가 가시지 않았다. 특히 이 차장은 질문도 없이 묵묵히 술잔만 기울일 뿐이었다.

"이 차장님, 아까부터 안색이 좋지 않은데 괜찮으신가요?"

"괜찮습니다. 잠시 생각할 것이 있어서요."

이 차장은 차장 3년 차로 김 팀장보다 2살 위였다. 전임 팀장이 인사팀장으로 자리를 옮기면서 내심 본인이 팀장이 되지 않을까 기대를 하고 있던 터였다. 그러나 외부에서 굴러들어온 새파란 팀장에게 자리를 내준 데 이어 현재 입지마저 위기감을 느끼고 있었다. 그런 그에게 이번 조직개편은 직격탄이 되었다. 드디어 이 차장이 침묵을 깨고 정 팀장에게 질문을 했다.

"팀장님은 이번 조직개편을 저희 회사에 오기 전부터 구상하셨던 건지요. 갑작스런 개편이지만 많이 준비하신 것 같아서요."

"예, Y전자에 있을 때 조직 경험이 있습니다. 때가 되면 도입해봐야 겠다고 생각하고 있었고요. 이번 인터뷰와 각 사업부장님과의 면담에서 도입의 필요성을 강하게 느꼈습니다."

"역시 그랬군요. 그렇다면 저희들에게 사전에 이야기라도 해주셨으면 좀 덜 놀랐을 텐데 조금은 아쉽습니다."

"저도 이야기를 할까 하다가 조직개편이라는 게 몇몇 사람들의 귀에 들어가면 발표 전부터 말이 많아지더군요. 그리고 지난번 저녁식사 때 살짝 언급은 했지요."

"그래도 이렇게까지 대폭적인 변화일 줄은 몰랐습니다."

"그렇다면 미안합니다. 이 차장님과는 좀 더 이야기를 나눌 것 그랬나 봅니다. 오후부터 계속 그 이야기네요. 왜 사전에 공유하지 않았느냐고 저를 다그치는 것 같습니다."

"아닙니다. 제가 어떻게 팀장님을 다그칠 수 있습니까? 그냥 그렇다는 이야기입니다."

모두들 한바탕 소리 내어 웃었다. 그래도 아쉬움은 풀리지 않는 밤이었다. 이 차장이 유난히 생각이 많아 보였다.

갈등은 성과 창출의 한 부분이다

월요일 저녁에 정 팀장은 오랜만에 통코치를 만났다.

"안녕하세요 정 팀장님! 정말 오랜만입니다. A전자 팀장으로 승진 이직한 것을 축하드립니다. 잘 지내고 계시죠?"

"물론 잘 지내고 있습니다. 오늘 코치님을 뵙자고 한 것은 의논할 것이 있어서입니다. 제가 새롭게 교육팀장으로 부임하면서 2주간의 팀원 인터뷰와 경영진 면담을 토대로 새롭게 조직을 개편했습니다. 그런데 팀원들에게 조직개편의 당위성과 역할 변화를 설득하는 것이 쉽지가 않네요."

"팀 내 이 차장과 보이지 않는 갈등이 있는 듯하군요. 그것이 무엇이라고 생각하십니까?"

"이 차장은 제가 왜 사전에 공유하지 않았냐고 계속 반복적인 질문을 합니다. 제가 이 차장에게 먼저 보고를 해야 하는 것처럼 들리더라고요."

"이 차장이 무엇 때문에 그런 말을 했다고 생각하십니까?"

"글쎄요. 혹시 자신을 팀장으로 착각하는 것은 아닐까요? 나이도 저보다 2살 많고. 조직 경험도 훨씬 많고요. 사실 팀원들도 모두 이 차장을 따르는 분위기더군요. 평판도 좋아요."

"이 차장의 업무 스타일일 수도 있지만 원활한 업무수행을 위해서는 사전협의나 도움을 받으면 훨씬 수월하게 업무를 진행할 것 같은데요?"

"당연히 그래야겠죠. 그렇지만 상사인 제가 일거수일투족을 모두 보고할 필요는 없다고 봅니다."

"물론 그렇죠. 팀장님께서 모두 이야기하실 필요는 없습니다. 하지만 팀원들이 알아야 할 내용과 조직에 관련된 내용은 사전에 대화하는 것이 효과적이라고 생각합니다."

"그 말씀은 이번 일이 저의 잘못인 것처럼 들립니다."

"아닙니다. 저는 팀장님이 잘 되시길 바라며 조언을 드리는 것입니다. 시간이 되시면 이 차장과 한 번 더 대화를 해보시는 것이 어떨까요? 갈등은 성과 창출 과정의 한 부분입니다. 갈등을 잘 해결하면 업무의 생산성을 높일 수 있지요. 만약 갈등을 잘 해결하지 못하면 업무 생산성뿐만 아니라 불필요한 갈등이 계속해서 발생할 수 있습니다. 먼저 갈등의 근본 원인이 무엇인지 그리고 어떻게 해결하는 것이 좋을지를 한 번 더 생각해보시기 바랍니다. 그런 후에 업무를 추진하는 것이 더욱 좋지 않을까 생각됩니다."

갈등의 생산성은 해결방식에 달려 있다

어떤 조직에서나 갈등은 존재한다. 오히려 갈등이 존재하지 않는 조직이 더 문제일 수 있다. 갈등을 표면화시키지 못하고 내부로 삭일수록 그 갈등의 폭과 깊이는 더욱 커져 종국에는 폭발하고 말기 때문이다.

일반적으로 사람들은 자신의 내면의 이야기를 드러내기 꺼려한다. 왜일까? 이야기를 해도 답이 뻔하기 때문이거나 답이 없기 때문이다. 갈등이 일어나는 원인은 어쩌면 이야기를 하면 답부터 찾으려고 하는 조급증 때문은 아닐까? 사고와 행동이 다른 사람들 간에 갈등은 발생할 수밖에 없다. 중요한 것은 갈등을 어떻게 다루고 해결하느냐이다.

여기서는 갈등의 개념과 원인, 유형 그리고 해결방법에 대해 간략히 살펴보기로 한다. 대니얼 레비교수는 그의 책 『팀워크 심리학Group Dynamics for Teams』에서 갈등이란 "어떤 사람이나 집단이 자신의 이익을 해칠 행동을 하고 있다고 생각하는 정신작용"이라고 정의했다. 즉 갈등은 자신의 이익이 침해당했다는 생각에서 비롯된다.

조직에서 발생하는 갈등의 유형은 크게 '업무 차원의 갈등'과 '대인관계 차원'의 갈등으로 나눌 수 있다. 이 두 갈등은 개별적으로 발생할 수도 있지만 혼합하여 발생하는 경우가 더 많다. 표면적으로는 업무 차원이지만 실제 근본 원인을 따져보면 두 당사자 간 보이지 않는 경쟁관계나 피해의식에서 비롯된 경우가 많다.

업무 차원의 갈등일 경우 일상적인 업무에서 발생하면 업무에 대한 상호 이해가 부족하거나 팀원들 간 협동이 잘 되지 않아 발생하는 경우가 많다. 그러나 비일상적 업무에서 갈등이 발생할 경우에는 오히려 문제해결에 도움이 될 수 있다. 비일상적인 업무일 경우 서로의 사고와 행동이 합의를 보지 않는 상황에서 새로운 관계나 프로세스를 정립하는 데 기여할 수 있다.

반면, 대인관계 차원의 갈등은 동료 간이나 상하 간을 불문하고 조직에 해로운 영향을 끼친다. 당사자들뿐만 아니라 구성원 전체와 업무에까지 영향을 미치는 경우가 많다.

갈등의 원인에 대해 〈표7〉과 같이 정리할 수 있다. 조직 내 갈등은 3가지 요인으로 구분할 수 있는데 실제로는 3가지가 중첩되어 나타나는 경우가 많다. 서두에서 예를 든 A전자 교육팀 정 팀장과 이 차장과의 갈등은 표면적으로는 '조직적 요인' 중에서 조직구조 개편에 대한 갈등이다. 그렇지만 내부를 살펴보면, 조직개편 과정에서 상호 협의 부족이 주요 원인으로 볼 수 있다. 한층 더 깊이 들여다보면 정 팀장과 팀원 간의 신뢰부족, 이 차장의 팀장 누락에 따른 낙담이 누적된 결과라고 볼 수 있다. 그렇다면 이러한 갈등을 어떻게 해야 할 것인

<표7> **조직내 갈등의 원인**

갈등 구분	세부 갈등 원인
조직적 요인	적은 자원을 둘러싼 경쟁, 불명확한 역할과 책임, 팀원들 간 신분 차이, 경쟁적 보상체계, 업무 프로세스 미정립, 개인 목표와 조직 목표와의 충돌 등
사회적 요인	리더의 동기부여 및 퍼실리테이션 스킬 부족, 엉성하게 진행되는 팀 회의 등
개인적 요인	팀원들 간 불신, 개인 간 성격차이 등

*출처: Daniel Levi, 『Group Dynamics for Teams』(수정 인용)

가? 갈등이 필수불가결한 것이라면 리더의 역할은 갈등을 어떻게 해결하느냐에 달려 있다.

갈등해결의 대표적인 모델은 마빈 더넷의 갈등해결방법이다. 이 모델은 갈등의 두 차원, '분할Distribution(자기 자신의 결과물에 대한 관심)'과 '통합Integration(다른 사람들의 결과물에 대한 관심)'의 차원을 이용하여 갈등을 해결방법을 제안한다. 즉, 갈등관계에 있는 사람들이 단호하게 나오면서 자신의 이익을 얻으려 하거나, 아니면 상호 협동하면서 모두 잘 될 수 있는 방법에 관심을 보일 수 있다. 이러한 두 차원은 〈그림 9〉와 같이 상호 독립적인 5가지 해결방안을 제시한다.

먼저, 회피는 문제(이슈)를 무시하거나 문제가 있다는 사실을 부인하려는 것이다. 갈등을 정면으로 맞서지 않으면서 저절로 해소되길 기대하는 방법이다.

둘째, 조화는 일부 팀원들이 합의를 위해 자신의 입장을 포기하는 결정을 하는 것이다. 이들은 협력적인 존재이지만 팀은 그들의 의견이나 아이디어를 잃는 손해를 입을 수 있다.

셋째, 대결은 공격적으로 행동하면서 이기려고 노력하는 것이다. 그

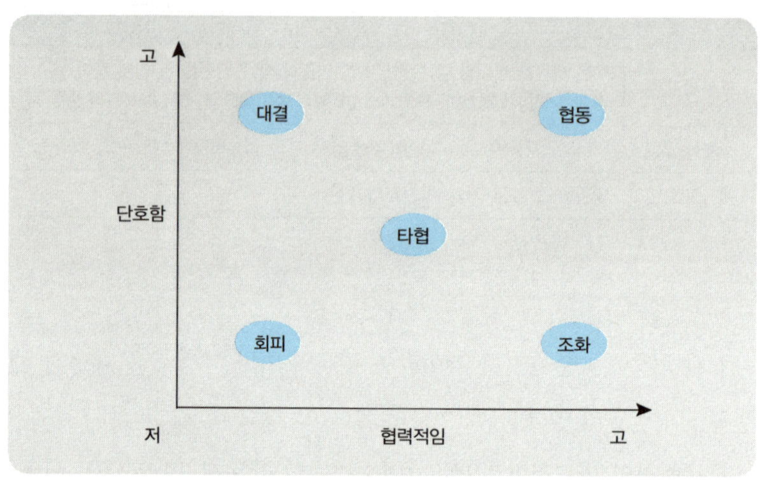

<그림9> **갈등해결 방법**

*출처: Daniel Levi, 『Group Dynamics for Teams』(재인용)

러나 이는 합리적인 결정을 내리기보다는 이기는 것이 더 중요할 때 사용한다.

넷째, 타협은 갈등의 당사자들의 목표에 균형을 이루기 위해 서로가 조금씩 양보하는 결정을 하는 것이다.

끝으로 협동은 갈등의 당사자들이 중요한 이해관계를 가지고 있어 모두가 만족할 수 있는 창조적인 해결책이 필요할 때의 방안이다. 상호 간 협력과 존중이 중요하다.

종합하면 갈등해결을 위한 최선의 방법은 협동의 해결책을 찾는 것이다. 협동은 조직의 창의성을 이끌어내고 결정에 대한 이해와 믿음을 증폭시켜 팀원들 간 신뢰증진에도 도움이 되기 때문이다.

다만 상황에 따라서 위 5가지 해결책이 각각 의미를 가질 수 있다. 예를 들면, 성격이 급한 상사와의 갈등에서는 '조화' 전략이 이로울 수 있다. 또한 급박한 상황에서는 '대결' 전략이 효과적이다. 협동은 상대적으로 대등한 관계에서 시간적 여유가 있을 때 최선의 결과를 얻을 수 있다. 갈등을 해결할 아무런 대안이 없을 경우에는 회피하는 전략도 한 방법이다.

협동적 갈등해결은 조직의 신뢰를 강화한다

정 팀장은 자신의 갈등해결 방식이 대결적 방식임을 깨달았다. 통코치의 조언처럼 협동적 방식으로 전환 필요성을 느꼈다. 그렇지만 막상 어떻게 하는 것이 협동적 방식인지, 갑작스런 리더십 스타일의 변화가 팀원들에게 혼동이나 불신을 주지는 않을지 염려가 되었다. 우선 이 차장과의 대화를 통해 갈등을 풀기로 했다. 교육팀에 부임해 한 달이 지났지만 이 차장과 둘이서 식사하기는 처음이었다.

"이 차장님은 취미가 뭐예요? 혼자 있을 때나 시간이 날 때 주로 무엇을 하세요?"

"혼자 있을 때는 주로 독서를 합니다. 영화도 좋아하지만 영화관에 갈 시간 내기가 쉽지가 않네요. 그런데 갑자기 취미는 왜 물으세요?"

"이 차장님에 대해서 궁금해서요. 회사 있을 때는 업무 이야기로 서로에 대해 알 수 있는 시간이 많지 않잖아요. 그러고 보니 이 차장님의 교육 콘텐츠가 폭넓은 독서와 영화감상에서 나온 거였군요. 지난번 팀장 리더십 과정에서 팀장의 역할과 책임에 대한 강의는 상당히 인상적이었습니다. 이 차장님이 팀장을 하셔도 참 잘하실 것 같아요."

“칭찬 고맙습니다. 그렇지만 이론과 현실은 또 다르잖습니까? 우리 회사 팀장님들은 정말 존경할 만한 리더분들이 많습니다. 우리 회사가 이렇게 성장한 것은 바로 그런 팀장님들의 공로라고 생각됩니다. 정말 제 몸 살피지 않고 회사와 팀을 위해 멸사봉공하시거든요. 회사가 그런 분들의 노고를 좀 더 알아주면 좋을 텐데요.”

“우리 회사에 부임해온 지 얼마 되지 않았지만 이 차장님도 그런 분들 중 한 분이 아닌가 싶습니다. 제가 A전자로 오지 않았다면 이 차장님이 교육팀장님이 되셨겠지요. 제가 중간에 굴러들어오는 바람에 차장님이 많이 서운했으리라는 생각을 뒤늦게 했습니다.”

“아닙니다. 팀장님! 리더는 아무나 하는 것이 아니라고 생각합니다. 회사가 그런 결정을 할 때는 이유가 있다고 봅니다. 급격히 성장하고, 특히 해외 생산기지가 늘어나면서 저희 회사에서도 글로벌 스탠더드에 입각한 교육과 사업부 밀착형 교육서비스를 제공할 필요성이 증대했음은 모두가 인식하고 있습니다. 아울러 기업교육을 전공하신 박사님을 팀장으로 모실 수 있어 저희 교육팀원들의 역량 강화에도 많은 도움이 되리라 생각됩니다.”

“그렇게 이해해주시니 정말 고맙습니다. 지난번 조직개편으로 아직 어수선한 부분이 많으리라 생각됩니다. 조직을 잘 알고 회사 사정에 밝으시니 모쪼록 이 차장님께서 많이 도와주시기 바랍니다. 조금 더 일찍 서로 협력하고 도움을 요청했어야 했는데 제가 성격이 급하다 보니 경황이 없었던 것 같네요.”

“갑자기 왜 그러십니까? 오히려 제가 좀 더 잘 보필하지 못해 죄송합니다. 아직은 익숙하지 않은 프로세스 중심의 조직이라 어색하지만 시간이 지나면 나아지리라 생각됩니다. 다양한 방식의 실험과 도전으로 좀 더 나은 퍼포먼스를 만들지 않을까 기대됩니다. 팀장님께서 그렇게 말씀하시니 저도 열과 성을 다해서 노력하도록 하겠습니다.”

“고맙습니다. 이 차장님! 이렇게 이해해주시니 백만대군을 얻은 듯합니다. 저도 팀장은 처음이라 부족한 점이 많아요. 혹시 제가 해야 할 일을 하지 않거나 문제가 있다고 판단되면 언제든지 솔직하게 직언해주세요. 이 차장님의 말씀은 언제나 겸허하게 수용하겠습니다.”

“고맙습니다. 팀장님, 저를 그렇게까지 인정해주시니 더욱 감사할 뿐입니다. 부족하지만 저도 최선을 다해서 팀장님을 도와 팀의 성과를 높이는 견인차 역할을 하겠습니다.”

두 사람의 대화는 밤하늘의 달무리처럼 늦도록 이어졌다.

갈등해결을 위한 코칭 Tip

❶ 관계와 문제(이슈)를 분리한다.
❷ 문제(이슈)를 상대방의 입장에서 이해한다.
❸ 서로를 위한 협동적 해결방안(Win-Win Solution)을 찾는다.
❹ 서로의 신뢰관계를 강화한다.

3

팀원을 스스로 춤추게 하라

개인과 조직 간 목표 설정 능력

팀원 스스로
일하게 할 순 없을까요?

코칭 말미에 박 팀장이 통코치에게 물었다.

"조직의 새해 목표를 설정하고 팀원들과 목표설정 면담을 하는데 최 대리가 자신의 과업을 바꾸어달라고 요청하더라고요. 이유를 물었더니, 작년 한 해 동안 새로운 과업을 하면서 너무 힘들었다는 것입니다. 새로운 과업이니 팀 내에서 아는 사람도 없고, 뚜렷한 목표나 과업의 방향성을 제시하는 사람도 없었다는 것입니다."

"목표설정 면담인데 목표가 아니라 과업 자체를 바꾸어달라는 것이네요?"

"그렇죠. 그래서 제가 말했죠. '무슨 소리냐. 최 대리가 열심히 노력해 신규제품 개발에 많은 도움을 주지 않았느냐.' 그렇지만 본인은 그 일에 만족하지 않았던 모양입니다."

"최 대리는 왜 그 과업에 만족하지 않았을까요?"

"그 일이 자신이 하고 싶은 과업이 아니었다고 하더군요. 그리고 일을 하면서 방향성에 대한 혼란을 느꼈고 이에 관련해 도움을 받을 사람을 찾지 못했다고 했습니다. 혼자 과제를 수행하다 보니 같이 대화할 상대도 없고 성과를 내기도 어려웠다고 합니다. 그런 이유들 아니었을까요."

"그렇다면 팀장님께서는 최 대리가 겪고 있는 어려움을 알지 못하신 건가요?"

"그렇다고 봐야죠. 최 대리가 열심히 하고 있으니까 잘 하고 있는 줄 알았죠. 제가 좀 더 신경을 썼어야 하는데 대화도 자주 못하고 일의 방향성도 명확히 잡아주지 못했어요. 새로운 과제가 저도 잘 모르는 분야라서 방향성을 제시하거나 함께 대화로 풀어가기가 어려웠던 것 같아요."

"앞으로 어떻게 하실 생각이십니까?"

"지난번 면담에서 좀 더 생각할 시간을 갖고 이번 주에 다시 만나자고 했지요. 새롭게 구성한 목표 중에서 최 대리가 수행했던 과업을 좀 더 확장해서 올해에도 지속적으로 개발하기로 한 것이 있어요. 그래서 최 대리가 이 과업을 계속 맡아서 잘 해달라고 설득해야죠."

"지난번 면담에서 본인은 그 과업에 대해 고사의 뜻을 밝혔는데 그를 설득시킬 비책이라도 있으신지요?"

"그게 고민입니다. 어떻게 하면 최 대리를 잘 설득시킬 수 있을까요?"

조직의 목표를 효과적으로 공감시키는 5가지 방법

리더가 구성원들에게 조직의 목표를 잘 달성할 수 있도록 목표를 부여하는 것은 중요한 역할이다. 일찍이 피터 드러커는 그의 책 『미래경영The Essential Drucker』에서 경영자(리더)란 "자신과 자신이 맡은 사업 부문이 상위 부분의 목표달성과 회사 전체의 목표 달성에 공헌하는 데 책임을 지는 사람"이라고 정의했다.

리더의 중요한 역할은 목표 설정이고 이것을 조직 구성원들에게 세분화하여 할당하는 것이다. 그럼에도 매년 초 목표설정 면담을 할 때마다 곤혹을 치를 때가 많다. 목표설정 면담이 어려운 것은 여러 가지 이유가 있을 수 있다. 목표 자체가 높이 설정되었을 수도 있고, 경영환경이 목표를 달성하는 데 어려움을 줄 수도 있다. 또는 그 목표를 수행해야 할 구성원들의 역량이 따라주지 못할 때도 있다. 리더의 입장에서 볼 때, 어느 한순간도 마음 편히 목표를 설정하고 과업을 할당하는 경우는 드물다.

조직의 목표를 구성원들에게 효과적으로 공감시키는 방법에 대해 살펴보기로 한다. 먼저, 고객의 가치를 창출할 수 있는 조직 목표를 설정해야 한다. 목표 자체가 '아, 이렇게 하면 되겠구나' 하는 구성원들의 공감대를 가질 수 있어야 한다. 목표 자체가 명확하지 않고 새로운 시장환경의 내용을 반영하지 못할 때 구성원들은, '왜 이것을 해야 하나' 하는 의구심부터 든다. 이때 리더는 구성원들에게 목표를 할당하는 것이 아니라 의구심을 없애는 데 노력을 쏟게 된다. 그러면 중요한 목표 할당을 이루지 못하거나 대충 지나가는 경우가 발생한다.

<그림10> **조직의 목표를 효과적으로 공감시키는 5가지 방법**

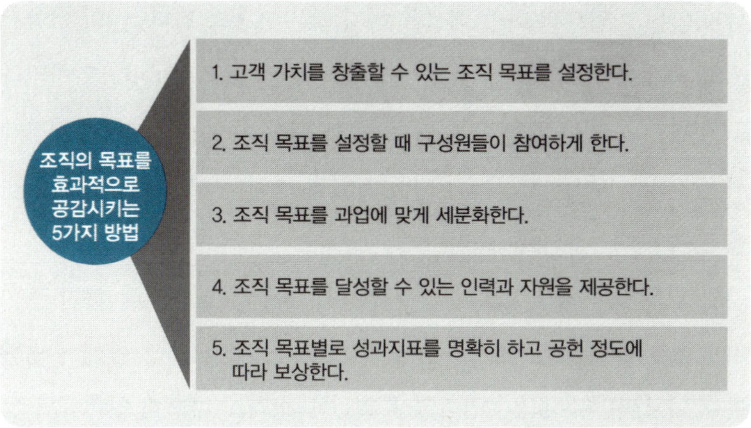

또한 오늘날 시장환경은 급격하게 변화하고 있다. 이제 스마트폰은 핸드폰 시장의 대세를 이루고 있다. 불과 4~5년 전만 하더라도 스마트폰 시장의 가능성에 대해 회의적으로 보는 시각들이 많았다. 그러나 애플의 스마트폰이 전 세계를 강타하면서 모바일폰의 시장은 스마트폰을 생산하는 기업과 그렇지 못하는 기업으로 재편되었고 스마트폰을 생산하는 기업들이 승승장구하게 되었다. 시장환경을 제대로 읽지 못하는 목표는 아무리 좋은 목표라고 하더라도 실패를 낳을 수밖에 없다.

둘째, 조직목표를 설정할 때 구성원들이 참여해야 한다. 이것은 리더의 경우도 마찬가지이다. 상위조직의 목표설정에 직접 참여함으로써 상위 조직의 목표에 대해서도 이해할 수 있고 자신의 조직과 하부 목표설정을 구체화하는 데 필수적이다.

혹자는 이렇게 말할 수 있다. "새로운 사업을 매년 하는 것도 아니고 매년 목표를 새롭게 설정할 필요가 있습니까?” 목표를 새롭게 설정하지 않는 기업은 변화와 혁신을 하지 않는 기업과 같다. 앞의 스마트폰의 사례에서 보았듯이 지금 시장에서 성공하는 기업이라고 하더라도 영원한 승자는 있을 수 없다. 자동차 시장의 GM사, 게임기 시장에서 강자인 닌텐도, TV시장에서 강자였던 소니가 해당 시장에서 고전을 면치 못하는 모습을 보라!

팀 단위의 목표설정도 마찬가지이다. 팀장이 팀원들과 상위 조직의 목표를 보면서 당해년도 수행해야 할 목표와 과제를 함께 수립하는 것이다. 비록 시간이 걸리고 통일된 목소리가 나오지 않더라도 팀이 해야 할 일과 왜 해야 하는가에 대한 당위성을 공감한다면 목표설정 면담은 한층 수월하게 진행될 것이다. 실행력은 공감대 속에서 나온다.

셋째, 조직 목표를 개별 구성원들이 실행할 수 있도록 과업별로 세분화한다. 무엇이든지 큰 액수이거나 큰 과제를 보면 ‘저것을 어떻게 실행하나’ 하는 걱정을 하게 된다. 불안감은 자신감을 쫓아낸다. 리더의 역할은 과제를 구성원들이 할 수 있도록 세분화하고 구체화하는 것이다. 목표를 세분화하면서 수행해야 할 과제를 구체화하고, 개별 과제를 수행할 수 있는 인력과 자원을 할당한다. 목표설정 면담에서 문제는 바로 여기에서 발생한다. 이 목표를 달성하기 위해서는 인력과 예산이 더 필요한데 필요한 자원 지원에는 한계가 있다. 이것을 어떻게 구성원에게 설득시키고 구성원이 할 수 있는 자원을 만들어주느냐가 리더의 역할이다.

목표를 세분화할 때 주의점은 사람에 따라 목표를 할당하는 것이 아니라 목표가 먼저 설정되고 그에 따른 과제가 구체화된 뒤에 인력을 배치해야 한다는 것이다. 목표 세분화에서 문제가 되는 경우는, 개인이나 조직의 필요에 따라 목표를 설정하는 경우이다. 특히 조직은 조직의 생리상 성장의 욕구를 가진다. 성장하기 위해서는 더 많은 예산이 필요하고 더 많은 일이나 역할을 수행하려 한다. 즉, 하지 않아도 될 일이나 과업을 위한 목표를 세울 때가 있다. 이것을 방지하기 위해서는 먼저 조직의 목표가 무엇이 되어야 하는가에 대해 제로 베이스Zero-based 관점에서 검토하고 구체화해야 한다. 그리할 때 고객가치에 부합하는 목표를 설정할 수 있다.

넷째, 조직의 목표를 달성할 수 있는 인력과 자원을 할당한다. 목표설정 과정에서 구성원들이 가장 신경을 쓰는 부분은 바로 목표를 달성하기 위해 필요한 인력과 자원을 얼만큼 할당해주는가이다. 아무리 좋은 목표라고 하더라고 그것을 실행할 수 있는 인력과 자원을 지원해주지 않을 경우 좋은 결과를 만들기 어렵다. 이처럼 리더의 현실적인 고민은 한정된 자원과 인력을 어떻게 효율적으로 배분할 것인가이다.

목표달성을 위한 효과적인 자원배분 방법은 무엇일까? 먼저 자원배분을 할 때에는 자원배분에 대한 원칙과 기준을 세운다. 자원배분을 공평하게 할 수는 없다. 즉 핵심과제와 사업에 영향을 크게 미치는 과제에 대해 인력과 자원의 우선권을 부여한다. 핵심과제 즉 골든 과제의 경우에 시간과 자원을 더 투입하게 된다. 그렇게 될 경우 하위 목표를 수행하는 담당자는 목표달성을 위해 부여된 과제에 불만을 표시할 때가 있다. 이럴 때는 명확한 평가기준을 제시하면서 과제

수행의 결과가 가져오는 산출물에 대한 평가기준을 명확히 하고 그에 따른 합의를 거쳐야 한다. 또한 평가기준에는 조직 협력에 대한 항목을 명시화하여 구성원들이 서로 돕고 협력할 수 있는 분위기를 만들어야 한다.

다음으로 자원배분에서는 효과성보다는 효율성에 우선가치를 둔다. 효과성이란 설정된 목표의 달성도를 강조한 반면, 효율성은 자원의 인풋 대비 아웃풋의 개념이다. 앞에서 살펴본 핵심과제나 사업에 임팩트가 큰 과제일 경우 인력과 자원의 투입이 많을 수 있다. 그러나 한편으로 자원의 인풋 대비 아웃풋의 효율성이 적합하지 않다면 중점과제라 하더라도 인력과 자원의 사용에 제한을 두어야 한다. 즉, 신제품 개발이 아무리 중요하고 시급한 과제일지라도 기존 수익성 있는 제품이나 서비스의 생산을 무시할 수는 없다는 것이다.

마지막으로 조직 목표의 성과지표를 명확히 하고 공헌 정도에 따라 보상한다. 이것은 네 번째 항목에서 검토한 바와 같이 성과결과에 대한 평가지표와 보상의 기준을 구체화하는 것을 말한다. 특히 객관적이고 공정한 성과지표는 구성원들의 동기부여에 중요한 영향을 미친다. 아무리 열심히 하고 일을 잘 해도 평가기준이 공정하지 못하거나 현실에 맞지 않을 경우 구성원들은 열심히 하려 하지 않는다.

예를 들어 공통의 업무라 할 수 있는 부서총무의 역할을 보자. 총무 역할은 부서의 공통된 일을 수행하거나 먼저 준비하는 것이다. 대체로 팀에서 막내이거나 아랫사람이 하는 경우가 많다. 이들은 아무리 열심히 해도 본전인 경우가 많다. 오히려 어떤 일을 한 뒤에 야단을 맞지 않으면 잘 했다고 판단할 때도 있다. 일을 잘 수행하여 탁월한 실적을 낸 조직들이 그 다음에 기대에 못 미치는 결과를 내는 경우를 종종 본다. 그 조직을 가만히 들여다보면 바로 성과결과에 대한 분배의 문제인 경우가 많다.

이상에서 살펴본 조직의 목표를 효과적으로 공감시키는 5가지 방법은 기본적인 조직목표 설정시 고려할 사항이다. 위 5가지 방법 중에서 한 가지 핵심 방법으로 꼽으라면, 목표설정을 할 때 구성원들과 함께 설정하라는 것이다. 공감하지 않는 목표는 자신의 목표가 될 수 없다. 다만 위에서 시키니까 마지못해 하는 것이다. 조직의 구성원이기 때문에 할 수밖에 없다. 그러나 그 결과가 탁월할 수는 없다. 똑같은 목표를 설정하고 과업을 할당하더라도 어떤 사람은 탁월한 실적을 내는데 반해 어떤 사람은 계속 낮은 실적을 내는 이유는, 초기 목표설정 단계에서 자신이 공감할 수 있는 목표를 부여받지 못했기 때문이다. 목표설정에서 차이를 나타낸다면 성과 결과는 불을 보듯 뻔하다.

목표설정 면담 전에 준비할 2가지

신임리더일 경우 팀원들과 목표설정 면담을 하긴 해야 하는데 막상 무슨 말을 어떻게 해야 할까 고민하는 경우가 있다. 또한 목표설정을 많이 경험한 팀장이더라도 또다시 직면할 팀원들의 싸늘한 눈초리가 섬뜩하게 다가올 때도 있다. 앞에서 살펴본 조직 목표를 공감시키는 효과적인 5가지 방법 이외에 실제 면담을 진행할 때 중요한 사항을 중심으로 살펴보기로 한다.

먼저 리더가 목표설정 면담을 진행하기 전에 고려할 중요한 요소 2가지가 있다. 하나는 조직의 목표를 달성할 수 있는 방법에 대한 준비, 또 다른 하나는 구성원의 강점이나 역량에 대한 파악이다.

먼저 조직목표를 아무리 잘 설정했더라도 목표달성을 위한 과업을 구체화하고 그 실행방법에 대한 세부적인 플랜이 없을 경우 팀원들은 막연해하거나 어찌할 바를 모를 수 있다. 특히 신규 과제나 성과가 낮은 과제일 경우 실행방법까지 같이 검토하여 담당자의 부담감을 최소화하는 것이 중요하다. 사원들은 면담 자리에서는 어려움이나 불만을 이야기하지 않는다. 면담을 마치고 돌아서 업무에 복귀한 뒤나 아니면 결과가 나온 다음에 불평과 불만을 터뜨리는 경우가 많다. 특히 조직 구성원들에게 자신의 담당 과업에 대한 불만을 계속 이야기할 경우 리더에 대한 신뢰와 조직의 팀워크에도 영향을 미친다.

둘째, 개인의 강점이나 역량을 사전에 파악해둔다. 목표의 설정만큼이나 중요한 것은 담당 과업을 수행할 사람에 대한 이해이다. 팀원들이 어디에 강점이 있고 어떤 일을 누구와 함께 하면 보다 성과가 높았는지를 파악하는 것이 중요하다. 결국 일을 하고 성과를 만드는 것은 팀원들이다. 팀원 개인의 역량과 강점을 파악하지 못했을 경우 과업의 결과는 한계가 있을 수밖에 없다. 또한 역량이 낮은 경우에는 어떻게 역량을 높일 것인지 인재육성방안에 대해서도 당사자와 협의하는 것이 좋다. 또한 도전적인 과업을 부여할 경우, 담당자의 부담을 최소화하고 자신감을 부여하기 위해서는 역량개발에 대한 대화와 기회를 주는 것이 필요하다.

효과적인 목표설정을 위한 핵심질문

다음으로 목표설정 면담에 들어갔을 때 어떤 대화를 하는 것이 중요할까? 기본적으로 면담에 들어가기 전에 질문 리스트를 만들어놓고 개인별로 필요한 질문을 사전에 준비해두는 것이 효과적이다. 특히 경험이 부족한 팀장들의 경우에는 두말할 필요가 없다. 위 〈그림11〉은 목표설정 면담에서 꼭 필요한 핵심질문 3가지를 정리한 것이다.

위의 질문 3가지는 담당자와 목표 합의를 하는 과정에서 중요한 원칙 3가지에 대한 질문이다. 먼저 목표에 대한 방향성을 합의한다. 여기서 조직의 의도도 중요하지만 당사자의 의도는 어떠한지를 사전에 파악해보는 것이 중요하다. 방향성을 파악하기 위해, '당신이 올해에 꼭 해보고 싶은 일은 무엇입니까?'라고 질문해본다. 이와 같이 당사자의 잠재욕구를 일깨우는 질문이 효과적이다.

그런데 의도를 파악하는 질문을 했는데 예상과는 다른 답변이 나왔을 때는 어떻게 할 것인가? 여기서 중요한 것은 팀원의 이야기가 조직

목표 수행을 거부하는 것인지, 아니면 이것도 해보면 좋을 것 같다는 희망사항인지를 파악하는 것이 중요하다. 후자라면 다음 기회에 검토해보면 쉽게 해결이 가능하지만 조직목표 수행 자체를 거부할 경우에는 심도 있는 대화가 더 필요하다. 앞에서 살펴본 조직목표에 공감하는 5가지 방법을 차례로 재검토하면서 원인과 대책을 세워야 한다.

다음으로 필요자원과 실행력을 높이기 위한 대화가 필요하다. 조직목표에 합의를 한다면 당사자가 어떻게 하면 효과적으로 달성할 수 있을지 또한 목표를 달성하는 데 애로사항은 없는지를 파악하는 것이 중요하다. 실행단계에서 발생할 수 있는 문제를 사전에 제거하거나 성공적인 수행을 위한 자원을 사전에 확보할 수 있기 때문이다.

필요자원을 파악하기 위한 질문으로, '그 목표를 달성하기 위해 필요한 것은 무엇입니까?'라고 물어본다. 리더가 파악할 수도 있지만 당사자가 원하는 것이 무엇인지 아는 것이 중요하다. 또한 실행력을 강화하기 위한 질문으로, '그 목표를 달성하는 데 예상되는 애로사항은 무엇입니까?'가 있다. 이것은 당사자가 과업 수행과정에서 발생할 수 있는 위험요인을 사전에 고려할 수 있도록 하는 효과적인 질문이다.

조직의 목표는 조직이 처한 특수한 환경과 제도, 문화에도 영향을 받는다. 리더는 이처럼 다양한 영향 요인들을 잘 고려하여 팀원들이 최고의 성과를 낼 수 있도록 도와야 한다. 결국 리더는 팀원들이 만든 결과를 가지고 먹고사는 사람이기 때문이다.

보상을 해도
왜 성과가 오르지 않을까요?

강 사장과 경영지원담당 이 상무는 상반기 영업실적 우수 부서에 대한 성과급 지급건을 두고 토론을 벌이고 있었다. 이 상무는 그동안 경영적자로 인해 직원들의 급여가 2년 동안 동결되었으니 이번 기회에 성과가 높은 부서에 대한 포상금을 지급하여 성과가 떨어지는 부서에 대해 경각심을 심어주자고 주장했다. 이에 강 사장은 납득하지 못하는 눈치였다.

"이 상무, 이번에도 지난번에 성과급을 받았던 A팀이 또 성과급을 받는구먼. 지난 몇 년 동안 성과급을 지급해왔는데, 성과급을 받는 부서는 계속 받고, 받지 못하는 부서는 계속 성과급을 받지 못하는 이유가 뭘까?"

"글쎄요. 아무래도 A팀 구성원들이 열심히 해서 꾸준한 실적을 내기 때문이 아닐까 싶습니다."

"그러면 다른 팀들은 모두 놀고 있다는 말인가?"

"그게 아니라 A팀이 어려운 경기 여건 속에서도 좋은 아이디어를 계속 내고 새로운 판로를 개척했기 때문에 아닌가 싶습니다."

"이 상무, A팀은 특판 사업부네. 특판이란 다양한 방법이나 이벤트를 동원하여 신제품 중심의 영업을 펼칠 수 있는 여지가 많아. 그렇지만 방문 판매나 직영점들은 다양한 제품들을 불특정 다수 고객에게 판매하는 역할을 하기 때문에 경기에 직접적인 영향을 받는 것이 아닐까?"

"그것도 맞는 말씀입니다만, 그래도 회사의 성과급 규정에 의거하면 분기 실적이 높은 부서에 대한 성과급 지급 규정이 있기 때문에 마땅히 성과가 높은 부서에 포상하시는 것이 합리적이라고 봅니다."

"이 상무, 자네는 다 좋은데 가끔 규정이나 제도의 잣대로만 이야기하는 습관이 있어. 왜 성과급 제도를 만들었는지 그 취지를 봐야 하지 않을까? 조직의 성과를 높이기 위해 제도를 만들었는데 그것이 어느 일방에 이득으로 귀결될 때, 다른 부서가 가지는 박탈감에 대해서도 생각해봐야 하지 않을까?"

이 상무는 더 이상 답변을 하지 못하고 재검토해서 올리겠다고 짧게 말하고 돌아갔다.

지금까지 성과급 제도는 이 상무의 말처럼 성과가 높은 조직에게 포상해왔다. 즉 직원들로 하여금 더 많은 성과를 이끌어내기 위해 성과급을 지급해왔지만 받는 사람이 계속 받거나, 성과급 지급의 기준이 불명확하거나, 단기 성과에 급급한 면이 없지 않았다. 이제 그동안 익숙했던 성과주의 보상제도 전반에 대해 다시 한번 검토해야 할 때가 되었다. 개인과 조직 모두 윈윈(Win-Win)의 결과를 가져올 수 있는 대안은 없을까?

기존 성과주의 보상제도의 문제점

최근 성과주의 균열음이 여기저기서 들리고 있다. 얼마 전 성과주의 한계에 대해 다음과 같은 기사가 났다.

> 업계 상위권을 달리던 미국의 한 리서치 회사. 이 회사는 직원의 성과평가를 시행하면서 2년간 하위 세 등급에 속하는 거의 모든 직원을 해고했다. 이론적으로 보면 평균 이하의 성과를 낸 사람들 대부분을 솎아낸 셈이다. 그 결과 이 회사는 77%가 평균 이상의 성과를 올린 사람들로 구성됐다. 그러나 아이러니하게도 그들의 경영실적은 기대 이하에 머물렀고 회사는 몇 년 동안 수익이 지속적으로 악화됐다. 조직 내에 유능한 직원만을 남기는 접근법이 성과를 거두지 못했던 것이다.
> – 매일경제신문, '성과주의 한계 어떻게 극복할까'(2011년 9월 17일자)

그동안 성과주의는 기업 성공의 필수품처럼 확산되어왔다. 우리나라에서도 2007년 고용노동부 통계에 의하면, 기업들 중에서 연봉제를 도입한 기업은 52.5%, 성과배분제를 도입한 기업은 30.8%을 넘어서고 있다. 이처럼 성과주의 보상제도는 대부분의 기업에 확산 적용되고 있다. 이러한 성과주의 덕택에 기업의 성장과 직원의 만족도가 올라갔다는 주장도 있다. 그러나 〈그림12〉처럼 성과주의 보상제도로 인한 문제점도 대두되고 있다.

이러한 문제점을 극복하기 위해 국내외 기업들에서도 새로운 대안들이 〈표8〉과 같이 나타나고 있다. 〈표8〉에서 나타난 성과관리 개선

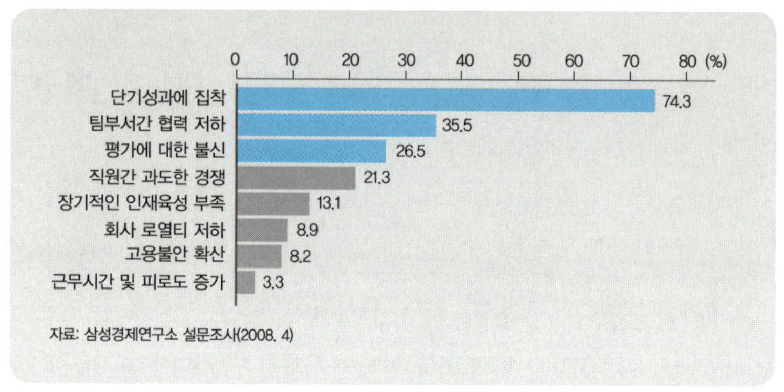

〈그림12〉 **성과주의 보상제도 도입에 따른 문제점(복수응답)**

방안은 일면 〈그림12〉 성과주의 보상제도에서 나타난 문제점들을 해결하기 위한 방편이다. 그러나 여기에는 근본적인 해결점이 보이지 않는다. 성과주의 보상제도가 가지는 경영철학이 바뀌지 않은 것이다. 즉, 성과주의 보상제도의 핵심은 금전적 보상에 있다. 『열정과 몰입의 방법』의 저자인 케네스 토머스 교수에 따르면 성과급은 성과를 창출한 만큼 더 많은 보상을 주기 때문에, 사람들로 하여금 성과를 창출하기 위해 조직이 원하는 행동을 이끌어내기 위한 제도이다. 그는 이러한 합리적–경제적 모델의 한계를 극복하지 못하고는 오늘날의 창조의 시대와 새로운 근로환경에 효과적으로 대응하지 못할 것이라고 지적했다.

최근 이러한 지적에 한 걸음 더 나간 이론이 제기되었다. 닐스 플레깅은 『언리더십Un-Leadership』에서 기존의 테일러식 기업방식을 알파 기업으로, 새로운 경영패러다임을 베타 기업으로 묘사하고 있다. 저자는 "가치는 공동으로 창출하는 것이다. 공동으로 창출된 가치에 대한 보

<표8> **주요기업 성과관리 제도 문제점과 보완**

기업	전통적 성과관리 시스템	해결방법
• 도요타	• 직원들 개인성과 집착 및 팀워크 소멸 • 전통적 일본식 선후배 관계 붕괴/마찰	• 부하직원 육성 항목 추가 • 3년차 미만 사원들에 대한 선배의 관리와 소통
• 콜로라도 병원	• 복잡한 성과평가 항목으로 인한 피로감 • 관료주의적인 시스템 운영	• 연간 면담보고서 시스템으로 전환
• 펩시콜라 • 구글 • SK • POSCO	• 내부 경쟁 격화 및 피로감 확산 • 일방적 단선적 평가에 대한 불만	• 전통적 '평가-보상' 시스템에 '코칭' 대안 추가 • 코칭→평가→보상
• 맥켄지 • 와치텔 립턴	• 지식공유 실패 • 단기 성과에 집착	• 연공서열제도 성격 부활

*출처: 매일경제신문, '성과주의 단점 극복한 기업들'(2011년 9월 17일자)

상 역시 개개인이 아닌 공동체가 가져야 한다. (중략) 공동체가 성공을 거두면 모두 금전적인 보상을 받을 수 있다는 믿음이 필요하다. 공동의 성공에 참여하여 자기 몫을 챙기는 것은 당연하다. 하지만 그러기 위해서는 먼저 공동으로 가치를 창출해야 한다"고 말한다. 닐스 플레깅의 성과보상제도에 대한 새로운 시각을 알파 기업과 베타 기업 비교를 통해 설명한다. 이를 <표9>로 정리했다.

성과보상 제도에 대한 이러한 견해의 바탕에는 인간을 바라보는 새로운 철학이 있다. LG경제연구소의 박지연 책임에 따르면, "최근 심리학, 사회학, 진화생물학 등 여러 학문 분야에서 기존 인간에 대한 가정을 뒤집는 새로운 내용들이 제기되고 있다. 인간은 기존 가정들과 달리 이타적 본성을 갖고 있다는 것이다. 구성원들은 스스로 목표를

<표9> 성과 보상(인정)에 대한 알파 기업과 베타 기업의 방식 비교

알파 기업의 '인정'	베타 기업의 '인정'
• 직위에 상응하는 급여를 지급한다. • 인사부서가 급여수준을 관리한다.	• 직원의 실제 가치만큼 지불한다 • 시장이 급여를 관리한다.
• 다양한 '등급'에 따란 차등적 급여체계와 특권 • 가변수당은 소수에게만 지급	• 일관된 급여체제 • 가변수당은 모두에게 지급
• 동기부여는 외부에서 들어온다. • 인센티브는 필수이다.	• 동기부여는 내부에서 나온다. • 인센티브는 장기적으로 독이다.
• 개별 보너스와 인센티브로 개인이 성과를 올리도록 자극한다.	• 개인의 성과란 존재하지 않는다. • 팀이나 기업의 성과는 모두 함께 거둔 것이며 직원들은 참여를 통해 인정받는다.
• 경영자가 중요하게 여기는 모든 것에 대해 보상한다.	• 노동의 대가로 급여를 받는다. 보상은 조작일 뿐 노동을 존중하지 않는다.
• 인간은 탐욕스럽다. 이 사실을 경영에 유리하게 활용한다.	• 이기심은 인간의 특성이다. 그러나 인센티브는 탐욕을 부추긴다. • 인센티브를 없애면 직원들은 자발적으로 일한다.

*출처: 닐스 플레깅, 『언리더십』

달성하기 위해 노력하고 다른 사람들과의 관계와 협력을 통해 더 나은 결과물을 만들어낸다는 것이다." (박지연, 'HR의 관점이 바뀌고 있다', 《LG Business Insight》 2012. 2. 29.) 인간에 대한 이타적 본성은 기존의 테일러식 경영방식으로 대표되는 더글러스 맥그리거의 X이론의 가정 대신에 인간 본성을 중시하는 Y이론 중심으로 변화를 말한다. 이것은 인간이 돈이라는 당근에 움직이는 당나귀가 아니라 공동체의 가치와 개인의 가치 실현 욕구에 의해 움직이는 존엄한 존재로의 인식전환을 의미한다. 이러한 인간의 공동체적 가치와 이타성을 살릴 수 있는 새로운 성과보상의 방식은 무엇일까?

성과주의 보상에서 이타주의 보상으로 전환

조직에 근무하는 모든 직원들이 탁월한 능력을 가질 수는 없다. 어떤 사람은 자료를 찾고 보고서를 쓰는 일을 싫어할 수도 있다. 어떤 사람은 공장의 라인을 돌리고 제품을 생산하는 단순 반복적인 일을 싫어할 수 있다. 중요한 것은 조직에 필요한 일을 기꺼이 수행하고 그 일에서 보람을 느끼고 가치를 생산하는 일을 좋아하는가이다. 지금까지 많은 경영이론들은 업무에 필요한 절차와 제도를 구축하는 데 시간을 투자했다. 그러나 막상 그 일을 하는 사람들은 다른 방식으로 하거나 일의 순서를 자기가 편한 방식대로 변경하여 수행한다. 과연 그것이 잘못되었다고 할 수 있는가?

백화점의 판매부서에 근무하는 점원을 생각해보자. 상품 진열대에 놓인 옷이 마음에 들지 않아 불평을 하는 고객이 있다고 하자. 옷을 구입하지 않으므로 불평하는 고객의 소리를 귀담아들을 필요가 없다. 그러나 자사 제품에 불평하는 고객의 소리는 훌륭한 개선 포인트가 된다. 그러한 불평과 불만을 모아서 상품기획에 반영할 경우 더 나은 제품을 만들 수가 있다. 개선은 현장에서 이뤄지는 것이지 책상머리에서 이뤄지는 것이 아니다.

그러나 점원들은 고객의 요구사항을 다루지 않는다. 왜냐하면 직무기술서에 '고객의 소리를 귀담아듣고 회사정책에 반영한다'라는 내용이 없기 때문이다. 사실 직무기술서는 일하는 기본 방식을 만들어놓았을 뿐이다. 중요한 것은 직원 개개인들이 자신의 일이 주는 의미와 역할을 어떻게 정하느냐에 달려 있다. 이제 주어진 절차대로 하는 일은 점점 줄어들고, 업무 목표를 달성하기 위해 무엇을 할 것인가를 판단해야 하는 일은 늘어나고 있다. 이제 직무기술서를 보완하기보다는 그 일을 어떻게 하면 더 잘하고, 더 많은 가치를 창출할 것인가를 고민하는 것이 더욱 효과적일 것이다.

이처럼 창의적 사고와 능동적 업무수행을 하는 직원들의 성과를 어떻게 평가하는 것이 바람직한가? 지금까지는 주어진 목표를 달성하는 정도에 따라 보상을 했다. 그러나 개인이 세운 목표는 달성했는데 기업이 적자가 났다면 어떻게 해야 하는가? 그래도 목표를 달성했으니 보상을 해야 한다. 그런데 기업에 그 직원들을 보상할 재원이 없다면 어떡해야 하는가? 이번에 회사가 어려우니 내년에 흑자를 내면 더 많이 주겠다고 유혹할 것인가? 직원들은 그것을 믿을 것인가? 그 다음 해에 흑자를 내지 못하면 회사는 또다시 양치기가 되고 만다. 이런 점에서 닐스 플레깅이 제안한 '시장이 관리하는 급여시스템'을 꼼꼼히 검토할 필요가 있다.

1인 기업이 아닌 이상 조직에서 개인이 혼자 만들어내는 성과는 극히 미미하다. 대부분은 팀이나 조직적 행동의 결과이다. 하나의 제품을 만들기 위해서 상품기획, 제품개발, 생산, 판매 및 지원 부서의 협력적 관계가 유기적으로 이뤄지지 못하면 탁월한 제품을 만들어낼 수 없다. 스마트 폰을 예를 들어 보자. 제품개발 부서만 잘하면 탁월한 제품이 만들어지는가? 먼저 고객의 니즈를 파악하고 그것을 기술적으로 구현가능한지를 개발부서의 사람들과 끊임없이 검토하여 신제품을 개발한다. 그러나 제대로 된 유통망과 가격구조가 없다면 개발된 제품은 고객에게 다가가기도 전에 재고창고로 갈 것이다. 영업사원들은 제품이 잘 팔릴 수 있도록 전 세계의 영업점을 뛰어다닌다. 또한 수리 서비스 부서는 고객의 제품 고장과 불만의 소리를 온몸으로 듣고 빠르게 대응한다. 또한 지원부서는 각 인력을 투입하고 필요한 자금을 융통하며 적기에 값싼 부품을 제공하기 위해 동분서주한다.

하나의 제품이 만들어지고 고객 손에 들어가기까지 어느 한 사람 수고하지 않은 사람이 없다. 그런데 현실 조직에서 이뤄지는 성과보상은 어떠한가? 제품을 개발한 부서나 영업실적이 뛰어난 영업부서, 품질이 적은 생산 부서에 인센티브가 집중되지 않는가? 분기별 포상자리에서 상을 받는 소수의 사람을 위해 다수의 많은 직원들은 허탈한 박수를 보내지 않았던가?

기존의 성과주의 보상제도로는 개인의 창의성과 조직적 공헌을 이끌어내기에는 한계가 있다. 물론 기존의 성과주의 보상제도의 한계를 극복하기 위해 조직의 성과뿐 아니라 개인별로 목표관리의 명목으로 성과급에 대한 차등을 두고 있다. 또한 집단성과배분제를 채택하는 기업이 있으나 이 역시 팀이나 일부 조직에 한정해서 차등보상하고 있다. 경쟁이 치열한 사업부나 이익이 적게 나는 사업부의 직원들에게 성과급은 그림의 떡이다. 기업의 입장에서도 한정된 재원을 모두에게 분배하기엔 무리가 있다. 기업은 엄청난 수익을 내기도 어려울 뿐더러 엄청난 성과를 낸다 해도 지금의 제도로서는 조직 구성원 모두에게 분배할 수 없는 구조이다.

문제의 핵심은 성과배분에 대한 패러다임을 바꾸는 것이다. 개인의 공로를 인정하면서 조직 구성원 모두에게 성과를 골고루 나누는 것이다. 이것을 '이타주의 보상제도'로 명명하기로 한다. 이타주의 보상제도가 실현되기 위해서는 다음 3가지가 전제되어야 한다. 첫째, 개인에 공헌에 대한 물적 보상이 아닌 충분한 인정. 둘째, 기업의 수익과 비용에 대한 전 직원의 이해. 셋째, 성과의 균등 보상에 대한 전 직원의 합의. 사적 기업에 공동체의 살아 있는 정신을 불어넣기 위해서는 조직 전원의 합의가 선행되어야 한다. 지금까지 기업에서는 몇몇 부서에서 만든 제도나 방식이 상명하달의 방식으로 전달될 뿐이었다. 이 속에는 상호 합의도, 건강한 토론도 없다. 이제는 살아 있는 조직이 되기 위해서는 기업 역시 민주주의 정신에 기초한 조직적 합의를 존중해야 할 것이다.

이타주의 보상제도의 원칙

조직 구성원들의 합의에 기초한 조직에서 저성과자는 없다. 다만 저마다의 역할을 할 뿐이다. 분위기를 띄우는 사람, 옆에서 궂은 일을 해주는 사람, 자료를 찾아주는 사람, 아이디어를 창조하는 사람, 좋은 아이디어가 성과로 이어지도록 발로 뛰는 사람, 조직 구성원들은 저마다 역할을 수행하고 리더는 그러한 활동을 조직하고 시너지를 관리한다. 그렇다면 개인들이 조직을 배려하고, 조직이 개인들을 배려하는 문화를 어떻게 만들 것인가? 개인과 조직 모두 윈윈할 수 있는 이타주의 보상제도의 원칙을 정리하면 〈그림13〉과 같다.

첫째, 성과는 개인이 만드는 것이 아니라 팀과 조직이 만드므로 균등하게 배분한다. 이것은 개인별 목표달성에 의한 성과배분이 아니다.

<그림13> **이타주의 보상제도의 원칙**

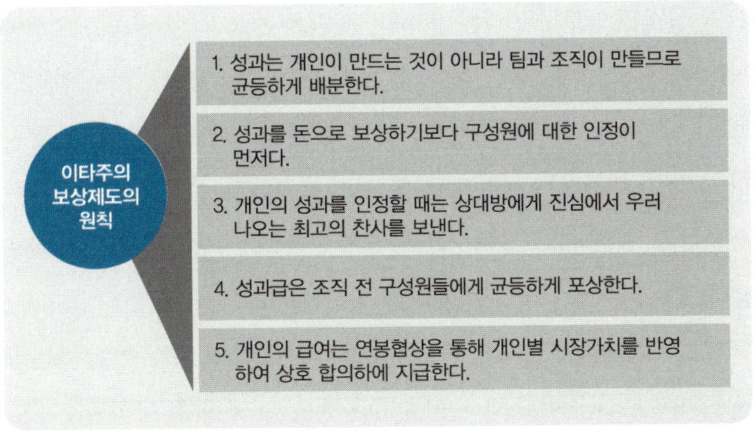

목표달성과 성과배분을 분리한 것이다. 목표를 달성한 것은 조직을 위한 공헌으로 인정하며, 별도의 개인별 금전적 보상은 실시하지 않는다. 즉, 개인보다 조직에 대한 기여와 공헌을 중요시한다. 조직에 크게 기여한 개인에 대해 전체 구성원들은 그를 기억하고 존경한다.

둘째, 성과를 돈으로 보상하기보다 먼저 구성원에 대한 인정이 먼저다. 이것은 탁월한 실적을 낸 사람에게 물질적 보상 대신에 조직적 공헌에 대한 감사와 존경을 보낸다. 개인은 금전적 보상보다 조직 차원의 존경을 받음으로써 조직에 기여한 공로를 인정받는다. 지금까지 기업들은 탁월한 성과를 얄팍한 보너스로 보상해왔다. 그 돈은 때로 시기와 질투, 보이지 않는 암투를 낳았다. 이제 돈은 위생요인(불만족을 감소시키는 요인)일 뿐, 더 이상의 가치가 제고되지 않는 시대이다.

셋째, 개인의 성과를 인정할 때는 진심에서 우러나오는 최고의 찬사를 보낸다. 탁월한 성과를 낸 사람에게는 전체가 보는 앞에서 그 공로를 인정한다. 예를 들면 명예의 전당이나 기네스북 같은 제도를 두어 그의 실적을 영구히 기리는 것이다. 사람은 가도 그의 공로는 역사에 남는다. 또한 상대방을 인정할 때는 '잘 했다. 수고했다'라는 무감각한 표현이 아니라, 상대방이 진심으로 감동받을 수 있는 진정성을 담는다. 그러기 위해서는 개인이 잘 한 것이 무엇인지, 어떻게 조직에 공헌했는가를 구체적으로 이야기해주어야 한다. 진정성만큼 위대한 힘은 없다.

넷째, 성과급은 조직 전 구성원들에게 균등하게 포상한다. 성과급은 그야말로 조직이 초과 수익을 창출했을 때 조직 전 구성원들이 한판 잔치를 하고 위로와 공로를 축하하는 도구로 만들어져야 한다. 그러기 위해서는 될 수만 있다면 비정규직 직원들까지 포함한, 예를 들면 청소하는 직원, 식당 아줌마까지 회사를 위해 일하는 전체 구성원에게 나누어주면 더할 나위가 없을 것이다. 공정한 보상이란 조직이 만들어낸 성과를 서로 나눌 수 있고 그러한 성과를 창출하는 데 공헌한 사람을 공개적으로 칭찬해주는 것이다. 원래 공생共生은 태초부터 내려오는 인간의 존재 양식이며 최고의 미덕이다. 이제 기업 차원의 공생이 전 사회적 차원의 공생 문화를 만들어갈 것이다.

끝으로, 닐스 플레깅이 『언리더십』에서 강조한 것처럼 개인의 급여는 연봉협상을 통해 개인별 시장가치를 반영하여 상호 합의 하에 지급한다. 기업의 초과 수익인 성과급은 전체가 균등하게 나눈다. 그렇다고 연봉제를 없애거나 공동생산 공동분배의 구 공산사회의 방식으로 돌아가자는 것이 아니다. 개인의 금전적 욕구가 충족되고 개인의 가치 실현과 참여를 극대화하기 위한 방식이 무엇인가를 고민한 방식이다.

물론 상호 기대에 대한 차이가 발생할 수 있다. 그렇지만 능력과 성과가 아무리 높다고 하더라도 어느 정도 수준 이상이면 돈은 더 이상 의미가 없다. 개인이 하고 싶은 일, 가치를 추구하는 일을 하고자 할 뿐이다. 그래서 많은 수입을 얻은 사람들의 사회적 기부가 줄을 잇는 것도 그 때문이다. 프레데릭 허츠버그가 일찍이 간파했듯이, 돈은 불만족을 감소시킬 뿐 만족을 증가시키지 않는다.

팀원의 업무를
줄여줘야 하나요?

김 팀장이 중견기업 자동차 부품기업의 생산관리팀장을 맡은 지 3년째. 팀원들에게 새로운 업무를 맡길 때마다 그들의 부담스러워 하는 표정을 보는 것은 항상 겪는 일이다. 시간이 갈수록 사람이 줄고 일은 늘어만 가는데 새로운 일을 맡으면 인상부터 구겨질 수밖에 없다.

게다가 전사적 자원관리 시스템(ERP, Enterprise Resource Planning)을 구축한 뒤로 일이 줄기는커녕 늘어만 갔다. 전산 데이터와 수량이 맞지 않는 경우에는 수작업을 해야만 하는데 아직 전산 데이터 입력에 익숙하지 않는 직원들을 대신해 생산관리팀원들이 일일이 작업을 대행해주고 있었다. 과거에는 주간 단위의 생산일보를 작성했는데 이제는 일간 단위 생산일보를 작성해서 보고하려니 팀원들의 고통이 이만저만이 아니었다. 시스템이 다 만들어주는 것 아니냐고 하면 뭐라 항변하기도 어려웠다.

며칠 전 사업부 업무회의에서 사업부장이 주간 단위의 생산현황 분석보고서를 작성하여 생산 리드타임과 불량현황에 대한 분석 보고를 할 것을 지시했다. 생산현황 분석업무는 기존 생산기획파트의 이 과장이 담당하고 있었다. 현재 이 과장은 생산부문의 ERP 시스템을 총괄 관리하고 있다. 김 팀장은 이 과장을 불러 신규업무에 대한 작업을 지시했다.

"이 과장, 요즘 ERP 시스템은 좀 안정화되었나?"

"말도 마십시오. 시스템을 구축한 지 1년이 지났지만 아직도 사람들이 자료 입력과 에러발생 관련해서 하루에도 수십 통의 전화를 걸어옵니다."

"지난번 공장담당자 추가교육까지 했는데도 그 모양이란 말이야?"

"교육은 했지만 발생하는 케이스가 워낙 다양한데다 실질적인 구매물자의 발주와 수급현황이 맞지 않아 부품의 정확한 입력이 되지 않는 경우가 종종 발생하고 있습니다. 구매팀에 제대로 하라고 몇 번을 이야기하지만, 그 쪽도 필요 수량 중심으로 워낙 짧게 구매발주를 내다보니 부품수급이 원활하지 못한 경우가 많습니다."

"그래 이 과장, 자네가 고생이 많네. 그래도 자네가 그렇게 문제해결을 위해 열심히 뛰고 있으니 시스템이 어느 정도 굴러가는 것 아니겠나."

김 팀장은 이 과장의 어깨를 두드리며 말을 이었다.

"참, 이 과장, 어제 사업부 회의에서 추가적인 업무지시가 하달되었네. 지금까지 작성하던 월간 단위의 생산현황 분석 보고서를 주간 단위로 작성·보고하도록 합시다. 시장상황이 워낙 급박하게 돌아가고 세계 경제가 일본발 위기와 중동 분쟁으로 다시 악화 조짐을 보여서 말이야.

월 단위 관리에서 주간 단위 모니터링 시스템으로 전환됐어. 우리만 그런 것이 아니라, 사업부 전 부문이 그렇다네."

"월 단위 생산현황 분석보고를 주간 단위로 하라는 것은 단순히 같은 작업을 네 번이나 해야 한다는 것인데 주간 단위에서는 데이터가 정확하지 않은 경우가 많아 분석에 어려움이 있습니다."

"이 과장, 무슨 말을 그렇게 해! 시스템이 구축되었으면 시스템의 데이터를 토대로 분석을 하면 되는 거잖아! 회사 상황을 잘 아는 사람이 왜 그런 소리를 하는 거야. 우리만 그러는 것이 아니라 사업부 전 부문이 초비상 경영에 들어갔어. 우리가 적극 지원을 해도 시원치 않을 판에 무슨 소리야!"

평소에 그러지 않던 김 팀장이 이 과장에게 소리를 질렀다. 그 바람에 사무실에 있던 팀원들과 타 부서 사람들이 일제히 고개를 돌려 두 사람을 쳐다봤다. 이 과장의 얼굴이 굳어지면서 침통한 표정을 지었다.

"알겠습니다. 팀원들이 어떻게 되든 말든 하라면 해야지요. 작년 경제위기에 팀원이 5명에서 3명으로 줄었는데 이 인원으로 어떻게 하라고 하시는 것인지…… 그렇지 않아도 ERP시스템 구축 이후 주간일보 작성을 위해 매주 주말을 반납하고 있는 실정인데……"

이 과장의 볼멘소리가 사무실 건너편까지 울려퍼졌다. 그동안 쌓인 설움과 힘겨움이 복받쳤다. 두 사람은 말없이 서로를 바라보았다. 이윽고 이 과장이 "알겠습니다. 하겠습니다"라는 짧은 대답을 한 뒤 돌아서 갔다.

다시 자리에 앉은 김 팀장은 일이 손에 잡히지 않았다. 사실 재작년까지 15명이던 인원이 작년에는 12명, 올해는 2명이 퇴직한 후 충원 없이 10명으로 운영되고 있었다. 생산기획파트 3명, 생산운영파트 3명, 생산혁신파트 4명으로 간신히 돌아가고 있다. 여기서 이 과장은 핵심인 생산기획파트를 담당하고 있었다. 생산기획은 ERP시스템 구축 이후 분석업무와 보고업무가 배로 증가하고 있었다. 무슨 대책을 세우지 않고서는 업무과다로 인한 팀원들의 불만을 도저히 잠재울 수 없었다. 김 팀장도 이런 사실을 잘 알면서도 뾰족한 대책이 없었다. 바쁜 업무를 해결하느라 신경 쓸 틈이 없었다. 김 팀장은 오후에 있을 통코치와의 대화에서 이 문제를 본격적으로 제기하기로 했다.

"통코치님, 지금 우리 팀의 꼴이 말이 아닙니다. 팀원들은 줄고 있는데 일은 자꾸만 늘어나고 경영환경 악화로 초비상입니다. 사원들이 힘들어하는 것을 알면서 팀장이라는 사람이 뾰족한 대책이 없이 그저 열심히 하라고만 윽박지르고 있네요. 팀원들에게 정말 면목이 없습니다."

"아니 김 팀장님, 오늘 왜 이러세요. 항상 밝고 긍정적이시던 분이 오늘은 얼굴색도 좋지 않고. 무슨 일이 있었던 모양입니다."

"팀장이라면 팀장으로서 대책을 제시해줄 수 있어야 하는데 아무리 생각해도 해결책이 보이지 않습니다. 업무를 줄이려 해도 현재의 업무 중에서 줄이거나 없앨 부분이 보이지 않습니다. 기본적으로 ERP시스템을 구축한 뒤로 데이터 관리가 엄격해져서 기존보다 2배의 인력이 뛰고 있습니다. 거기에다 각종 현황 및 분석 보고서를 월 단위, 주 단위, 일 단위까지 만들어야 하고요. 그렇다고 생산혁신 활동을 지속적으로 팔로업하지 않으면 현장이 움직이지 않고, 정말 진퇴양난입니다."

"차근히 살펴보시죠. 그럼 오늘 대화의 주제는 구체적으로 무엇으로 할까요?”

“오늘은 ‘부서의 업무를 어떻게 하면 줄일까’와 ‘일이 많아서 힘들어 하는 팀원들에게 어떻게 피드백 할 것인가’로 했으면 합니다. 업무를 줄이지 않고서는 팀원들에 대한 피드백이 효과가 없기 때문에 먼저 업무 줄이는 방법부터 세워야겠습니다.”

“팀장님의 애로사항이 이해가 갑니다. 많은 조직들이 비슷한 상황이 아닌가 싶습니다. 현재의 업무를 줄이기 위해서는 팀원들과 공동작업이 중요합니다. 현재의 회사 상황을 정확히 이해하고 필요와 불필요 업무를 냉철히 분석하는 과정에서 팀원들의 참여와 공감대 형성이 중요합니다. 이러한 활동에 대해 생각나는 것이 있는지요?”

“말씀을 들으니 떠오르는데 ‘업무혁신 워크숍’을 하면 좋을 듯합니다. 매주 보고를 해야 하니 주말보다는 목요일 오후에 출발해서 금요일 오전에 끝마치는 1박2일 워크숍을 할까 합니다. 금요일 오후에 돌아와서 반나절 정도 주간 보고서 작업을 하면 업무에도 큰 지장은 없을 듯하고요.”

“워크숍이나 회의 모두 필요하다고 봅니다. 그런데 워크숍에서 이야기하자 하면 생각처럼 좋은 아이디어가 나오지 않을 수도 있습니다. 업무혁신 워크숍의 방법론으로 어떤 것을 활용하면 도움이 될까요?”

“김위찬 교수와 르네 마보안 교수가 제창한 블루오션 전략의 전략캔버스와 액션 프레임워크를 활용할까 합니다. 작년 말에 사업부 전략수립에 활용했는데 새로운 생산관리 전략을 수립하는 데 도움이 되었습니다. 그 방법을 조직개발 방식으로 활용하면 좋을 듯합니다.”

“좋은 아이디어입니다. 한 가지 제안을 드리면, 업무혁신을 한다고

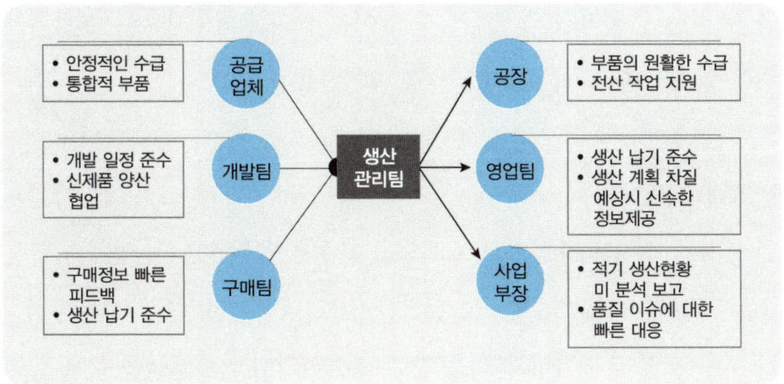

할 때, 사원들이 새로운 일이 부가될지도 모른다는 부담감을 가질 수 있습니다. 또한 말뿐인 워크숍이 아니기 위해서는 강한 실행의지와 구체적인 실행방안이 중요합니다. 좋은 결과 있기를 기대합니다."

늘어나는 업무에 블루오션을 창출하라

일반적으로 블루오션 전략은 전략수립에 많이 활용되고 있다. 블루오션 전략을 부서업무 혁신에 활용하기 위해 1)고객요구 분석 2)고객가치 캔버스 작성 3)ERRC 실행방안 수립을 제안한다. 이 방법은 부서의 문제를 고객의 관점에서 살펴본 뒤 고객가치 향상을 위해 제로 베이스 관점에서 업무를 분석한다. 또한 불필요한 업무를 제거[Eliminate]하거나 감소[Reduce]시키고, 필요한 업무는 증가[Raise] 혹은 창조[Create] 함으로써 효과적인 업무대책을 수립할 수 있다. 이 과정에서 부서의 구성원이 공동으로 작업하며 브레인스토밍의 방식으로 진행하면 효과적이다. 이러한 공동작업 과정에서 조직 이슈에 대한 공감대와 문제해결을 위한 협업의 중요성을 함께 인식할 수 있다.

1) 고객요구분석

현재 자기 조직을 중심으로 고객요구 분석표를 작성한다. 인풋과 아웃풋의 프로세스별로 고객군을 설정한 뒤 고객의 핵심 요구사항을 정리한다. 고객의 요구사항 분석을 앞의 생산관리팀 업무분석을 통해 살펴보면 앞의 〈그림14〉와 같다.

2) 고객가치 캔버스 작성

고객가치 캔버스는 블루오션의 전략캔버스를 고객관점에서 작성한다는 의미로 붙인 이름이다. 전략캔버스에서 가로축은 서비스 또는 제품의 속성을 나타내며, 세로축은 품질 또는 서비스의 높고 낮음의 정도

〈그림15〉 **생산관리팀의 고객가치 캔버스 예시**

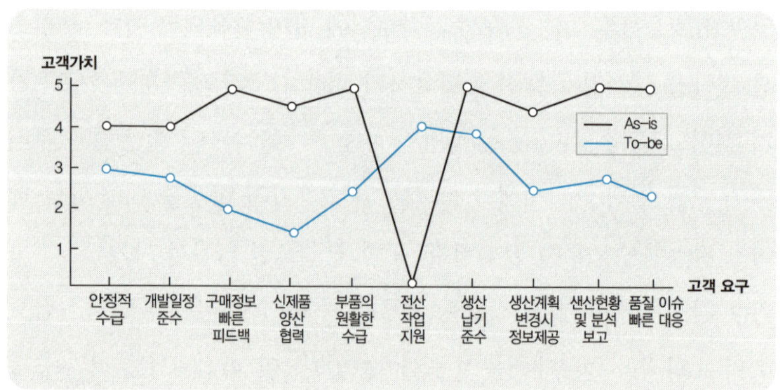

를 나타낸 것으로 기업의 전략을 하나의 꺾은 선 그래프 형태로 나타나도록 한다. 이와 비슷한 방식으로 고객가치 캔버스에서도 가로축은 고객의 핵심요구사항을 기입하며, 고객가치 정도의 높고 낮음을 세로축으로 나타낸다. 이것은 조직 내 부서에서 창출하는 고객가치 요인과 고객가치 정도를 선 그래프 방식으로 나타낸다. 이것을 도식화하면 〈그림15〉와 같다.

3) ERRC 실행방안 수립

ERRC 실행방안은 고객가치 캔버스에 나타난 결과를 토대로 조직(부서)에서 줄이거나 늘려야 할 업무, 없애거나 새롭게 해야 할 일들을 ERRC 액션프레임워크를 기반으로 정리한 것이다. 여기서 도출된 실행 아이디어를 토대로 담당자와 실행 일시를 확정해서 운영한다. 특히 고객가치가 낮은 업무를 줄이거나 없앨 경우 그 업무를 수행하던 당사자의 오해를 살 수 있다. 이러한 점을 사전에 감안하여 제로 베이스 관점에서 업무의 재분배에 대한 공유가 중요하다. 그렇지 않으면 업무를 줄이려고 하는 워크숍이 오히려 늘어나는 역효과가 발생할 수 있다. 늘리기보다는 오히려 줄이거나 없애기와 통합적인 업무를 새롭게 도출하는 것이 중요하다. 작성 방법은 먼저 ERRC 액션프레임워크를 활용하여 전략캔버스에서 작성한 고객가치 요인들을 분석한다. 그 결과 채택된 고객가치 요인들의 개선방법을 도출하고 실무 담당자를 선정한다. 작성 시 다음 〈그림16〉을 참고 바란다.

<그림16> **생산관리팀의 ERRC 실행방안 예시**

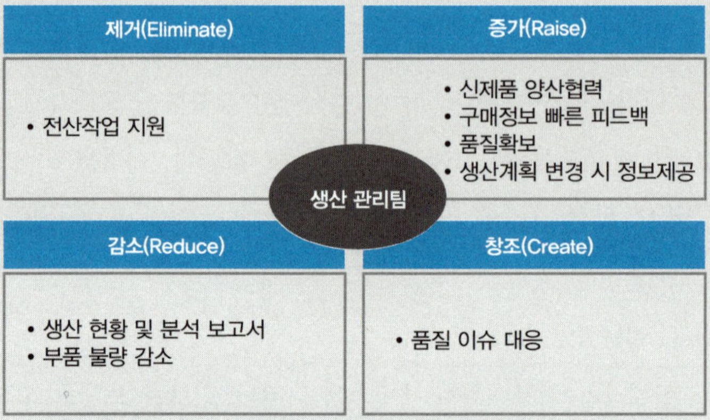

구분	고객가치 요인	개선방법	담당(파트)
제거 (Eliminate)	• 전산작업 지원	• 공장별 전산 담당자 역량 강화 및 재교육(6월 이후 이관)	생산기획
증가 (Raise)	• 개발 및 구매 정보 빠른 피드백 • 생산계획 변경 시 정보 제공	• 구매팀/개발팀과 일일 미팅 정례화 및 통합 운영 :생산운영→생산기획 파트 • 영업팀과 정보 즉시 제공	생산기획 생산기획

감소
(Reduce)
	• 생산현황 보고와 및 분석 보고서의 통합
	• 부품불량감소
		• 일일/주간/월간 생산현황 보고서에 문제/불량 분석 포함
		  :생산기획→생산운영
		• 검사기준 정합성 향상
		  → 검사 매뉴얼 보완
			생산운영
			
			생산기획

창조 (Create)	• 품질이슈 대응	• 고질불량 원인 파악 및 대처 • ERP 시스템 운영 및 대책 매뉴얼 제작 및 배포	생산혁신 생산기획

업무가 가중되면 전체를 조망해야 한다

김 팀장은 생산관리팀의 업무혁신 워크숍을 마치고 2주 후에 다시 세 파트장들과 사외에서 점심식사를 했다.

"지난번 업무혁신 워크숍 이후 변경된 업무들은 잘 시행되고 있나요?"

"지난주까지 업무이관과 통합을 완료하고 이번 주부터는 새롭게 구성된 역할과 책임에 따라 업무를 수행하고 있습니다. 어려운 점이나 익숙하지 않은 점은 파트원들이 협심해서 진행하고 있습니다. 아직까지 큰 어려움은 없습니다."

생산기획 파트장인 이 과장이 대답했다. 김 팀장은 문득 지난번 업무 지시건이 떠올랐다.

"이 과장, 지난번 주간생산분석 보고서 작성건으로 많이 힘들었지."

"조금은 힘들었습니다. 그렇지만 팀장님께서 업무혁신 워크숍을 통해 업무를 일원화하고 통합해주셔서 부담이 많이 줄었습니다. 대신 생산운영 파트원들이 힘들지 않을까 싶습니다."

"그렇지. 생산기획에서 하던 보고 업무를 운영파트에서 맡으려면 초기에는 힘이 들 거야. 그렇기 때문에 생산기획파트와 생산운영파트의 협업이 더 중요하지. 생산기획파트에서 제대로 된 개발 및 구매정보를 적시에 제공해줘야 해. 그래야 생산운영파트에서 현황 및 분석 보고서 작성 시간을 최소화할 수 있어. 그리고 근본적으로는 생산혁신파트에서 품질과 불량 개선에 대한 원인과 대책 그리고 최적 대안을 만들어줘야 해."

세 파트장들은 "네!"라고 힘차게 대답했다. 김 팀장은 세 파트장들을 둘러보면서 이야기를 이어갔다.

"이번 업무혁신 워크숍을 준비하고 실행하면서 많은 생각이 들었지. 먼저 팀의 업무가 과부하되는 상황에서도 무조건 하라고만 했던 내가 배려가 부족했던 것 같아. 그 과정에서도 꾹 참고 실행해준 세 파트장들과 팀원들이 고맙고. 앞으로 부서 내에 업무상 혹은 비업무상의 문제가 있으면 언제라도 나에게 이야기해줘. 나도 팀의 속사정을 모두 알지는 못하거든. 그리고 세 파트장들과의 정례적인 주간 회의 자리와 팀원들과 대화의 자리를 만들까 해. 지난번 이 과장에게 업무지시를 하면서 일방적 지시가 아닌 상호 협의를 통한 업무수행의 필요성을 강하게 느꼈지."

"그때는 제가 정말 죄송했습니다. 당시 다른 보고서 작성건과 전산작업 지원건으로 신경이 많이 날카로워 있었습니다. 제가 버릇없이 대꾸를 했었습니다."

"아니야 이 과장, 이 과장이 나한테 그렇게까지 할 정도라면 문제는 나에게 있는 것이지. 그래서 업무혁신을 통한 부서 업무개편의 필요성도 강하게 느꼈고. 하여튼 나도 많이 반성했어. 그래서 파트장들과의 주간미팅을 하려고 해. 그래야 나도 업무를 좀 더 정확히 파악할 테니. 그동안 나는 부서업무를 다 파악하고 있다고 생각했었어. 팀원들의 경우도 마찬가지가 아닌가 싶어. 개인별로 애로사항이 있는데 미처 나에게 말을 못하는 사람들도 있을 것 같고. 하여튼 잘 해보자고."

일반적으로 팀원이 업무가 가중되어 힘들어할 경우 그 당사자에 한해 조치를 취하거나 그냥 넘어가는 일이 다반사이다. 팀원의 업무 문제는 팀 내 혹은 조직의 업무 배분 및 역할 분담과 관계가 깊다. 개인적 차원의 처방으로는 효과가 없는 경우가 많다. 이럴 때는 팀 혹은 조직 차원에서 접근하고 대책을 수립하여 실행하는 것이 더 효과적이다. 작은 틈이 벌어져 큰 문제가 되지 않도록 사전에 조치하는 것이 최선의 길이다.

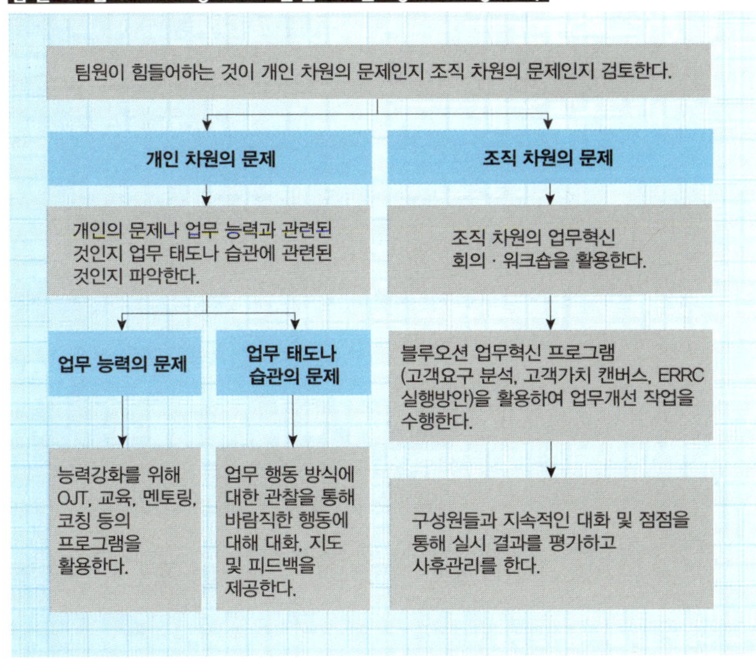

팀원을 진급시키고 싶어요

A전자연구소 회로설계팀 김 팀장은 사원 3년 차 이말단 사원에 대한 고민이 이만저만이 아니었다. 이말단 사원은 2년 연속 성과평가 결과 B(보통) 그레이드를 받았다. 최근에 업무에 대한 의욕도 눈에 띄게 떨어지고 다른 직장을 알아보고 있다는 소문도 들렸다. 전자공학 석사학위를 가졌으며 나름대로 실력을 갖추었는데 수행하는 프로젝트마다 큰 성과를 내지 못했다. 주변으로부터 무난하다는 평가는 받고 있지만 자신만의 업무수행력을 발휘하지 못했다. 이 상태로는 내년에 있을 진급 심사에서 무사히 진급하리라는 보장이 없었다. 더욱 중요한 것은 이런 상황에서 이말단 사원이 조직에 적응하지 못하고 떠날 가능성이 높다는 것이었다. 이 고민을 해결하기 위해 김 팀장은 통코치에게 코칭을 요청했다.

"통코치님, 어떻게 하면 이말단 사원의 성과를 획기적으로 높일 수 있을까요?"

"먼저 김 팀장님이 이말단 사원의 성과를 향상시키고자 하는 목적이 무엇인지요?"

"이 사원은 내년이 진급 년차입니다. 그런데 현재의 업무성과로는 진급을 보장하기가 어렵습니다. 단순히 진급만이 아니라 개인의 입장에서도 업무만족도나 성취도가 낮습니다. 이런 친구들은 십중팔구는 조직을 떠나는 사례를 많이 보았습니다."

"일차적으로는 진급의 문제가 걸려 있고 이차적으로는 업무성취도 향상을 통해 조직 적응을 잘 하기를 바라시는 것이지요?"

"네 그렇습니다. 2년 전에도 유사한 케이스가 있었는데 잠재력이 뛰어난 친구를 놓친 뼈아픈 경험이 있습니다. 제가 좀 더 챙겼더라면 진급도 하고 조직에서 성과를 많이 낼 수 있는 친구였거든요."

"참 그럴 때가 리더로서는 뼈아픈 순간이지요. 그래도 이렇게 먼저 사원을 챙겨주시니 사원에 대한 애정과 관심이 높으십니다."

"과찬이고요. 이번에는 이말단 사원의 성과능력을 향상시켜 좋은 결과가 있도록 최선을 다하고 싶습니다."

"그럼 팀장님께서 이말단 사원의 성과가 낮은 이유가 무엇이라고 생각하십니까?"

"글쎄요. 저도 그것을 잘 모르겠습니다. 전자공학 석사학위도 있는 실력 있는 친구인데 회로개발 프로젝트에서 뛰어난 성과를 만들지 못하고 있거든요."

"이말단 사원의 성과는 그동안 이 사원이 수행한 행동들이 쌓인 결과라고 볼 수 있습니다. 성과라는 결과를 바꾸기 위해서는 먼저 행동의 변화가 수반되어야 합니다. 그래서 팀장님이 이 사원과 함께한 지난 경험들을 솔직하게 이야기해주시는 것이 중요하구요. 그 다음 이말단 사원의 행동을 관찰해서 변화 포인트를 발견하고, 그에 대해 동기부여를 해야 합니다."

"그러고 보니 저도 이 말단 사원에 대해 제대로 아는 것이 없네요. 성과가 좋지 않다는 것, 성격이 약간 내성적이고 적극성이 떨어진다는 점, 팀원들과 관계는 큰 문제가 없다는 정도만 아는 것 같습니다."

"먼저 이말단 사원의 성과를 높이기 위해서는 그의 행동들의 패턴을 찾는 것이 중요합니다. 물론 그 행동에는 그의 생각이나 경험도 포함된 것입니다. 먼저 '행동 분석표'(《표11》)를 참고하여 이 사원의 행동을 객관적으로 분석해보는 것이 중요합니다. 그 결과를 토대로 성과가 낮은 행동요인을 찾고 그 선행조건들을 개선해준다면 행동의 변화로 성과가 향상될 것입니다."

"고맙습니다. 그럼 이 사원의 업무 행동을 관찰한 뒤 개선 포인트를 찾아보겠습니다."

구성원의 행동을 분석하면 답이 보인다

조직 구성원 중에서 성과가 낮은 직원 때문에 고민하는 리더들이 많다. 그러나 현실은 핵심인재 중심으로 역량을 집중하는 추세이다. 과연 그렇게 하면 조직의 성과가 높아질까? 결론부터 이야기하면 단기적으로는 향상될지 모르지만 장기적으로 볼 때 핵심인재에만 집중할 경우 조직의 성과는 떨어질 가능성이 높다. 왜냐하면 조직은 소수의 개

〈표10〉 **업무흐름도(회로설계팀 예)**

1차 분류	2차 분류
A.제품기획	A-1. 고객의 요구 spec을 확인하고 이해한다. A-2. 고객 요구spec의 Q, C, D를 분석한다. A-3. 자사 및 경쟁사의 기술 수준을 분석한다. A-4. 구상설계 및 콘셉트를 확정한다.
B.제품설계	B-1. 시스템, 패널, 기구와의 matching 성을 검토한다. B-2. 회로 Block별 구상설계를 한다. B-3. 주요부품을 선정 및 검토한다. B-4. 신규부품을 설계 및 개발한다. B-5. 회로도를 작성 및 검토한다. B-6. PCB설계 및 Design Review를 한다.
C.제품제작	C-1. 도면출도 및 자재를 발주한다. C-2. 제품을 제작한다. C-3. 제품을 Engineering한다. C-4. 도면을 수정 및 반영한다.
D.평가/분석	D-1. 평각PGhlr을 수립한다. D-2. 제품 및 부품 인정시험을 진행한다. D-3. 문제점을 분석하고 대책을 수립한다. D-4. 안전규격을 취득한다. D-5. 규격을 등록하고 이력을 관리한다.
E.선행기술/ 부품개발	E-1. 최신 기술동향을 입수 및 분석한다. E-2. 핵심 선행기술 및 부품을 선정한다. E-3. 신기술 및 부품을 설계 및 개발한다. E-4. 신뢰성 확보 및 제품에 적응한다.

인이 아니라 구성원의 조직력으로 움직이고 성과를 낸다. 2대 8의 법칙에 의거 소수의 20%가 조직을 이끌어가지만 다수의 80%의 행동이 없으면 성과는 창출되지 않는다. 조직의 리더는 소수의 20%보다 80%인 다수의 능력을 어떻게 높일 것인가에 힘을 쏟는 것이 바람직하다고 본다.

성과가 낮은 직원들의 경우 원인은 사람의 수만큼 다양하다. 그러나 중요한 것은 조직에서 그들이 탁월한 성과를 창출할 수 있는 조건을 만들어주었는가에 초점을 둘 필요가 있다. 그래서 먼저 개인의 행동분석을 통해 성과가 낮은 행동요인과 성과가 높은 행동요인을 파악하는 것이 중요하다.

팀 구성원의 행동을 분석하기에 앞서 팀의 직무를 분석하여 일련의 '업무흐름도'(〈표10〉)를 구성하는 것이 편리하다. 이것은 조직의 직무분석자료를 참고할 수도 있다. 업무흐름도는 팀 내의 업무를 분석한 자료로 1차 분류는 책무^{Duty}라고 하며 회로설계 직무를 5~6개의 큰 덩어리로 분류한 것이다. 1차 분류 각 항목을 다시 2차 분류하는데 이것을 과업^{Task}이라고 한다. 과업은 책무를 구체적 행위동사로 표현하며 5~8개 정도로 세분화한다.

행동분석은 구체적 행동을 대상으로 하는 것이 중요하다. 여기서는 2차 분류(과업) 중에서 직무수행에 핵심적인 영향을 미치는 행동들을 분석하여 '행동분석표'(〈표11〉)로 작성한다. 행동분석표의 행동은 하나의 행동에 초점을 맞춘다.

이 행동분석표는 스키너의 'ABC모델'을 토대로 구성한 'PST분석표'라고도 한다. ABC모델은 인간의 행동은 선행조건(A), 행동(B),

〈표11〉 **행동분석표**

선행조건	행동	결과	타입	타이밍	가능성

*출처: 이시다 준, 『행동과학 매니지먼트—조직혁신전략』(2009년, 지식여행사)

결과(C)로 세 가지로 이뤄진다는 조작적 조건이론을 바탕으로 한다. A(Antecedent)는 행동의 계기가 되는 목적 또는 환경을 말한다. B(Behavior)는 행위 또는 발언을 의미하며, C(Consequence)는 행동에 의해 발생하는 것을 뜻한다.

〈그림17〉 행동분석에서 결과의 분류는 인간의 행동의 결과가 어떻게 분류되는지 파악하는 방법으로 이를 통해 인간 행동의 지속되는 조건을 찾기 위한 분석 도구이다. 행동분석은 인간행동을 3가

〈그림17〉 **행동분석에서 결과의 분류**

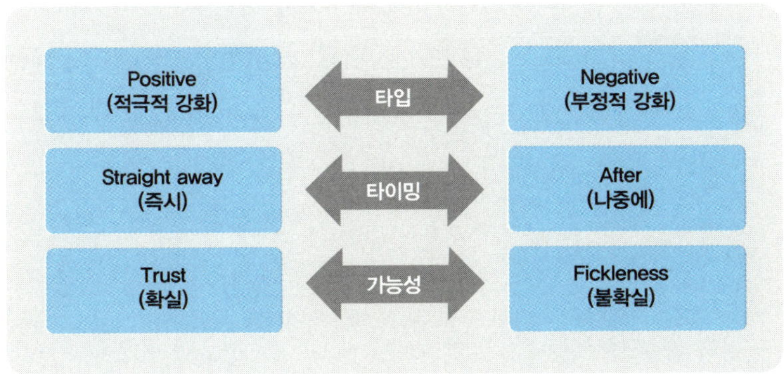

지 축, 즉 타입, 타이밍, 가능성으로 구분한다. 타입은 Positive(적극적 강화) 측면과 Negative(부정적 강화) 측면으로, 타이밍은 Straight away(즉시) 측면과 After(나중) 측면으로, 가능성은 Trust(확실) 측면과 Fickleness(불확실) 측면으로 분류한다. 이 분석에 따르면 6개의 행동결과 조합이 나타난다. 가령 PST란 Positive, Straight away, Trust의 약자이며, 가장 오래 지속되는 행동을 의미한다. 가장 효과가 높은 행동결과 조합은 PST와 NST이며, 가장 효과가 적은 조합은 PAF와 NAF이다. 즉 행동이 지속되기 위해서는 행동의 결과가 즉시 발생하며 가능성이 확실할수록 효과가 좋다. 반면 결과에 대한 타이밍이 늦거나 가능성이 불확실할수록 행동의 효과는 적을 수밖에 없다.

팀원의 성과를 높이기 위한 조언

일주일이 지난 후 만난 김 팀장의 눈이 퀭했다. 갈수록 짧아지는 개발납기를 맞추느라 며칠을 지샌 모양이었다.

"김 팀장님 괜찮으세요? 오늘은 좀 피곤해 보이시네요?"

"괜찮습니다. 신제품 개발기간 막바지라 조금 바쁘죠. 그래도 통코치님이 주신 숙제는 다했습니다. 숙제를 하면서 제가 팀원에 대해 제대로 아는 것이 없구나 하는 생각이 들었습니다."

김 팀장은 '이말단 사원의 행동분석표'(《표12》)를 보여주며 다시 말을 이었다.

"여러 가지 업무 중에서 이말단 사원에게 가장 중요한 업무를 선택해

〈표12〉 **이말단 사원의 행동분석표**

선행조건	행동	결과	타입	타이밍	가능성
• 신제품에 대한 콘셉트의 확정이 늦어진다. • 회로 설계는 외주 업체에서 진행한다. • 회로와 기구, 패널, 시스템을 종합적으로 이해하지 못하고 있다. • 신규 프로젝트를 총괄 진행한 경험이 부족하다. • 제품개발 관련 담당자와의 업무협조가 원활하지 못한 편이다. • 신규 프로젝트 진행 시 개발 리드타임을 맞추지 못한다는 핀잔을 들었다.	구상설계 및 콘셉트 확정에 시간이 많이 걸린다.	• 업무에 긴장하고 신경질적인 경우가 가끔 있다.	N	S	T
		• 주변 동료의 도움을 청하는 데 어려움이 있다.	N	S	T
		• 시스템, 패널, 기구와의 matching 회의에서 클레임이 발생한다.	N	S	T
		• 핵심부품의 선정과 구입이 늦어져 관련 부서의 독촉이 빈번하게 발생한다.	N	S	T
		• 제품 회로도 설계 기간을 맞추지 못하는 경우가 가끔 있다.	N	A	F
		• 업무 수행 중에 문제가 발생하면 보고 및 협의가 즉시 이뤄지지 않아 문제 조치에 시일이 걸린다.	N	S	T
		• PCB설계는 원활하게 진행하는 편이다.	P	A	F

서 정리했습니다. 그동안 업무를 하면서 상당한 스트레스를 받고 있다는 것을 알았지만 생각보다 심각하다는 것을 알았습니다. 그리고 성과를 내기 위해서는 먼저 선행조건에 대한 조치를 취해야 한다는 것을 느끼게 되었고요."

"짧은 시간에 정리를 잘 하셨습니다. 김 팀장님께서 무엇을 해야 할 것인가를 인식하셨으니, 이제는 이말단 사원과 대화를 하시면서 확정하는 작업이 필요합니다. 긍정적 강화보다는 부정적 강화가 상당히 많습니다. 문제에 대해 어디서부터 개선을 시작하시고 싶습니까?"

"같이 면담을 해봐야겠지만, 회로설계 기술향상과 업무협조 등 대인 관계능력 향상이 필요하다고 생각됩니다. 그리고 종합적으로 볼 때, 학습된 무기력도 개선할 필요가 있다고 봅니다. 이제는 보조적 업무 수행에서 새로운 도전적인 업무를 주도적으로 할 수 있는 업무기회를 부여해야 된다고 생각됩니다."

"좋은 의견이십니다. 제가 한 가지 제안을 드린다면, 구성원의 성과에 영향을 미치는 요인 중에 팀장님 자신의 요인도 있지 않을까 싶습니다. 혹시 팀장님께서 이말단 사원에게 지원하고 싶은 행동은 무엇이 있을까요?"

"그러고 보니 이말단 사원과는 대화의 시간이 많이 부족했네요. 일이 잘 안되면 혼내기만 했지 따뜻한 말 한마디 격려조차 제대로 못했네요. 제가 너무 업무만 생각하다 보니 사람을 놓치고 있었네요. 그래 놓고서는 일이 안된다고 불평만 하지 않았나 싶습니다."

"팀장님이 업무성과를 높이는 데 집중하는 것은 당연한 것이죠. 그렇다면 이번 코칭세션을 통해서 어떤 점이 도움이 되었다고 생각하십니까?"

"구성원들의 행동분석을 통해 성과의 영향 요인을 발견하고, 구체적으로 무엇을 어떻게 개선할지를 깨달은 것이 큰 수확입니다. 결국 성과를 높이는 방법은 팀원 개개인의 행동분석을 통해 문제를 정확히 파악하고, 그에 대한 최적 대안을 수립하는 것이네요. 물론 당사자와 면담을 통해서 보다 구체화하고 당사자가 선택할 수 있는 기회를 주어야겠죠. 이번 코칭 세션에서 도움을 주셔서 고맙습니다."

이후 김 팀장은 이말단 사원과 면담을 통해 단기 집중 프로젝트를 우선과제로 진행하기로 했다. 팀장 직속 프로젝트로 주 1회의 미팅을 정례화했고 프로젝트 매니지먼트 코칭을 실시하기로 했다. 또한 대인관계 향상을 위한 3일 집합교육을 보내기로 했다. 그 결과 이말단 사원은 기존의 어두운 표정에 벗어나 웃음과 업무에 대한 활기를 찾기 시작했다고 한다.

성과가 낮은 직원의 성과를 높이는 코칭Tip

❶ 성과가 낮은 결과를 만드는 핵심 행동을 파악한다.

❷ 핵심 행동의 선행조건을 도출한다.

❸ 행동을 변화시킬 수 있는 강화요인을 파악한다.

❹ 긍정적 강화를 지속적으로 실시한다.

❺ 행동 결과의 장단점을 파악하여 주기적으로 피드백 한다.

부서를 옮기고 싶다는데, 어떻게 하죠?

정 팀장은 심심해 대리와의 목표설정 면담을 마무리하면서 물었다.

"심 대리, 자네도 이제 회사생활 6년차인데 탁월한 성과를 만들어야지. 내년이면 과장진급 대상인데, 다른 사람과는 뭔가 다른 것을 보여줘야지. 올해도 멋지게 한번 해보자고. 끝으로 하고 싶은 이야기나 질문 있으면 이야기하세요."

"저, 팀장님, 작년 말부터 생각해보았는데, 재경팀을 떠나 새로운 일을 해보고 싶습니다."

"무슨 소리야, 팀을 바꿔달라니. 자네는 아직 재경팀에서 못한 업무도 많고, 내년에 진급한 뒤에 생각해도 늦지 않을 텐데."

"물론 저도 진급한 뒤에 옮기는 것은 어떤가도 생각해보았습니다. 그렇지만 과장으로 진급한 뒤에는 새로운 업무를 배우기 늦지 않나 싶습니다. 이왕 새로운 업무를 하려면 대리 시절에 좀 더 경험하는 것이 좋다고 생각합니다."

"근데, 정말 옮기려고 하는 이유가 뭐지? 혹시 다른 사람하고 문제라도 있나?"

"아닙니다. 팀원들과는 잘 지내고 있습니다. 사실 작년부터 재경 담당자로서 업무에 대한 성취감이나 만족감을 느끼지 못했습니다. 재경담당 임원이 되고 싶다는 꿈은 아직도 유효합니다. 다만 재경임원이 되려면 사업을 알아야 한다고 생각합니다. 일전에 팀장님께서도 그런 말씀을 하셨지요. 곰곰이 생각해보니 회사에 들어와 자금업무, 세무업무, 그리고 지금 원가업무를 하면서 재경부문은 어느 정도 배웠다고 봅니다. 물론 팀장님께서 생각하시는 기대에는 못 미치지만요. 재경업무도 좋지만 이제 사업부의 기획이나 영업업무를 하면서 사업에 대한 감각을 키우는 것이 더 중요한 시점이 아닌가 싶습니다."

"그 말은 나도 동의를 하지. 재경업무를 하는 사람이 사업을 모르고서는 회계쟁이로만 남을 수밖에 없지. 그렇지만 재무회계 업무를 제대로 알지 못한 채 다른 업무를 한다는 것은 욕심일 수 있지. 그리고 사업부 기획부서나 영업부서에서 받아줄지도 미지수고."

"그래서 제가 팀장님께 부탁을 드립니다. 저도 6년 동안 재경업무를 했으면 팀장님께서 이제 저를 좀 도와주셔야죠. 재경팀을 영원히 떠나는 것이 아니라 좀 더 폭넓은 시각과 경험을 가지고 다시 재경팀으로 돌아오겠다는 것입니다."

"심 대리, 그때가 되면 누가 받아주나? 후배들은 가만히 제자리에만 있나? 세상 일이 그렇게 쉽지가 않아. 누가 끌어주지 않으면 팀장 되는 것도 쉬운 일이 아니야. 일단 한 번 더 생각을 해봅시다. 나도 생각을 할 테니 심심해 대리도 좀 더 생각을 가다듬고. 부서 이동이 쉬운 것 같지만 여러 조건이 맞아야지. 그리고 타이밍도 중요하고."

정 팀장은 다시 이야기하자고 말한 뒤 심 대리를 돌려보냈다. 어떻게 하는 것이 좋을지 판단이 서지 않았다. 심 대리 개인 차원에는 좋은 일인지, 심 대리가 떠나면 누가 대신할지, 그리고 받아줄 부서는 있는지도 모를 일이었다.

"통코치님, 지난 2월에 목표설정이 끝난 뒤 아직 팀원들과 목표설정 면담을 하지 못해서 시간나는 대로 팀원들과 개인별로 미팅을 하고 있습니다. 오늘 심심해 대리와 면담을 하는데 갑자기 이 친구가 부서를 옮기고 싶다고 하지 않습니까. 심 대리는 대리 3년 차로 내년이면 과장진급 후보자입니다. 타이밍도 그렇고, 업무고과도 B플레이어고, 다른 직무 경력이 있는 것도 아닌데, 뜬금없이 옮긴다니 기가 찰 노릇입니다."

"심 대리가 부서를 옮기고자 하는 이유는 무엇인지요?"

"재경업무를 6년간 해서 이제 매너리즘에도 빠지고, 별로 성취감을 느끼지 못하는 모양입니다."

"한 부서에서 6년간 일을 했으면 짧게 한 것은 아니네요. 이제 팀장님께서는 어떻게 하실 작정이십니까?"

"그래서 제가 통코치님께 상의를 드리는 것 아닙니까? 심 대리가 빠지면 다른 팀원이 대체되어야 하는데 업무가 정상화되려면 시간이 걸리지요. 당장 수행해야 할 재경시스템 개선 과업을 대체할 멤버도 없고요. 개인 차원을 생각하면 보내주는 것도 좋을 듯한데, 팀을 생각하면 답답합니다."

"팀장님 마음이 무거우시겠습니다. 팀원이 떠난다는 것은 일단은 자원의 손실로 부서업무에 타격을 주지요. 그래서 항상 사전에 준비하고 대비하는 것이 상책인 모양입니다. 제가 드릴 수 있는 조언은 먼저 회사 차원과 심 대리 개인 차원에서 부서이동을 고려하시는 것입니다. 이에 팀의 상황도 고려해야겠지만, 그것은 2차적 문제이고요."

"아직 회사 차원에서는 직무이동에 대한 규정이 따로 있지는 않습니다. 주로 본인의 의사를 존중해서 진행을 하지요. 심 대리의 경우, 동일 직무를 6년째 하고 있으니까 이동의 근거는 된다고 봅니다. 또한 재경 직무와 사업부 기획이나 영업 직무까지 소화를 할 경우 중요한 자원이 될 수 있다고 생각됩니다. 물론 본인이 새로운 팀에 가서도 탁월한 성과를 만들어낼 때 가능한 이야기지만요. 시간이 좀 걸리겠지만, 심 대리 밑에 있는 박똑똑 사원을 좀 더 육성하면 당장의 업무 공백은 메울 수가 있지요. 그런데⋯⋯"

"혹시 걱정되는 것이라도 있는지요?"

"작년에 사원 한 명을 사업부 기획으로 보냈다가 퇴사한 친구가 있습니다. 우리 팀에서도 적응을 잘 하지 못하고 계속 문제를 일으키다가 사업부 기획관리팀으로 이동을 했습니다. 거기서도 적응을 못해 6개월을 넘기지 못하고 떠났습니다. 그때 제가 무척 곤란했거든요. 우수한 자원을 보낸 게 아니라 '폭탄 돌리기'를 한 것 아니냐고 소속 부서장으로부터 비난도 받았지요. 그러다 보니 타 팀에 인원을 보낼 때는 우수한 자원이어야 한다는 생각을 많이 했습니다. 더욱이 조직에 적응도가 떨어지는 친구는 이동을 해서도 적응하지 못하는 사례를 많이 보았습니다. 부서이동자의 적절성을 판단할 수 있는 분석도구 같은 것은 없을까요?"

"역시 꼼꼼하신 정 팀장이십니다. 약식으로 만든 '직무 이동자 적절성 체크리스트'를 한번 검토해보시는 것도 팀장님이 판단하는 데 도움이 되실 것 같네요. 모쪼록 좋은 결정을 하셔서 팀과 본인에게 도움이 되었으면 합니다."

직무순환의 적절성을 검토하라

오늘날 야구나 축구의 프로선수들이 프리 에이전트(FA, Free Agent)시장에 나와 대박이 났다는 기사를 심심치 않게 볼 수 있다. 이제 직장인들도 FA로서 자신의 비전과 가치에 따라 직장을 바꾸는 것이 어색하지 않는 시대이다. 오히려 옮기지 못하는 사람들을 이상하게 여기는 사람들도 있다.

조직의 입장에서 우수한 인재들이 조직을 떠난다는 것은 크나큰 비용의 손실이다. 인재를 채용하고 육성하고 유지하는 비용만도 엄청날 뿐만 아니라 그 사람이 빠짐으로써 조직 업무의 손실이 막대하다. 두 발 달린 사람을 잡는다고 잡을 수도 없는 일이다. 이미 떠나기로 마음먹은 사람은 결국 떠나고 만다.

사전에 이동에 대한 잠재적 우려를 불식시키고 우수 인력에 대한 다양한 직무경험을 살리기 위해 사내 직무 순환job rotation에 대한 제도나 규정이 필요하다. 특히 이동을 하고 싶어도 제도적 장치가 없을 경우 이동을 판단하는 것은 팀장의 권한으로 남게 된다. 좋은 팀장을 만나면 조직을 이동할 수도 있지만 그렇지 못할 경우 말도 못 꺼내는 것이 현실이다. 조직 차원에서 직무이동을 제도화하면 팀장이나 팀원들에게도 직무이동을 판단할 수 있는 유용한 잣대가 될 수 있다. 직무순환에 대한 제도상 인사평가의 점수를 직무이동의 기준으로 설정함으로써 우수한 인력 중심의 이동을 권장하고, 희망자에 대해 이동 자격요건의 중요성을 강조할 수 있다.

부서이동과 관련한 잡음으로 결국 조직을 떠나는 사례도 종종 있다. 특히 부서이동은 주는 쪽과 받는 쪽의 이해관계가 잘 맞아떨어져야 한다. 가기로 다 약속이 되었는데 갑작스런 조직 변경이나 부서장이 바뀌는 경우 이동이 막히고 닭 쫓던 개 하늘 쳐다보는 격이 되고 만다. 그러므로 조직 내 부서이동은 회사 차원에서 제도적으로 운영하는 것이 잡음을 최소화할 수 있는 방책이다.

회사의 제도나 규정 등 하드웨어 시스템이 구비되더라도 직무이동을 신청하고 보내기까지 어떤 사람이 적합한가에 대해서는 한 번 더 검토할 필요가 있다. '직무이동자의 적절성 분석표'(〈표13〉)는 당사자의 업무역량, 대인관계, 개인 비전, 회사정책을 고려한 것으로 다각적 측

회사 차원의 직무순환제도 Tip

1항 동일한 직무를 3년 이상 수행했으며 이동과 관련하여 결격사유가 없는 자에 대해 직무순환의 자격을 준다. 단 소속 부서장이 직무이동과 관련하여 적합성을 판단하고 이동부서와 협의 하에 진행한다.

2항 동일한 직무를 5년 이상 수행했으며 이동과 관련하여 결격사유가 없는 자에 한해 직무순환의 우선자격을 부여한다. 단 소속 부서장이 직무이동과 관련하여 이동부서와 협의 하에 진행한다.

3항 인사팀은 필요한 경우, 일정한 자격요건(위 1항, 2항)을 충족한 자에 한해 공개적으로 사내 직무이동 희망자를 파악하여 인력 요청부서와 연결하는 작업을 수행한다.

면에서 필요성과 당위성을 분석하는 데 도움을 줄 것이다.

저성과자와 고성과자의 직무이동에 대해서는 구분해 검토하는 것이 중요하다. 〈그림18〉에서 처럼 저성과자의 이동은 조심스럽게 검토해야 한다. 이동의 원인이 대인관계의 문제인지, 자신의 업무역량 부족으로 성과를 창출하지 못해서인지, 혹은 현재의 직무와 본인의 비전이 달라서인지에 따라 별도의 검토가 필요하다. 현행 제도상 저성과자의 이동을 제한한 경우, 본인의 의사와 관계없이 부서이동의 가능성은 더욱 낮을 수밖에 없다. 저성과자의 사례는 전체 조직의 성공과 본인의

〈표13〉 **직무이동자의 적절성 분석표**

영역(1차)	영역(2차)	질문 내용	Yes	No	비고
업무역량	업무 적성	1. 현재 업무는 본인의 성격에 적합한가?			
	업무 성과	2. 현재 업무에서 지속적인 성과(최근 3년)를 내고 있는가?			
	업무 능력	3. 현재 업무 수행에 필요한 능력(지식과 스킬)을 보유하고 있는가?			
대인관계	상사와 관계	4. 최근 1년 이내 상사와 심각한 의견차이나 갈등은 없었는가?			
	동료와 관계	5. 최근 1년 이내 팀 동료와 심각한 의견차이나 갈등은 없었는가?			
개인 비전	다양한 경험	6. 현재 업무와 본인의 경력 비전과는 일치하는가?			
	전문성 확보	7. 현재 업무에서 본인의 경력 비전을 달성할 수 있는가?			
회사 정책	핵심인재 육성	8. 회사차원에서 핵심인재로 육성할 가능성이 있는 인재인가?			
	직무 순환	9. 회사의 인사정책상 직무순환이 필요한 시점인가?			

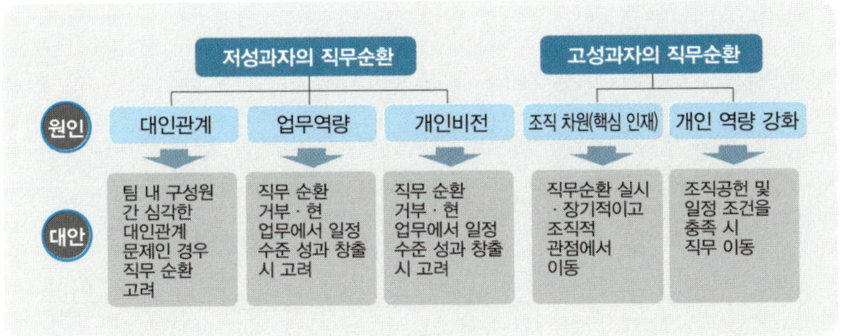

<그림18> **저성과자와 고성자에 대한 직무순환**

육성차원의 필요성에 따라 검토되어야 한다.

고성과자의 경우 〈그림18〉에서처럼 개인의 역량강화 차원인지 조직 차원의 핵심인재육성 차원인가에 따라 분리해서 검토할 필요가 있다. 핵심인재의 육성 차원의 직무순환은 경영성 인재육성을 위해 필수적인 요소이다. 또한 다양한 사업의 경험을 체험함으로써 개인과 조직의 역량 강화에 기여한다. 다만 개인 차원에서 경력비전과 역량강화를 위해 이동을 희망할 경우는 직무이동자를 받는 부서의 팀장과 사전에 협의가 필요하다. 타 조직으로 이동을 고려하여 본인의 역량강화가 조직역량강화에 기여할 수 있도록 사전에 준비와 조치를 해둘 필요가 있다.

직무이동은 본인이 현재의 조직에 대한 만족하지 못하는 측면이 강하다. 성공적 직무이동이 되기 위해서는 인력을 보내는 부서의 팀장과 받는 부서의 팀장이 조직의 성공과 개인의 육성 관점에서 협의하는 것이 중요하다. 특히 새로운 부서에 배치받았을 때 경력사원과 마찬가지로 그 업무를 처음부터 적응하고 숙달될 수 있도록 팀 내 멘토를 두어 일정기간 동안 지원해 주는 것이 좋다.

개인의 능력을 조직의 역량으로 연결하라

정 팀장은 심 대리의 직무이동 상황에 대해 직무이동자의 적절성 분석표를 활용하여 〈표14〉처럼 정리해보았다. 분석표를 검토한 뒤 정 팀장은 심 대리와 같이 저녁을 먹기로 했다.

"심 대리 기획이나 영업부서로 이동하면 잘할 자신이 있어?"

"네? 잘할 자신 있습니다. 재경팀에서도 열심히 했듯이 사업부 기획이나 영업팀에 가서도 열심히 해서 꼭 조직에 기여할 수 있는 사람이 되겠습니다."

"나는 심 대리의 그런 마음이 참 마음에 들어. 다른 사람 같으면 다른 업무 경력 쌓아서 도망갈 궁리나 하는데…… 젊은 친구가 참 기특해"

"다 팀장님 덕택입니다."

"나 덕택이라고?"

"네, 평소 팀장님은 개인과 조직 비전의 일치를 강조하셨지요. 회사에 들어와서 사장은 못해도 임원은 해야 한다, 그리고 자신을 알아주는 사람이나 조직과 함께 평생을 함께하는 것은 삶의 큰 보람이다, 라고 하셨습니다. 연봉이나 승진을 조건으로 옮겨다니는 친구들을 보면 혹하기도 했습니다. 그러나 다른 회사로 이동한 친구들의 결과를 보면 성공하는 확률이 높지는 않았습니다. 계속 회사를 이동하는 나그네처럼 보였지요. 그럴 바에는 자신을 알아주는 조직에서 열심히 해서 성공하는 것이 안전하고 확률적으로도 높다고 판단했습니다."

"그래, 자네처럼 묵묵하게 일하고 그렇게 화려하지는 않지만 꾸준히

<표14> 심심해 대리의 직무이동 적절성 분석표

영역 (1차)	영역(2차)	질문 내용	Yes	No	비고
업무 역량	업무 적성	1. 현재 업무는 본인의 성격에 적합한가?	○		
	업무 성과	2. 현재 업무에서 지속적인 성과(최근 3년 동안)를 내고 있는가?		○	인사평가 B+로 약간 정체 상태임.
	업무 능력	3. 현재 업무 수행에 필요한 능력(지식과 스킬)을 보유하고 있는가?	○		
대인 관계	상사와 관계	4. 최근 1년 이내 상사와 심각한 의견차이나 갈등은 없었는가?		○	
	동료와 관계	5. 최근 1년 이내 팀 동료와 심각한 의견차이나 갈등은 없었는가?		○	
개인 비전	다양한 경험	6. 현재 업무와 본인의 경력 비전과는 일치하는가?	○		
	전문성 확보	7. 현재 업무에서 본인의 경력 비전을 달성할 수 있는가?		○	개인의 비전과 조직의 비전 매칭 필요
회사 정책	핵심인재 육성	8. 회사차원에서 핵심인재로 육성할 가능성이 있는 인재인가?		○	현재는 아니지만 육성 노력에 따라 가능성 있음.
	직무 순환	9. 회사의 인사정책상 직무순환이 필요한 시점인가?	○		6년차로 직무이동이 필요한 시점임.

성과를 내는 사람도 조직에서 성공할 수 있다는 것을 보여줘야지! 그래 꼭 성공하지는 못하더라도 의미 있는 도전이라고 생각해. 조금 앞서간다고 자만할 필요 없고, 조금 늦는다고 아쉬워할 필요가 없지. 어차피 세상은 돌고 돌아. 기회를 만나서 성과를 내고 인정받으면서 살아가는 것, 그것이 샐러리맨이 아닐까?"

PART 4

삶을 관리해야 성과를 높인다

일과 생활의 방향 조정 능력

01
시간관리

일할 때 항상 시간이 부족해요

그날도 기술영업팀 김 대리는 20분이 지나서야 헐레벌떡 미팅룸으로 들어섰다.

"코치님 죄송합니다. 고객이 긴급으로 요청한 설계변경안에 대한 피드백을 해주느라 좀 늦었습니다. 그래도 이 정도면 양호한 편이죠?"

"많이 바쁘시죠. 회사의 핵심인재인 우리 김 대리님이 바쁘지 않은 것이 이상하죠. 근데 늦으면 문자나 전화라도 주면 더욱 좋지 않을까요?"

"제가 전화로 고객과 응대를 하고 있었거든요. 죄송합니다."

"아닙니다. 그럼 지난주에 이어 업무관리방법 개선에 대해 이야기를 해볼까요?"

말이 떨어지게 무섭게 김 대리는 자신의 업무관리시트를 펼쳐 보이며 열정적으로 설명했다.

"지금 김 대리님의 말씀대로라면 업무관리에 문제가 없어야 할 텐데.

도대체 뭐가 문제일까요?”

“사실 밤을 새서 일하고 있지만 일이 끝이 없습니다. 하나를 마치면 또 다른 일들이 산더미처럼 밀려옵니다. 지난주에는 갑자기 몸살이 심하게 나서 결근을 하게 되었습니다. 도저히 일어나지를 못하겠더군요. 병원에 가니 과로를 해서 신장 기능이 떨어져 피로가 쉽게 온다고 하더군요. 신장 기능에 이상이 발생했다네요. 덕분에 하루 병원에 누워 있었지만 다음 날엔 회사에 나올 수밖에 없었죠.”

“큰일 날 뻔 하셨네요. 지금 몸 상태는 어떤가요?”

“주말에 쉬고 나니 좀 낫습니다. 그래도 피곤이 쉽게 가시지 않고 어깨가 뭉친 것이 계속 찌뿌둥합니다.”

“요즘도 12시 넘어 퇴근 하시나요?”

“아닙니다. 요즘은 10시에는 퇴근하려고 합니다.”

“요즘은 계획대로 업무관리가 되고 있는지요?”

“글쎄요. 대신 집에 들고 가서 일을 합니다. 어떨 때는 집에서 밤 2시를 넘어가는 날도 있습니다.”

“그렇게 하시면 하루 이틀도 아니고 몸이 배겨날 수 없을 텐데. 문제는 업무관리가 아니라 시간관리가 안 되는 것이 아닌가요?

“그렇습니다. 저는 같은 의미라고 생각됩니다. 업무관리란 기한 내에 목표한 결과를 만들어내도록 관리하는 것이고, 그러한 결과를 만들어내는 관건이 바로 시간관리이고요. 사실 시간관리가 안되니 몸으로 때우는 식이죠.”

“김 대리님의 기상부터 취침까지 일주일의 일과를 한번 기록해보실까요?”

김 대리는 시트에 다음과 같이 기록했다.

6시30분 기상. 세면과 식사 후 7시 10분에 출발. 7시 50분 회사 도착. 8시 10분부터 공장회의 참석. 8시 30분부터 오전 일과 시작. 고객 요청사항 회신과 회의로 보냄. 13시부터 오후 일과 시작. 제품 설계와 기술검토, 고객사 방문. 19시 이후 본격적인 업무, 제품설계 보완과 기술검토 시작.

그러다 보면, 10시 때로는 12시도 훌쩍 지나간다. 지난주는 고객사 기술검토 건수가 평상시 보다 많아 2시 넘어 퇴근한 날이 이틀이고, 10시 이전에 퇴근한 날은 거의 없었다. 토요일도 대부분 출근하고 일요일 하루만 쉬었다.

"지금 적으신 일정을 보면서 어떤 생각이 드십니까?"

"회사에 헌신하는 것이 당연하다고 생각하는데 이러다 정말 큰일 나겠습니다. 이제는 브레이크를 걸어야 할 것 같습니다."

"그렇죠. 자신의 생활습관에 대한 브레이크를 거셔야겠죠. 그렇다면 생활습관 중에서 어디에 브레이크를 걸고 싶습니까?"

"남들은 저보고 워크홀릭이라고 하지만 사실 저는 그 말이 너무 싫습니다. 저도 다른 사람처럼 일찍 퇴근하고 아내와 애들이랑 함께 저녁 먹고 공원에 산책도 가고 싶습니다. 그런데 그게 잘 안됩니다. 우리 같은 중소기업에는 설계를 검토하고 그럴 수 있는 사람이 저 말고 없습니다. 아직 사원들은 기술적 수준이 되지 못합니다. 사실 대부분의 기술검토를 사장님과 제가 하고 있습니다. 만약 제가 안하면 우리 사장님은 매일 밤을 새야 합니다. 저도 그렇지만 사장님은 더합니다. 기술검토가 몰릴 때는 거의 집에 들어가시지 않으십니다.”

“그렇죠. 실력 있는 인력이 부족하니 믿고 맡길 수가 없으시죠. 그렇지만 지금부터라도 시간관리에 대한 대책을 세워야지, 그렇지 않으면 병원에 몸져눕거나, 최악의 경우는 회사를 떠날 수도 있겠죠. 사실 많은 핵심인력들이 일이 너무 힘들어 회사를 떠납니다.”

“저도 가끔은 회사를 떠날 생각을 합니다. 내가 여기서 무슨 부귀영화를 누리자고 이렇게 열심히 하나 싶습니다. 대기업에 가서 시키는 일만 해도 될 텐데.”

“사람 마음이 모두 같습니다. 그래도 김 대리님이 이 회사를 좋아하는 이유가 있지 않습니까?”

“네, 저는 우리 회사가 좋습니다. 저를 믿어주시고 가르쳐주시는 사장님, 업무에 대한 전권을 주는 팀장님 그리고 정말 선한 우리 회사 사람들…… 중소기업이지만 다들 기술에 대한 자부심은 대단합니다. 고객사도 이 분야 기술로는 우리가 최고라고 인정합니다. 그런데 길이 잘 보이지 않습니다. 밀려오는 일들을 처리하고 분배할 시간이 없습니다. 정말 하루가 30시간이면 좋겠습니다.”

“하루를 30시간으로 늘릴 수는 없지만 30시간처럼 활용할 수 있는 효과적인 시간관리 방법은 있지 않을까요?”

시간은 없고 선택만 있을 뿐이다

사람이 시간을 관리할 수 있을까? 오늘날 현대인들은 항상 ‘바쁘다’를 입에 달고 산다. 하루도 바쁘지 않은 날이 없다. 바쁘지 않으면 바쁜 일을 만들어서라도 바쁘다. 일할 때뿐 아니라 게임을 하거나 놀고 있을 때도 바쁘다. 여행을 떠나도 빠듯한 일정에 쉬지를 못한다.

이와는 반대로 바쁜 일상보다는 여유 있는 삶을 찾는 '다운시프트 Downshifts'족도 있다. 누구에게나 시간은 동일하다. 단지 그 시간에 무엇을 할 것인가는 본인의 선택에 달려 있다. 시간을 관리한다는 것은 선택을 한다는 것이다. 그렇다면 시간의 선택에 영향을 미치는 요소는 무엇일까?

먼저 생체리듬이다. 시간도, 인간의 몸도 자연의 일부이다. 인간은 자고, 먹고, 배설하는 순환의 과정이 원활해야 한다. 지금 이 순간에 빈둥거리고 싶다면 몸이 그것을 원하기 때문이다. 빈둥거림이 없다면 신경 써서 일한다는 것도 없다. 빈둥거릴 때 잘 빈둥거려야 한다. 그런데 요즘의 현대인들은 스마트폰 등 전자기기의 등장으로 빈둥거릴 틈이 없다. 지하철에서도 온통 스마트폰에 몰두한다. 몸에 쉼의 여유를 주지 않는다면 몰입의 순간도 짧아질 수밖에 없다.

여기서 중요한 것은 인간이 생체리듬을 통제할 수 있는가이다. 먹고 자고 배설하는 가장 기본적인 것은 자연스러운 것이다. 그러나 때에 따라서는 가려서 할 수 있어야 한다. 특히 단체생활을 하는 조직에서는 단체생활의 리듬에 몸을 맞추어야 한다. 개인의 생활에서 단체생활의 리듬에 익숙하지 못하면 탈이 생기게 된다. 이런 현상은 신입사원이나 경력사원으로 입사하는 사람들에게서 종종 볼 수 있다. 조직마다 고유의 리듬이 있다. 그것을 조직문화라고 표현하기도 하는데 그들만의 리듬에 익숙해지는 것도 시간관리에 중요한 요소이다.

다음은 동기이다. 리듬이 몸의 언어라면 동기는 마음의 언어다. 생체리듬에 따른 것이 아니라면 대부분의 시간은 동기에 의한 반응이다. 내가 이 일을 하는 것은 내 마음이 이 일을 원하기 때문이다. 동기가 선하든 그렇지 않든 중요한 것은 자신의 마음이 그것을 원하고 있다는 것이다. 그런데 회사의 일은 왜 마음이 동하지 않을까? 그것은 회사가 일을 하고 싶은 마음을 불러일으키지 못하기 때문이다.

대부분의 조직은 상명하복의 위계질서를 중심으로 개인의 자유로운 아이디어를 확산하기보다는 일을 시키는 것에 최적화되어 있다. 물론 기업은 창의적 사고를 원하고 있다. 그러나 그 창의적 사고가 발현되는 방식이 인간의 자율신경을 고도로 발달시키는 것과 반대의 경향을 보이고 있다. 어떻게 하면 사람들의 자발적 동기를 불러일으킬까? 그런데 여기서 중요한 것은 자발적 동기는 남이 아닌 스스로 불러일으켜야 한다는 것이다. 많은 사람들이 회사나 조직을 탓하는 경우가 많다. 여기서 중요한 것은 내가 정말 이 일을 하고 싶은가를 반문해봐야 한다. 이 일이 생계수단인가 아니면 정말로 하고 싶은 일인가는 스스로 판단해야 한다.

또한 조직 역시 구성원들의 자발심을 불러일으키는 것이 무엇인가를 찾아야 한다. 그 좋은 사례가 위의 김 대리의 회사 사례이다. 김 대리는 회사의 사장도 팀장도 사람들도 모두 좋다고 했다. 일을 하고 싶은 마음이 있기에 늦은 시간까지 스스로 일을 하고 있다. 일이 힘들지만 원하는 일을 하고 있고 좋은 사람들과 함께 일한다는 생각이 중소기업임에도 불구하고 남아 있게 하는 강한 요인인 것이다. 이 점은 중소기업의 경영자에게 시사하는 바가 크다.

시간이 선택의 문제라면 선택은 생체리듬과 동기에 의해 결정된다. 자신의 몸과 조직이 잘 적응하는 것과 하고 싶은 동기를 불러일으키는 것이 선택의 핵심이다. 원래 계획했던 일들이 잘 되지 않을 때, 아니면 원했던 성과가 나지 않을 때는 자신의 리듬과 동기를 점검해보아야 한다.

시간을 쪼개지 말고 일을 나누어라

시간이 선택의 문제라면 무엇을 선택해야 할까? 물론 자기가 하고 싶은 일을 선택해야 한다. 그렇다면 '하고 싶은 일'이란 무엇일까. 미국의 자기계발 전문가인 스티븐 코비는 그의 명저 『성공하는 사람의 7가지 습관』에서 "주도적인 삶을 살라"고 했다. 주도적인 삶이란 자기 방식대로 살아가는 것이 아니라, 자기가 하고 싶은 일을 하면서 사는 삶이다. 그런데 현대인들 중에 얼마나 자기가 하고 싶은 일을 하면서 살고 있을까? 자신있게 "그렇다"라고 이야기 할 사람은 얼마나 될까?

이와 관련해 조범상씨의 '비전과 공정한 보상이 신바람 불러온다(《DBR》 80호, 2011.05.01)' 연구결과를 보면 직장인들의 업무만족도는 100점 만점에 51.2점을 나타나고 있다. 이것은 절반에 가까운 사람이 자신의 일에 만족하지 못한다는 것이며, 지금 하고 있는 일에 대한 불만족을 나타낸 것이다. 그렇다면 왜 이런 현상이 발생한 것일까?

연구에서 아쉬운 점은 문제에 대한 조사결과는 있지만 문제 해결책은 찾기 어렵다는 점이다. 그런데 그 이유가 자기 일에 대한 불만족을

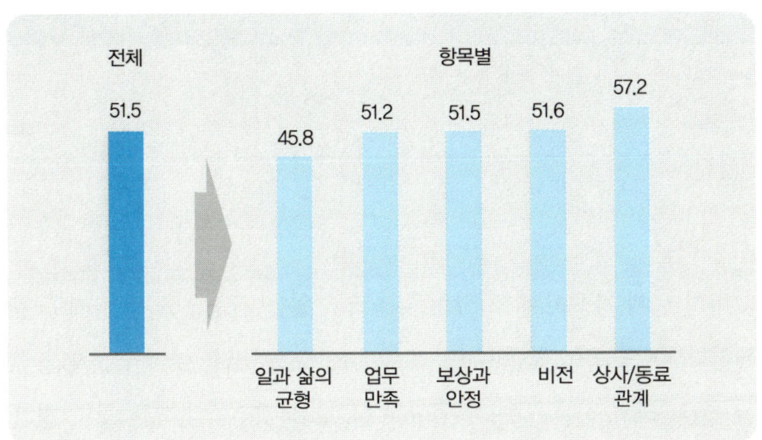

*출처: 조범상, '비전과 공정한 보상이 신바람 불러온다'《DBR》 80호, 2011.05.01)

해결할 대책이 없기 때문이다. 불만족은 해결할 수 없다. 그것은 불만족일 뿐이다. 반대로 만족을 생각해보자. 만족스러운 일을 생각하고 실행한다면 그것이 바로 만족도를 높이는 일이다. 단순한 것 같지만 이 단순함을 깨닫지 못하고 사람들은 불만족을 해결하려고 애쓴다. 그러나 그것은 시간낭비일 뿐이다. 대신 자신이 만족하는 일이 무엇인가를 찾고 실행에 열중해야 업무의 만족도를 높일 수 있다.

그런데 문제는 내가 만족하는 일, 즉 하고 싶은 일이 무엇인지를 잘 알지 못한다는 점이다. 그러니 하고 싶은 일도, 하기 싫은 일도 없다. 그저 현재 하고 있는 일이 마음에 들지 않는다는 표현이 맞을 것이다. 사람이 행복한 삶을 살기 위해서는 먼저 '하고 싶은 일'과 '해야 할 일'을 알아야 한다. 이것을 찾기 위해 '일 분석표'(〈표15〉)를 만들어보면 도움이 된다.

〈표15〉 **일 분석표**

하고 싶은 일 (시간)	해야 할 일 (시간)	하지 않아야 할 일 (시간)

*출처: ㈜통코칭 내부자료

먼저 현재 자신이 하고 있는 일을 일주일을 기준으로 세 가지로 분류한다. 어느 쪽이 많을 수도 있고 적을 수도 있다. 여기서 문제가 되는 것은 '하고 싶은 일'이 무엇인지 잘 모를 경우이다. 생각보다 많은 사람들이 자신이 무엇을 하고 싶은지 모르는 경우가 많다. 만약 하고 싶은 일이 잘 떠오르지 않으면 빈칸을 두고 생각할 시간을 가진다. 하고 싶은 일을 찾는 한 가지 팁은 현재 해야 할 일 속에서 자신의 능력과 적성에 맞는 일을 찾아보는 것이다. 또 다른 방법은 자신이 이루고자 하는 비전과 관련된 일에서 찾아보는 것이다.

하고 싶은 일과 해야 할 일이 중복되는 경우가 있다. 이는 금상첨화다. 많은 사람들은 하고 싶은 일을 현재 자신의 일에서 찾은 사람들이다. 비록 결과가 좋지 않을 수도 있지만 꾸준히 정진해가는 것이 중요하다. 성공여부는 일하는 순간이 아니라 끝냈을 때 알 수 있다.

다른 한편으로는 해야 할 일과 하지 않아야 할 일이 중복될 수 있다. 이것은 현재 하고 있는 일에 불만족하는 대표적인 경우이다. 여기에 그 현재 해야 할 일을 다시 작업해야 하는 경우가 발생하면 그야말로 시간 낭비의 케이스이다.

반드시 해야 할 대표적인 일은 먹는 일과 자는 일, 출퇴근 시간, 업무수행 등이다. 하지 않아야 할 대표적인 일은 재작업, 재보고, 제작실패, TV시청, 잡담 등이 있을 수 있다. 여기에서 줄이거나 제거의 1순위는 '하지 말아야 할 일'이다.

그 다음은 각 일들 옆 괄호 안에 시간을 명기한다. 일주일에 발생하는 빈도와 평균시간을 곱한다. 여기서 현재 자신의 시간이 어떻게 배분되고 소비되고 있는가를 알 수 있다. 해야 할 일이라도 시간이 과다하게 들어간다면 그 필요성에 대해 재검토한다.

끝으로 자기가 하고 싶은 일을 찾고 시간을 배분해야 한다. 자기가 하고 싶은 일에 하루에 1시간도 쓰지 못한다면, 과연 하고 싶은 일을 이룰 수 있을까? 말콤 글래드웰은 『아웃라이어』에서 어떤 일을 성공하기 위해서는 1만 시간이 필요하다고 했다. 대략적으로 1만 시간을 일수로 환산하면 10년이 걸린다. 무엇이든지 한 분야에 성공하기 위해서는 그 정도의 노력과 투자가 필요하다는 의미이다. 현재 자신의 일에서 성공하지 못하고 있다고 생각한다면 바로 내가 하는 일에 얼마나 시간을 투입하고 있는가를 생각해봐야 한다.

시간이 아닌 습관을 관리하라

시간을 어떻게 사용할 것인가에 대한 방안이 선택되었다면 이제는 실행해야 한다. 여기서 가장 많은 오류가 바로 시간관리에 대한 접근방식에서 발생한다. 이제 효율적인 시간활용을 위해 자신의 생체리듬에 맞는 시간 습관에 대해 알아보자.

인간은 하루에 수많은 활동을 하면서 모든 것을 의식적으로 하는 것이 아니라 자동적으로 프로그래밍된 방식으로 움직인다. 가장 대표적인 현상이 아침에 일어나 세수하고 양치하고 밥 먹고 출근하는 것이다. 매일 반복되는 행동이기에 습관적으로 한다. 매일 버스를 타는 사람이 버스가 오지 않으면 답답해한다. 근거리에 지하철이 있다면 조금 더 걸어가서 지하철을 이용하거나 다른 버스를 타고 한 번 더 갈아타면 되는데 자신의 몸에 최적화된 프로그램대로 움직이지 않기 때문에 불편한 것이다.

이처럼 일상생활의 시간을 관리하기 위한 대표적인 방법이 다이어리를 활용하는 것이다. 시중에 수많은 종류의 다이어리가 나와 있고 스마트폰에 다양한 시간관리 어플과 달력이 있어 시간관리에 도움을 주고 있다. 그렇지만 이런 시간관리 도구들이 효과적으로 사용되지 못하는 것은 무엇 때문일까?

첫째, 다이어리 작성 습관이 형성되지 않아 불편하기 때문이다. 다이어리를 쓰지 않던 사람이 매일 다이어리를 써야 한다는 생각은 압박처럼 다가온다. 다이어리 쓴다 해도 매일 쓰는 사람은 많지 않다. 다이어리를 쓰고 싶은 날에만 쓰는 것이다. 쓰기 싫은 날이나 다른 일이 있는 날은 사용하지 않는 것이다. 예를 들면 2일짜리 교육에 들어갈 때는 다이어리를 잊고 그냥 교육에만 몰입한다. 억지로 매일 써야 한다는 압박감이 다이어리 활용을 어렵게 한다.

둘째, 계획했던 대로 진행되지 않기 때문이다. 어떤 일이든지 계획대로 진행되지 않거나 진행되었음에도 불구하고 생각했던 성과가 나오지 않으면 기분이 좋지 않다. 다이어리 작성도 마찬가지다. 많은 계획을 세웠지만, 상사가 다른 일을 시키거나 예상하지 못했던 일로 계획이 엉망이 될 때 계획을 세우고 싶은 마음이 없어진다. 그러나 원래 계획했던 대로 모두 이뤄지는 일은 드물다. 한편으로는 생각하지 못했던 일을 하기 위한 시간의 여백도 두어야 한다. 다이어리를 지속적으로 사용한 사람들은 예상하지 못한 일이 일어나도 무덤덤하다. 예상하지 못했다는 것은 잘못이 아니라, 미래 자체가 알 수 없는 그 무엇이라고 생각하기 때문이다.

셋째, 대부분의 다이어리에는 실행한 활동을 반추할 수 있는 여백이 없다. 사실 계획보다 중요한 것은 실행이고 실행에는 평가와 피드백이 뒤따라야 한다. 자신을 가장 객관적으로 바라볼 수 있는 사람은 바로 자신이다. 물론 자신을 속이지 않는다는 가정 하에서다. 자신을 객관적으로 보는 창이 바로 여백이다. 다이어리의 한쪽에는 일정이 나와 있다면 옆면에는 일정을 반추하고 피드백 할 수 있는 여백이 있는 다이어리를 권한다. 종이가 아깝다고 생각할 필요는 없다. 오히려 좋은 생각이나 아이디어로 여백을 채우지 못하는 게으름을 탓해야 한다.

이상으로 현재 많이 활용되는 시간관리 도구인 다이어리 활용상의 문제점과 대책을 정리해보았다. 그렇다면 어떻게 하면 효과적으로 시간을 관리할 수 있을까? 답은 시간을 관리하려 하지 말고 시간 사용의 습관을 들여야 한다는 것이다. 시간습관을 들이는 가장 좋은 방법은 자동 프로그래밍으로 움직이는 것이다. 자동 프로그래밍 도구로 시중의 다이어리, 스마트폰의 어플, 컴퓨터의 시간관리 프로그램 등 어느 것이든 좋다. 중요한 것은 어떤 하나의 도구에 자신의 시간을 꾸준히 기록하고 반추하는 시간을 갖는 것이다.

필자의 경험으로 볼 때, 스마트폰이나 태블릿으로 일정을 기록하기는 편하지만 반추하기에는 한계가 있었다. 그래서 필자가 가장 애용하는 것은 직접 제작한 맞춤형 다이어리다. 약간의 돈을 들인다면 자신이 원하는 것을 직접 인쇄해서 사용할 수 있다.

시간습관을 갖는 또 다른 방법은 시간을 사용하는 우선순위를 두는 것이다. 해야 할 일도 여러 가지이고 하고 싶은 일도 여러 가지이다. 그러나 한정된 시간 속에서 모든 일들을 다 할 수는 없다. 일을 배분했으면 어느 것을 먼저 할 것인가에 대한 우선순위를 두어야 한다. 필자는 일을 세 가지 방식으로 나눈다. 중요하면서도 긴급한 일(A), 중요한 일(B), 끝으로 짬날 때 하는 일(C)로 분류한다. 따라서 모든 일은 우선순위와 일의 내용 그리고 확인, 이 3가지 항목으로 나뉘어 하나의 칼럼에 놓여야 한다. 또한 확인란을 통해 그 일을 완료했는지, 계속 진행 중인지, 취소되었는지를 체크하는 것도 중요하다. 옆에 필자의 '성과 다이어리'를 소개한다(〈그림20〉).

끝으로 효과적인 시간습관을 가지기 위해서는 일에 대한 관리뿐만 아니라 사람에 대한 관리도 병행해야 한다. 사실 많은 일들이 사람을 만나고 그 속에서 결정된다. 그럼에도 불구하고 사람관계에서 발생하는 일들을 기록하고 반추하는 습관은 형성되지 못한 경우가 많다. 〈그림20〉처럼 좌측에 자신에 대한 일들을 반추하고 타인을 만나서 나누었던 이야기나 활동을 반추한다면 더욱 다이어리의 활용도를 배가할 수 있을 것이다. '성과 다이어리'라고 이름을 붙인 이유도 단지 시간을 관리하는 것이 아니라 자신이 계획했던 일들의 성과를 높이자는 차원에서다.

〈그림20〉 **성과 다이어리**

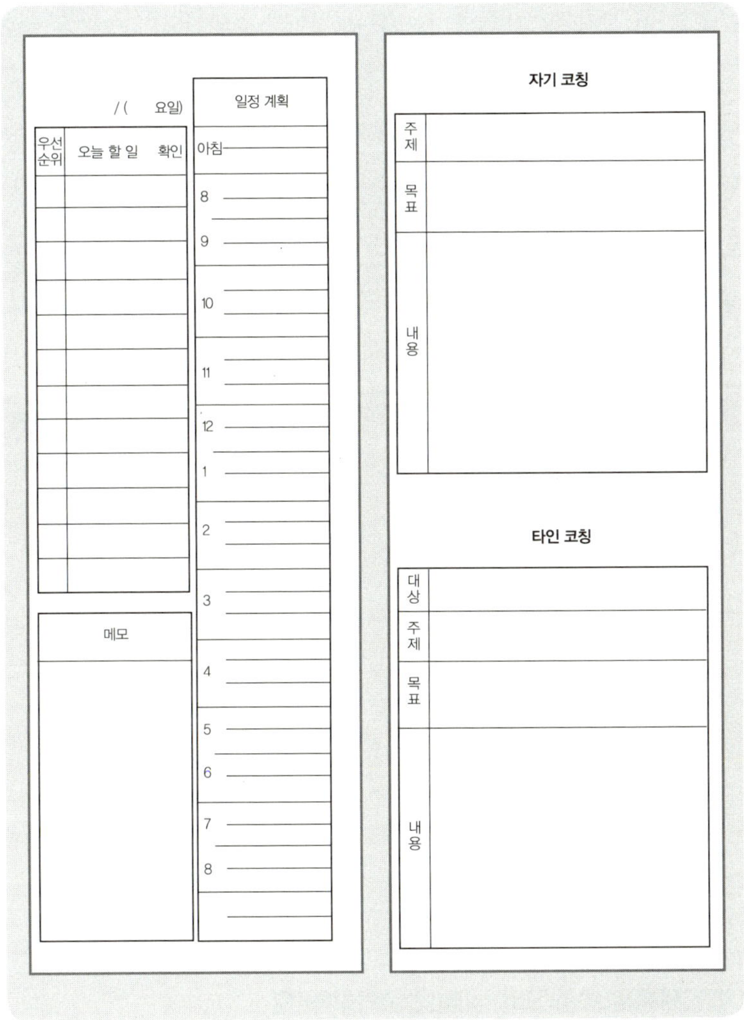
/ (　　요일)
우선순위
오늘 할 일
확인
메모
일정 계획
아침
8
9
10
11
12
1
2
3
4
5
6
7
8
자기 코칭
주제
목표
내용
타인 코칭
대상
주제
목표
내용

보통 사람들에게 성공이란 막연한 용어로 여겨진다. 그렇지만 성공을 자신이 계획했던 일들을 완수하는 것이라 정의한다면 우리 인생에서 성공은 바로 곁에 있는 낯익은 친구와 같다. 시간습관은 바로 의도했던 일들을 계획하고 실행하는 습관을 형성하기 위한 것이다. 시간습관은 보통 사람들이 성공을 만들어가는 데 좋은 길잡이가 될 것이다. 결국 성공이란 계획한 일들을 지속적으로 수행하며 달성한 작은 성공들이 모여서 맺어지는 것이기 때문이다.

효과적인 시간 습관 만들기 3가지 코칭 Tip

❶ 원래 시간은 없고 선택만 있을 뿐이다.

❷ 시간을 쪼개지 말고 일을 나누어라.

❸ 시간을 관리하지 말고 습관을 관리하라.

일하는 만큼
내 생활도 즐기고 싶어요

많은 분들이 비즈니스에서 코칭이 필요한 이유를 질문한다. 그때마다 그분들에게 다시 되묻는다. 이 회사의 5년, 10년 후를 이끌어가실 분들이 있으십니까? 있다면 그 인재들을 어떻게 육성하고 계십니까?

이 질문에 "우리는 10년 후 회사를 이끌어갈 인재를 선발하여 체계적으로 육성하고 있다" 라고 자신 있게 대답하는 회사라면 그 회사에 투자해도 문제가 없을 것이다. 그러나 현실은 정반대인 경우가 많다. 당장 한 달, 1년의 사업 전망도 불투명한 상황에서 5년, 10년은 먼 미래의 일처럼 느껴진다. 그러나 많은 경영자들이 밤잠을 설치는 이유 중 하나는 5년, 10년 후의 파이다. 결국 그 파이를 발굴하고 생산해내는 것은 인재들에 달려 있다.

2011년 초에 LG그룹의 구본무 회장은 '각 사의 미래를 이끌어갈 차세대 리더를 500명 키운다(동아일보 2011년 1월 17일자 참고)'는 야심찬 계획을 LG그룹 CEO전략회에서 제안했다. 그러고는 각 사의 차세대

리더 육성 결과를 직접 보고받겠다고 공언했다. 이제 핵심인재의 육성은 CEO의 핵심과제 중 하나임이 분명하다.

문제는 선발된 핵심인재를 어떻게 육성할 것인가에 달려 있다. 많은 회사가 '후계자 양성 프로그램Succession Plan'을 운영하고 있다. 그러나 플랜은 플랜대로 있고 현실은 따로 노는 경우가 많다. 또는 선발만 해놓고 별다른 후속 조치 없이 방치하는 경우도 허다하다. 차세대를 이끌어갈 인재라면 그 인재를 육성하는 책임은 바로 조직의 책임자에게 있다. 그렇다면 그 핵심인재 풀들을 어떻게 관리하고 체계적으로 육성할 것인가? 그 해답을 코칭에서 찾아보기로 한다.

인재육성에서 코칭의 장점은 그 철학 속에 있다. 코칭의 핵심원리는 '문제의 해답은 자기 안에 있으며, 사람들은 그 문제를 해결할 잠재능력을 가지고 있다'라는 믿음에서 출발한다. 코칭은 개인이 가지고 있는 잠재능력을 발견하고 강화할 수 있도록 돕는 도구이다. 핵심인재 코칭을 통해 그들의 잠재능력을 발굴하고 강화하여 인재의 지속적인 성장을 도울 수 있다.

많은 기업들이 핵심인재 프로그램을 운영하고 있다. 대부분 MBA 프로그램이나 교육 등을 운영하고 있다. 필자 역시 핵심인재 육성 프로그램에 참여하여 강의한 경험이 있다. 그러나 그때마다 이 교육이 그들의 역량강화에 얼마나 도움이 될까 하는 아쉬운 생각이 들었다. 물론 도움이 안 된다는 것은 아니다. 사업에 필요한 지식이나 스킬을 배우기 위해서는 교육이 필요하다. 다만 교육의 일회성과 무차별성은 수강자들을 객체화시키고 동일시하는 경향을 벗어날 수 없다. 이러한 교육방식으로는 사업을 이끌어갈 창의적이고 개성이 있는 인재를 육성하기에는 한계가 있다.

반면 코칭은 사업의 특성을 반영하고 개인의 성향과 능력을 고려한 맞춤형 프로그램을 장기간에 걸쳐 운영할 수 있다. 결론적으로 체계적인 핵심인재를 육성하기 위해서는 사업을 이끌어갈 능력과 스킬을 교육을 통해 제공하며, 코칭을 통해 지속적이고 개인 맞춤형 역량 강화 프로그램을 제공하는 최적의 프로그램이 필요하다.

성공할 것인가, 즐기며 살 것인가?

A사는 자동차 부품을 생산하는 중견기업이다. 우리나라 중소기업이 그렇듯이 A사 역시 우수인재의 확보와 유지가 큰 이슈였다. A사는 이를 극복하기 위해 전사 차원의 차세대 리더 20명을 선발하여 리더십 역량 강화와 인재 유지관리 차원에서 6개월간 1:1 코칭을 도입하기로 했다.

최 과장은 입사 8년 차 경영혁신팀 과장으로 경영지원부문의 차세대 리더로 선정되어 두 번째 코칭 세션을 받게 되었다.

"코치님께서 지난번 세션에서 코칭의 주제로 무엇을 하면 좋을지 물으셨는데 솔직하게 말씀드릴 것이 있습니다. 저는 요즘 이직을 심각하게 고민하고 있습니다."

"핵심인재 육성을 목적으로 하는 코칭 세션에 이직을 상담하시다니 조금 당황스럽습니다. 좀 더 설명해주시겠습니까?"

"저는 지난 8년 동안 줄곧 경영혁신팀에서 일해왔습니다. 5년 전 경영위기 때 전사혁신활동을 계획하고 위기를 극복하기 위해 밤낮없이 뛰어 다녔고요. 그 덕택에 승진과 보상의 혜택도 많이 받았습니다. 그리고 작년부터 수행한 ERP를 구축하고 운영까지 성공적으로 마무리한 자부심도 있습니다. 그러는 동안 평일에는 밤 10시 이전에 집에 들어간 날이 거의 없고, 주말이나 빨간 날에도 출근하는 날이 더 많았습니다. 그런데 얼마 전부터 이런 생활에 대한 회의가 들기 시작했습니다. '열심히 일해서 성공하자'라는 인생철학이 '즐기면서 재미있게 살자'로 바뀌고 있다고 할까요?"

"그렇죠. 우리나라 기업에 다니면서 그렇게 일하지 않으면 핵심인재로 선정되기 어려운 현실이죠. 모두들 열심히 일하십니다. 밤낮없이, 휴일 없이요. 더구나 스피드경영 시대가 되면서 제품의 라이프 사이클이 더 빨라졌고 유행을 따라가기도 벅차지요. 그런데 갑작스럽게 인생의 철학이 바뀌신 계기가 있으신지요?"

"한 달 전 존경하던 생산관리팀장이셨던 박 부장님께서 돌아가셨습니다. 심장마비였습니다. 주무시다가 갑작스럽게 돌아가셨죠. 그분은 작년부터 저와 함께 ERP 구축 태스크를 같이 해왔습니다. 실질적인 리더이셨죠. 그 전날도 저와 함께 전사 ERP 이슈에 대해 12시까지 문제해결을 위해 일했습니다. 그날 밤 귀가 후 새벽에 갑작스럽게 돌아가셨죠. 저는 이틀 동안 빈소를 지키면서 많은 생각을 했습니다. 기업과 개인, 삶과 일에 대해 그동안 당연한 것이라고 받아들였던 것들이 새롭게 와 닿았습니다. 박 부장님은 슬하에 두 딸을 두었습니다. 초등학교 6학년과 3학년입니다."

"그러셨군요. 마음이 많이 아프셨겠습니다. 더구나 같이 일했고 존경하고 따르던 분이 돌아가시면 정신적 충격이 더욱 크지요. 또한 미망인과 어린 자녀분들을 생각하면 더없이 안되셨고요."

"코치님, 사는 게 무엇일까요? 저도 처음에는 핵심인재가 되고 조직에서 인정받으면서 좋았습니다. 그러나 그 속에서 제 인생은 보이지 않았습니다. 오로지 회사와 일밖에는 없었죠. 어느 샌가 아내와 아들과의 관계도 소원해졌습니다. 이제 늦게 귀가해도 아내는 아무 말도 안 하죠. 포기한 것이죠. 서로의 일에 간섭하지 않고 대화도 많이 줄었습니다. 사실 아내가 어떻게 지내는지도 잘 모르고 있어요. 아이와도 주말 약간의 시간을 제외하고는 얼굴 보는 일이 없어요. 밤에 잠자는 얼굴만 봅니다. 제가 너무 무관심해왔음을 뒤늦게 깨달았습니다. 이렇게 지내다가는 가정파탄범 아니면 하숙생으로 전락해버릴 것 같습니다. 그런데 더 큰 문제는 해결 방법이 쉽지 않다는 거예요."

"해결 방법이 쉽지 않다는 것은 무슨 뜻인지요?"

"이 회사에서 저의 평판은 열심히 일하는 탱크로 인식되어 있습니다. 그렇다고 갑자기 하던 일을 멈추고 집에 일찍 가는 것도 이상하고요. 전체 조직의 입장을 생각해도 그렇게 할 수 없고요. 여기서는 더 이상 빠져나갈 구멍이 없습니다. 그래서 다른 회사로 옮겨서 일도 여유 있게 하고 가족과의 생활도 즐기면서 살고 싶습니다."

"지금 최 과장님이 조직을 떠나려고 하는 이유가 일과 생활의 균형을 찾으면서 인생을 살고 싶어서가 맞는지요?"

"네 먼저 가족과의 생활을 단란하게 만들고 싶습니다. 신혼 때 같지는 않겠지만 그래도 쉼과 여유를 즐기면서 살고 싶어요. 애들과도 낮에 이야기하고 놀고 싶고요."

"그러기 위해서 조직을 떠나는 것밖에 없을까요? 조직에 있으면서 그동안의 일하는 방식을 바꿀 수는 없을까요?"

"여기서는 평일에 일찍 가는 것을 용인하지 않습니다. 팀장님 눈치 보며 윗사람들에게 굉장하게 스트레스를 받습니다. 저도 처음에는 그렇지 않았지만 1년, 2년, 지나면서 자연스럽게 귀가시간이 늦어지고 주말에도 출근하는 것을 당연하게 생각하게 되었죠. 어느새 습관으로 굳어졌어요. 회사에서도 늦게까지 일하는 것을 권장하고요."

"혹시 이 문제에 대해 팀장님이나 선배들과 이야기해보시지는 않으셨는지요?"

"이야기하면 뭐 합니까? 다 아는 내용을. 절이 싫으면 중이 떠나라는 분위기죠. 사실 그래서 사람들이 많이 나갑니다. 일은 많은데 회사에서 인정이나 보상이 부족하니 사람들이 견딜 재간이 없죠. 여기는 나이든 고참사원 아니면 신입사원들뿐 입니다. 경력이 5년 넘는 중간 간부는 정말 얼마 되지 않죠. 그래서 회사에서도 중간층을 키우고 유지하기 위해 이렇게 하는 것일 테고요."

"오늘은 여기까지 이야기를 하고요. 여기 '개인성과균형 진단지(《표16》)'가 있습니다. 이것을 다음 모임 때까지 작성해주세요. 같이 보면서 이야기를 좀 더 나누시죠. 필요하시다면 주변의 다른 분들과도 이 문제에 대해 한번 이야기해보시는 것이 어떨까 싶네요."

"알겠습니다. 그래도 코치님께 이렇게 이야기를 하고 나니 마음은 후련해지네요. 저도 다른 길은 없는지 좀 더 생각해보겠습니다. 그럼 다음 주에 뵙겠습니다."

〈표16〉 **개인성과 균형 진단**

다음 문항을 읽고 현재 자신의 상황에 대해 솔직하게 5점 척도로 응답한다.

(5점 척도: ①매우 그렇지 않다 ③보통이다 ⑤매우 그렇다)

갈등 구분 세부 갈등 원인					
1. 나는 현재 내 삶에 만족하고 있다	①	②	③	④	⑤
2. 나는 현재 나의 업무를 통해서 성취감을 느끼고 있다.	①	②	③	④	⑤
3. 나는 가정이나 직장에서 감정을 잘 통제하고 있다.	①	②	③	④	⑤
4. 나는 일주일에 3일 이상 규칙적으로 운동을 하고 있다.	①	②	③	④	⑤
5. 나는 매일 정신적으로 안정된 숙면을 취하고 있다.	①	②	③	④	⑤
대인관계 관점					
6. 나는 일주일에 3일 이상 자녀들과 대화를 통해 고충사항을 해결하고 있다.	①	②	③	④	⑤
7. 나는 현재 배우자와 부부관계 및 애정표현에서 만족감을 느끼고 있다.	①	②	③	④	⑤
8. 나는 업무와 관련된 동료나 고객으로부터 긍정적 피드백을 1일1회 이상 받고 있다.	①	②	③	④	⑤
9. 나는 업무와 관련된 동료나 부하 직원들에게 긍정적 피드백을 1일1회 이상 하고 있다.	①	②	③	④	⑤
10. 나는 업무와 관련된 고객들로부터 의견이나 필요사항에 대해 정기적으로 경청하고 있다.	①	②	③	④	⑤
학습과 성장 관점					
11. 나는 업무와 관련된 전문성을 개발하기 위해 1일 2시간 이상을 투자하고 있다.	①	②	③	④	⑤
12. 나는 전체 업무 중에서 새로운 과제나 활동으로 당해연도 업무 중에서 20%이상 차지하고 있다.	①	②	③	④	⑤
13. 나는 개인적인 삶의 목표를 이루기 위해 1주일에 5시간 이상을 투자하고 있다.	①	②	③	④	⑤
14. 나는 자기계발을 위해 매달 전체 수익의 5% 이상을 투자하고 있다.	①	②	③	④	⑤
15. 나는 업무와 관련된 전략적 아이디어나 개선 제안을 월 1건 이상 제안하고 있다.	①	②	③	④	⑤
재무 관점					
16. 나는 현재의 재정적 상태에 대해 어려움을 느끼지 않는다.	①	②	③	④	⑤
17. 나는 현재 수입의 30% 이상을 저축(투자 포함)하고 있다.	①	②	③	④	⑤

18. 나는 노후를 위한 재정적 준비에 현자의 수입 중 10% 이 상을 할애하고 있다.	①	②	③	④	⑤
19. 나는 현재의 업무 활동에서 실제 수익이 기대 수익을 초 과하고 있다.	①	②	③	④	⑤
20. 나는 향후 10년 후 재정적 상태에 대해 크게 염려하지 않는다.	①	②	③	④	⑤

* 출처: (주)통코칭 내부자료

일과 생활의 균형잡기

일과 생활의 균형 코칭이란 조직 내 개인이 일과 생활의 균형, 회사와 개인 생활에서 자신의 가치와 행동에서의 균형을 추구하는 코칭이다. 기존의 비즈니스 코칭은 사업의 성과 향상이나 리더십 개발에 초점을 두었고, 라이프 코칭은 개인의 라이프 사이클에 맞추거나 대인관계 개선에 대한 것이 대부분이었다. 실제 기업의 리더를 코칭하다 보면 생활에 대한 이슈와 비즈니스의 이슈, 리더십 행동의 이슈가 혼재된 경우가 많다. 이처럼 분리의 입장에서 보는 것이 아니라 개인의 삶에서 생활과 일을 한 방향으로 정렬하면서 비즈니스 성과까지 같이 고려할 수 있는 코칭 모델은 없을까? 여기 허버트 램퍼새드의 '개인균형성과표(Personal Balanced Score Card, PBSC)'가 있다.

램퍼새드는 그의 저서 『개인균형성과표Personal Balanced Scorecard』에서 PBSC란 "관리자들이 부하직원들을 코칭하여 온전성Integrity를 갖추고 일과 생활 사이의 정렬Alignment을 이룰 수 있도록 도와주는 효과적인 방식"이라고 했다. 이러한 PBSC 개념에 균형 있는 성과 창출과 코칭을 접목한 '성과 리더십 코칭'을 제안한다.

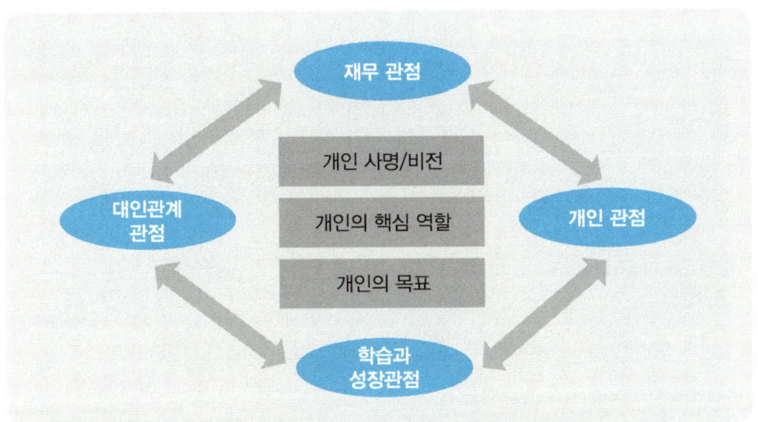

*출처: Hubert K. Rampersad, 『Personal Balanced Scorecard』

　성과 리더십 코칭이란 개인이 자신(또는 타인)을 코칭하여 스스로 온전성를 찾고, 일과 생활의 균형을 이룰 수 있도록 도와주는 코칭이다. 성과 리더십 코칭은 개인의 가치체계와 PBSC의 4가지 관점을 통합하여 개인성과균형(Personal Performance Balance, PPB) 코칭모델(〈그림21〉)을 구성했다.

　먼저 개인의 가치체계의 핵심 내용은 개인의 사명과 비전, 개인의 핵심 역할, 개인의 목표이다. 사람은 누구나 저마다의 가치(신념)체계를 가지고 있다. 그러한 가치체계는 비즈니스나 일상생활의 의사결정이나 행동으로 나타난다. 주식을 투자하고 부동산에 투자하고 보험을 두는 행위, 사람을 만나고 정치적 표현을 하는 행위 등 모든 행동은 개인의 가치체계를 반영한다.

　그러나 많은 사람들은 자신의 가치체계가 어떻게 구성되어 있는지 혹은 무엇인지를 구체적으로 알고 있는 경우는 드물다. 자신이 리더로서고자 하는 사람은 이러한 가치체계를 명확히 할 필요가 있다. 그 대표적 예가 미국의 벤저민 프랭클린이다. 유명한 13가지의 덕목은 가치체계의 표본으로 추앙받고 있다. 중요한 것은 나다. 나의 가체체계는 무엇인가? 성과 리더십 코칭에서는 개인의 사명과 비전, 핵심역할, 목표를 구체화할 수 있도록 돕는다.

다음으로 중요한 것은 PBSC의 4가지 관점이다. 이것은 캐플란&노튼의 균형성과지표[BSC]의 4가지 관점, 즉 재무, 학습과 성장, 내부 프로세스, 고객 관점을 개인 차원으로 전환한 것이다. 개인성과균형[PPB]의 4가지 관점의 의미를 정리하면 〈그림22〉와 같다.

PBSC 코칭모델의 4가지 관점 중 첫 번째로 개인 관점은 개인의 정신과 육체적 건강상태를 확인한다. 오늘날의 급변하는 경영환경과 성과중심의 챌린지가 극심한 조직 상황에서 많은 리더들은 극도의 스트레스를 느끼고 있다. 실적의 압박은 많은 경영인을 죽음으로까지 몰고 간다. 더 늦기 전에 경영진이나 임원/팀장들에게 코치가 필요한 것은 개인과 조직을 위한 최선의 배려라고 볼 수 있다.

둘째, 대인관계 관점은 리더의 가족이나 동료, 친구 및 주변 사람들과의 관계이다. 여기서 리더들이 가장 혼란스러워하는 것은 조직에서의 행동과 가정이나 주변 사람들과의 커뮤니케이션 방식에서의 차이다. 조직에서 강압적 지시나 호통 중심의 리더십 행태가 가정에서 동일하게 나타날 수도 있고, 전혀 반대의 모습으로 나타날 수도 있다. 집에서는 그렇지 않은데 유달리 회사에 가면 달라지는 지킬박사와 하이드 같은 유형의 리더가 종종 있다. 이러한 행태의 차이는 자신의 정신적 혼동을 가져올 수 있다. 여기서 어느 것이 좋고 나쁜 커뮤니케이션 스타일이라고 판단하지 않는다. 다만 대인관계 측면에서 어떠한 커뮤니케이션 스타일이 바람직한가 고민하며 개인의 불일치된 커뮤니케이션 스타일을 정렬시키는 것이다. 그럴 때 본인의 본 모습이 일치되게 나타날 수 있다.

셋째, 학습과 성장 관점이다. 학습과 성장 관점에서 중요한 것은 현재의 역량이나 스킬 강화를 위해 필요한 자기계발 이외에 개인이 정말로 하고 싶은, 삶에서 꼭 하고자 하는 개인 비전의 성취를 위한 학습과 성장에 대한 도움이다. 이를 위해 마틴 셀리그만 박사의 '강점 진단'을 추가로 실시하면 도움이 된다.

마지막으로 재무 관점이다. 재무 관점은 아무리 강조해도 지나침이 없다. 리더일수록 조직에 헌신하다 보면 개인의 삶과 노후에 대한 대비가 부족한 경우가 많다. 여기서는 현재의 재무상태에 대한 진단과 향후 준비에 대한 점들을 점검하고 대비책을 세운다. 생활과 일에서 균형 있는 삶이 조직에서도 지속적으로 더 많은 성과를 낼 수 있는 최선의 방법이다.

이러한 PPB 코칭 모델의 4가지 관점은 코칭 대화를 통해 구체화할 수 있거나 또는 자가진단을 통해서 스스로 살펴보는 셀프 코칭의 형태로 진행할 수도 있다. '개인성과 균형 진단'(〈표16〉)은 개인성과 균형 코칭모델의 4가지 관점을 진단 문항으로 개발한 것으로 개인이나 코칭 세션에서 활용하면 유용할 것이다.

가족과의 관계 개선을 위한 조언

최 과장의 PBSC 진단결과는 대인관계 관점과 재무 관점에서 낮게 나왔다. 특히 대인관계 측면에서 자녀들과의 대화는 가장 낮게 나왔다. 또한 부부관계에서도 심각한 수준임을 알 수 있었다. 회의실에서 최 과장과 세 번째 코칭 세션이 진행되었다. 최 과장은 말없이 앉아 있었다.

"오늘따라 얼굴색이 좋지 않습니다. 어디 몸이 불편하신 것은 아니고요?"

"아닙니다. 요즘 현장 사람들과 ERP시스템 개선건으로 늦게까지 작업을 하고 어제는 술을 좀 과하게 마셔서 좀 피곤하네요."

"늦게까지 작업하시고 술까지 드셨는데 이렇게 말짱히 근무하시는 체력과 정신력이 대단하십니다."

"그렇지도 않습니다. 속으로는 썩어가고 있습니다. 요즘은 예전 같지 않습니다. 며칠 밤을 새어도 끄떡없었는데 이제는 휘청휘청합니다."

"보내주신 PBSC 진단결과를 잘 받아 보았습니다. 최 과장님께서 스스로 진단하고 결과를 보시니까 어떤 생각이 드셨습니까?"

"엉망이라는 생각이 들었습니다. 회사에서는 핵심인재니 뭐니 인정을 받는답시고 우쭐대지만 정작 집안 생활은 엉망이구나. 이렇게 시간이 더 흐르면 가정이 파탄날 것 같아 두렵기도 합니다."

"한 사람이 동시에 몇 가지를 잘 한다는 것은 어려운 일입니다. 그래도 과장님이 열심히 노력하시며 가족들을 잘 부양하고 있지 않습니까?"

"그러면 뭐해요. 아들 녀석은 '아빠가 왜 필요한지 모르겠다'고까지는 안 하지만 요즘은 저를 찾지도 않아요. 아내와 한 침대에서 자본 지도 꽤 시간이 지났네요. 늦게 가면 아내 근처에도 못 가요. 집사람이 밤에 깨는 것을 싫어해서요. 저도 늦으면 서재에 이부자리를 펴고 잡니다. 한 지붕 딴 가족이나 다름없지요. 회사 생활하면서 이런 이야기는 처음 하네요."

"아픔이 많으시겠습니다. 아내와 아이가 많이 그립고 이야기 나눠보고 싶으실 텐데 어떻게 하면 좋을까요?"

"그래서 지난번에 말씀드린 것처럼 퇴사하고 다른 회사를 알아보고 있습니다. 회사에는 미안한 일이지만요."

"혹시 다른 방법은 없을까요? 우선 퇴사를 잠시 접어두시고 이번 6개월간의 코칭 세션을 통해 아내와 아이들과의 관계 개선을 도모해보시는 것은 어떨까요? 그러고 나서 판단하셔도 늦지 않으실 듯 합니다."

"글쎄요. 좀 더 생각해보겠습니다. 일단은 퇴사하고 새로운 인생을 사는 것이 가장 빠른 길이 아닌가 생각됩니다. 여기서의 생활이 조금은 지겨워지기도 하구요. 뭐랄까? 매너리즘에 빠져 있다는 생각도 듭니다. 물론 회사에 내색을 하지 않지만요.”

“누구나 생활이 오래되고 익숙해지면 매너리즘에 빠지기도 합니다. 그렇지만 제가 볼 때 최 과장님은 열심히 활동하고 계셔서 그렇게 보이지 않습니다. 매너리즘에 빠지면 행동이 달라지고 성과가 눈에 띄게 떨어지거든요.”

“그런가요. 살려고 발버둥치는 건지도 모르죠.”

“그러면 결정은 좀 더 시간을 두면서 하기로 하고요. 오늘은 진단 결과의 내용을 가지고 코칭이 필요한 주제를 잡아보는 것이 어떨까 싶습니다.”

“그러시죠. 이러면 코치님께 말리는 것 같은데. 저도 시간을 두고 생각을 해보겠습니다. 우선은 코칭의 주제로 가족관계의 개선에 초점을 두고 싶습니다.”

“가족이라 하심은 아내와 자녀분들이 있는데 우선 어느 쪽에 집중하고 싶습니까?”

“먼저 아들과의 대화 시간을 마련하고 관계를 개선했으면 합니다.”

“아들이 몇 살인지요?”

“이제 7살입니다. 그러고 보니 아들 녀석이 야구를 좋아하네요. 요즘 야구가 유행이라 계속 야구하던 이야기가 생각납니다.”

“그럼 코칭의 주제는 ‘아들과의 관계 개선하기’ 라고 정해도 될까요?

“좋습니다. 아들과의 관계만 개선하면 아내는 저절로 오겠죠. 아내도 아들을 무척 소중히 생각하거든요.”

"그렇다면 어떻게 하면 아들과의 관계를 개선할 수 있을까요?"

"일단 일찍 귀가를 해야죠. 9시에는 들어가야 아들 녀석 깨어 있는 얼굴을 볼 수가 있는데……"

"아침에는 어떠세요?"

"출근을 일찍 합니다. 회사가 멀어서 1시간 30분 정도 걸립니다. 보통 7시에는 집에서 나오죠. 물론 아침은 간편한 빵이나 우유로 때우거나 거르고요."

"결국 퇴근 시간과 주말 시간을 조절하셔야겠습니다."

"네. 평일에 한 번 그리고 주말에 토요일 오후를 가족을 위해 활용하겠습니다."

"예전에 그렇게 하신 적이 없으셨는지요?"

"결혼 초부터 죽 그래왔던 것 같습니다. 혁신활동 한다고 회사를 집처럼 생각해왔죠. 남들에게 모범이 되어야 한다는 강박관념이 저를 너무 일로만 몰아세운 것 같습니다. 그래도 일찍 들어간 경우도 있었습니다. 그때는 피곤하다고 일찍 자거나 TV앞에 죽치고 앉아 있던 경우가 많았네요."

"중요한 점을 말씀해주셨습니다. 집에 일찍 귀가한다고 모든 아빠들이 집안과 자녀들에게 충실한 것은 아닙니다. 리모컨을 끼고 살거나 다른 개인적인 일로 가족을 소홀히하는 분들도 많습니다. 중요한 것은 가족들과 함께 대화하고 놀 수 있는 시간을 마련하는 것이죠. 자, 그럼 다음 미팅 때까지 이번 코칭의 과제를 정리해주시겠어요?"

"아이들과 관계를 개선하기 위해 일주일에 평일 하루 저녁, 토요일 오후를 가족과 함께하기로 하겠습니다."

"잘 하실 것 같으세요?"

"쉽다고 보면 쉬운 일이지만 한동안 그렇지 못했기 때문에 가족들이 이상하게 볼 수도 있을 듯합니다."

"그렇죠. 한 가지 제안을 하면, 금연선언을 하듯이 가족들에게 '가족관계 개선'을 선언하시는 것입니다. 아내와 아드님의 동의와 지지가 변화 활동에 큰 힘이 될 수 있기 때문입니다."

"좀 쑥스럽기도 할 것 같지만, 한번 해보도록 하겠습니다."

"그럼 오늘은 여기까지 하구요. 다음 코칭 세션에서 그 결과를 가지고 다시 한 번 이야기해보죠. 오랜만에 가족들과 저녁 약속을 잡으셨는데 기분이 어떠세요?"

우수 인재가 이직을 고려할 때 코칭 Tip

❶ 먼저 우수 인재의 현재 상황을 파악한다.

❷ 본인과 이직 원인에 대해 진심어린 대화를 한다.

❸ 당사자가 스스로 이직의 원인과 대안에 대해 재검토할 수 있도록 시간을 준다.

❹ 이직의 원인이 일에 관한 것인지, 조직 내 사람들과의 관계의 문제인지, 아니면 개인적인 차원인지를 구별한다.

❺ 개인의 경력 개발이나 자신의 목표를 달성하기 위한 것이라면 현재의 조직에서 할 수 있는 여지를 함께 검토한다.

❻ 조직 내 사람들과의 문제라면, 갈등의 원인과 처방에 대해 함께 대화하고, 필요하다면 부서이동이나 업무 조정도 검토한다.

❼ 가족과의 생활에서 발생하는 문제의 경우, 개인 차원의 문제로 치부하기보다 회사나 업무 차원에서 지원할 사항이 없는지 확인한다. 업무차원의 배려가 필요하면 업무의 조정 등으로 여유를 주는 방안도 제안한다.

❽ 중요한 것은 우수 인재가 이직을 생각하지 않도록 사전에 정기적인 대화와 만남을 통해 문제를 발견하고 조치하는 것이 최선의 대비책이다.

❾ 우수 인재는 개인 능력이 탁월하므로 그 탁월성을 발휘할 수 있는 업무 기회를 부여하고 결과에 대해 인정과 피드백을 지속적으로 제공한다.

“벌써 약간 흥분되는데요. 아들이 좋아하는 돈까스 잘하는 집으로 가야겠습니다. 다녀와서 결과를 보고하도록 하겠습니다. 코치님!”

“좋습니다. 한꺼번에 너무 많은 것을 시도하기보다 지금 할 수 있는 일을 잘 하는 것도 중요합니다. 모쪼록 자녀분과 좋은 경험과 추억을 만드시길 바랍니다. 천 리 길도 한 걸음부터입니다.”

오랜만에 최 과장의 얼굴에 웃음꽃이 피었다.

제 꿈을 잃어버린 것 같아요

조 대리의 전화벨이 울렸다. 조 대리는 중소기업인 K산업 경영지원팀에 입사한 지 5년 차되는 미래가 유망한 인재이다. 서 팀장은 오랜만에 조 대리와 저녁식사를 함께 했다. 그동안 고생한 것에 대한 격려와 정기 면담도 겸한 자리였다.

불판 위의 고기는 고소한 냄새를 날리며 익어가고 있었다. 고기가 사라지면 다음 접시의 고기가 올라왔다. 비워지는 고기와 술잔 사이로 두 사람은 업무와 회사 이야기로 채워나갔다. 어느 사이엔가 취기가 두 사람을 감싸 안았다.

"팀장님, 저 요즘 너무 힘들어요."

"그래, 나도 힘들어."

"팀장님은 일주일에 4일 늦어도 괜찮으시지만, 저는 그렇지가 않아요. 이제 아이는 3살이고 와이프는 일하러 나간다고 난리입니다. 퇴사한 지 3년이 지났는데도 복직을 받아주는 것을 보면 대단한 실력자입니다. 이제 저 보고 애를 보라고 하는데 어떻게 해야 하죠?"

"그거 좋네. 싫은 팀장 얼굴 안 봐도 되고. 아침마다 지옥철 안 타고 다녀도 되고."

"아니 팀장님, 저는 진담으로 하는 이야기입니다. 5시 종, 땡 치면 퇴근하는 회사 없을까요?"

"그런 회사 있으면 나부터 소개시켜주라! 대한민국에 그런 회사는 없어."

"팀장님, 지난 5년을 뒤돌아봤을 때, 앞날을 생각해보면 깜깜합니다. 이런 생활은 살아 있는 게 아니라는 생각이 듭니다. 저는 제가 하고 싶은 일을 하면서 가족들과도 행복하게 살고 싶습니다."

"누가 뭐래. 하고 싶은 일 하면서 살고 있잖아. 그리고 가족들과 잘 살고 있고. 뭐가 문제야?"

"팀장님과는 정말 대화가 안 되는 것 같습니다."

"도대체 뭐가 문제야. 회사에서 인정도 받지. 월급도 수준급이지. 일이 힘들다고? 야! 세상에 힘들지 않는 일 있으면 나와 보라 해!"

"우리 조직은 너무 일밖에 모릅니다. 출근해서 하루 종일 일만 하지 인간적인 대화는 없어요. 커피 한잔 마시며 이야기하는 시간은 밥 먹고 10분입니다. 그것도 요즘 빌딩에 사람들이 많아져서인지. 밥 먹는 시간보다 기다리는 시간이 더 많아요. 그래서 테이크아웃 커피가 유행인가 봅니다."

"너 그 소리 요즘 취업 못한 대학생들 들으면 열 받는다."

"그리고 언제부턴가 제 꿈을 잃어버린 것 같아요. 회사에서 성공해서 사장되겠다는 꿈은 입사 한 달 만에 사라졌지요. 지금은 무엇을 목표로 일하는지도 모르겠어요."

"그래서 어떻게 하고 싶다는 거야?"

"직장을 떠나 MBA 공부를 해 보고 싶습니다."

"그럼 애 우유값은 누가 벌고?"

"애 우유값은 그동안 벌어놓은 돈으로 충당 가능합니다."

"공부 하려면 얼마가 있어야 할까?"

"돈이 얼마가 들어가든 올해 말까지 다니고 내년엔 진학을 하고 싶습니다."

"나랑 내기할까? 떠날지 안 떠날지?"

"팀장님! 저는 진심으로 이야기하는 것입니다."

"나도 너처럼 가겠다고 우기는 객기가 있었으면 좋겠다. 그래 가든 말든 마음대로 해라. 이제 그런 넋두리 받아주는 것도 질렸다."

조직 차원에서 이직방지 대책을 세우자

구성원의 이직은 리더가 해결해야 할 중요한 조직관리의 한 대목이다. 어떤 기업은 우수인력이 떠나갈 경우 팀장 평가에서 감점을 주기도 한다. 우수인력은 뽑기도 어려울 뿐 아니라 그만한 인재를 키우려면 시간 또한 만만치 않다. 그것을 '이직비용'이라고 한다. 최근에는 우수인력의 이직 방지를 위해 많은 기업에서 노력하고 있다. 결국 사람만이 생산성을 향상시킬 수 있기 때문이다.

(1) 이직의 기능

이직에는 자발적 이직과 비자발적 이직이 있다. 자발적 이직이란 조직으로부터 금전적 보상을 받는 개인이 조직의 구성원 자격을 종결 짓고 조직을 떠나는 것을 말한다. 이것은 종업원이 회사에 대한 불만을 갖고 다른 직업을 찾아 떠나는 전직과 학업, 결혼, 출산, 지병 등 개인적 이유로 떠나는 사직이 포함된다. 반면, 비자발적 이직은 종업원 의사에 반하여 이뤄지는 것으로 조직 주도의 해고, 정년퇴직, 그리고 사망 등이 포함된다. 여기서는 비자발적 이직보다는 최근에 많이 일어나는 자발적 이직을 중심으로 살펴보기로 한다.

이러한 자발적 이직의 원인에는 통제 가능한 변수와 불가능한 변수가 있다. 임금, 복리후생, 근무시간, 작업조건, 인간관계 등에 대한 조직의 제도와 운영 상의 이슈에 대한 것은 통제가능한 것으로 본다. 반면, 구성원의 질병, 사망, 학업이나 가정 문제 등은 통제가 어려운 것으로 분류하고 있다.

조직에서 이직은 당사자와 남아 있는 사람, 그리고 조직에 영향을 미친다. 먼저 떠나는 이직자의 입장에서 보면 타 조직에서 새로운 직무를 찾아야 한다는 부담과 새롭게 적응해야 한다는 부담이 있다. 기업을 떠난다는 것은 개인에게 직장생활에서의 불확실성을 증가시킨다. 반면에 타 기업에서 새로운 경력을 개발하거나 소득 증가 혹은 능력발휘의 기회를 가질 수 있다.

조직에 남아 있는 잔류자의 입장에서 보면 이직자로 인해 기존의 사회적 관계가 훼손된다. 한 사람이 빠진다는 것은 그 사람이 가진 전문성이 빠져나가는 것이다. 특히 작은 중소규모의 조직에서 개인이 차지하는 포지션은 크다. 우수 인력이 가지고 있는 사회적 파급도는 크기 때문에 그를 메우는 데 투입되는 시간과 자원이 막대하다. 또한 그 빈 자리를 채우기 위해 남아 있는 사람이 그 업무를 분담하게 되고 새로운 인력을 교육시켜야 하는 부담이 있다. 그러나 빈자리로 인해 이동이나 승진의 기회가 증가되며, 새로운 동료로 인해 자극이 되고 새로운 지식과 경험을 배울 수 있는 기회가 될 수 있다.

끝으로 조직 차원에서 보면 무능한 인재가 떠나면 조직의 경쟁력을 높일 수 있다. 또한 신규인력의 유입으로 조직의 활력소를 제공해줄 수 있다. 그러나 이직으로 신규인력을 교육시키고 업무가 가중되는 등의 이직비용이 늘어난다. 또한 유능한 인재의 경우에는 그 사람의 손실로 조직의 경쟁력에 치명적인 영향을 미칠 수 있다. 또한 인력의 계속적인 이탈은 남아 있는 인력에게 불안을 가중할 수 있다. 특히 조직에 영향력이 큰 인력의 이탈은 남아 있는 사람의 연쇄이탈을 불러올 수 있다. 여기에 조직 차원에서 이직관리의 중요성이 대두된다.

〈표17〉 **이직에 따른 긍정적 기능과 부정적 기능**

주체	긍정적 기능	부정적 기능
이직자	– 경력개발, 소득증가, 능력발휘 기회	– 직장생활에서의 불확실성 증가
잔류자	– 이동 및 승진기회의 증가 – 새로운 동료로 부터 자극과 보완	– 조직내 기존 사회적 관계의 훼손 – 신규인력이 확보되는 기간 동안의 업무량 증가
조직	– 무능한 인재의 퇴직으로 조직능력 제고 – 신규인력의 조직에 새로운 아이디어 제공 – 조직활성화의 계기	– 이직비용의 발생 (생산성 감소, 모집선발비용, 교육훈련비용 등) – 유능한 인재의 상실로 인한 경쟁력 약화 – 조직의 불안정

*출처: 박경규, 『신인사관리』 홍문사(수정 인용)

(2) 이직의 원인

이직의 원인은 다양하다. 외부환경요인, 조직요인, 작업환경요인, 직무요인, 개인특성요인으로 구분할 수 있다. 먼저 외부환경요인은 당시의 노동시장 환경을 말한다. '해당분야의 노동시장이 수요는 높은데 공급이 부족하다면 인력의 몸값은 높아지고 이동의 폭은 증가한다. 한때 IT산업이 호황일 때 해당인력의 이동이 많았던 것도 같은 이유이다.

조직요인은 임금, 복리후생, 승진정책 등이다. 구성원들은 자신의 업무수행 결과에 대해 기대했던 평가나 보상을 받지 못했을 때 강한 불만을 갖게 되고 실제 이직으로 이어지는 경우가 높다.

작업환경요인은 업무수행과 관련된 요인으로 리더의 리더십 스타일, 동료들과의 상호작용 및 인간관계, 작업 조건 및 일하는 방식이나 조직 분위기 등이다. 실제 업무환경이 좋지 않을 경우 구성원의 불만족은 증가하고 이직으로 갈 수 있다. 특히 상사나 동료와의 관계는 이직의 중요요인이 되고 있다.

직무요인은 구성원이 일하는 직무의 내용과 역할 그리고 난이도 등 구체적 업무 내용과 관련된 것이다. 높은 수준의 업무를 기대하는데 허드렛일을 하거나 작업의 비중이 낮을 경우 구성원들은 불만을 가지게 된다. 또한 자신의 역할이 명확하지 못하거나 과중할 경우도 이직의 중요요인이 된다.

끝으로 개인특성요인으로 연령, 근속연수, 가족부양, 책임, 교육, 가족관계 등과 관련한 개인적 요인이다. 이러한 개인특성요인과 관련한 내용은 조직 차원에서 통제하기 어려운 요인이다. 다만 사전에 이러한 문제나 이슈를 파악하는 것이 이직을 줄이는 최선의 길이다.

<표18> 우리 나라 중소기업 종업원의 이직 사유 (단위:명, %)

이직 사유	인원수	비율
낮은 임금 수준	720	34.1
작업환경 열악	224	10.6
복리후생 미흡	226	10.7
승진기회 및 장래성 부족	324	15.4
업무량 과다	57	2.7
인간관계 문제	125	5.9
근무지가 멀어서	56	2.7
낮은 사회적 위치	82	3.9
해고/파면	4	0.2
근로시간 과다	68	3.2
힘든 노동 싫어서	126	6.0
기타 /무응답	98	4.6
전체	2,110	100.0

*출처: 박경규, 『신인사관리』, 홍문사

(3) 이직 방지 대책

실제로 이직을 막는 최선의 길은 이직하고자 하는 사람의 마음을 돌리는 것이다. 그러려면 그 사람이 이직하는 의도를 잘 파악해야 한다. 위에서 살펴본 5가지의 이직요인 중에서 어디에 해당하는지를 제대로 파악해서 처방을 제시해야 한다. 그러나 조직에서 외부환경요인과 개인특성요인에 대한 처방을 갖기는 어렵다. 그래서 이것을 통제불가능 요인이라고 한다. 반면 조직요인, 작업환경요인, 직무요인은 조직에서 통제가능한 요인으로 이직 방지를 위한 대책요인이 될 수 있다.

첫째, 조직요인은 임금과 복리후생 그리고 승진 등 조직전체 차원의 제도나 방침이다. 이것은 구성원이 조직을 떠나는 제1요인이다. 그러나 기업의 입장에서 기대하는 임금이나 복리후생, 승진을 제공하는 것은 쉬운 일이 아니다. 특히 지불능력이 약한 중소기업의 경우 이 정책을 사용하기가 쉽지 않다. 다만 당장의 지불능력이 높지 않을 경우, 주식옵션이나 승진단계의 탄력적 운영 등을 고려해볼 수 있다.

다음 이직에 대한 직무환경요인은 리더십이나 대인관계, 일하는 방식이나 작업 조건에 대한 것이다. 이것은 조직이 통제할 수 있는 중요 요인이다. 급여나 복리후생이 높지는 않지만 일하는 분위기가 좋아서 사람이 좋아서 계속 근무하는 사람들도 많다. 작지만 강한 기업은 돈이 아니라 사람의 마음을 얻는 데 주력할 필요가 있다.

끝으로 직무요인으로 작업의 내용과 역할에 대한 것이다. 중소기업일수록 개인이 해야 하는 일이 많거나 정해져 있지 않은 경우가 많다. 사람은 적고 해야 할 일이 많기 때문에 당연하다. 그러나 해야 하는 역할을 구체화하고 상호 협의 하에 업무를 수행한다면 불만을 최소화할 수 있다. 결과뿐 아니라 일하는 과정이 중요한 것도 이 때문이다.

이직은 개인 한 사람에게 국한된 문제가 아니다. 이직을 처리하는 과정을 보면 그 조직의 문화와 미래를 볼 수 있다. 이직은 조직관리의 처음이자 마지막 프로세스에 해당하며, 조직 상황과 구성원의 현 실태를 그대로 보여주는 거울과 같다. 우리는 인력관리의 거울을 어떻게 닦고 관리하고 있는가?

이직관리는 조직문화와 경영철학을 바탕으로 한다

중소기업의 경영자들과 이야기를 하다 보면 가장 큰 애로사항으로 이직 방지와 신규인력을 뽑는 일을 꼽는다. 대기업은 사람들이 서로 오려고 하지만 중소기업은 아무리 일자리가 넘쳐나도 쳐다보지도 않는다고 한다. 좀 쓸 만하게 키워놓으면 대기업에서 단감 빼먹듯이 빼가거나 스스로 새로운 직장을 찾아 구직기업을 기웃거린다. 자신의 가치를 높이기 위해 새로운 일을 위해 옮기는 것을 막을 도리는 없다. 오히려 자신의 가치실현이라는 취지에서 보았을 때는 권장할 수도 있는 일이다. 최근 자기계발 붐에는 자신의 몸값을 올려 더 나은 대우를 받는 곳으로 옮겨가고자 하는 욕구가 숨어 있다.

기업의 입장에서는 우수한 인력은 잡고 싶고 그렇지 못한 사람은 나가길 기대할 수 있다. 여기에 인력관리의 함정이 숨어 있다. 실제 우수한 사람은 서로 오라고 하며 먼저 옮기는 경우가 많다. 떠나는 것으로 마음을 정한 사람에게 더 나은 대우나 조건을 제시해도 소용이 없다. 이미 떠나는 차표를 끊은 사람을 붙잡는 격이다. 그렇다면 어떻게 해야 할 것인가? 결론은 떠나려는 마음이 들기 전에 그 마음을 단단히 붙잡을 수 있는 무언가를 제공해야 한다.

대기업이라면 기업의 브랜드와 연봉 등 처우 조건으로 사람을 잡을 수 있다. 그러나 중소기업에서는 그만 한 여력이 없다. 빈약한 조직요인, 작업환경요인, 직무요인 중 어느 하나 완벽하게 갖추어진 것이 없다. 조직의 체계와 구조가 완벽할 수가 없다. 그때그때 닥쳐오는 일감을 쳐내기 바쁘다. 한두 명만 빠져도 일손이 빠듯하다. 어떻게 할 것인가?

그럴수록 대안은 체계를 잡고 자기 기업에 맞는 특징적인 무엇인가를 만들어야 한다. 일본에 미라이 공업이라는 유토피아를 실현한 기업이 있다. 미라이 공업은 마쓰시타 등의 전기전자 기업에 부품을 납품하는 중견기업이다. 미라이 공업의 사람들은 자기가 원할 때까지 일을 할 수가 있다. 승진은 명단을 선풍기에 날려서 가장 멀리 떨어진 사람이 한다. 잔업이 없고 휴가가 가장 긴 기업이다. 그래도 항상 이익을 내고 있다.

이것은 조직의 문화이고 경영자의 철학을 바탕으로 한다. 처음부터 이렇게 하기란 쉽지가 않다. 한번 쉬면 더욱 쉬고 싶은 것이 사람의 심리이다. 경영자는 촉박한 일정과 품질을 고려하여 구성원을 다그친다. 경험과 실력이 부족한 사원들은 적응을 하지 못하고 떠나간다.

우리 조직은 구성원들의 마음을 사로잡을 수 있는 무기는 무엇인가? 그 무기의 하나가 대인관계이다. 이직관리의 원인요인에 보면 작업환경요인에 리더십과 동료들과의 인간관계 그리고 작업조건이 있다. 사람들과의 관계는 사람을 이어주는 강력한 끈이다. 성공하는 기업에 가면 이렇게 말하는 사람들이 많다. "같이 일하는 사람들이 좋아서 평생 함께하고 싶다." 몇 년이 아니라 장수하는 기업이 되기 위해서는 구성원들이 조직을 지켜주고 함께 성장해야 한다.

사람의 마음을 얻는 출발점은 바로 사람들과의 관계형성에 있다. 일을 하는 것은 사람이고 사람들과의 관계를 만들고 엮어가는 것은 바로 리더의 역할이다. 다소 환경이 열악하고 급여 조건이 낮아도 사람들의 잠재력을 인정하고 발휘할 수 있도록 환경을 만들어주는 것,

그리고 믿고 맡기며 성공의 기회를 만들어주는 것은 성공하는 기업가들의 한결같은 공통점이었다. 일등 인재 없이 일등 기업이 될 수 없다. 일등 인재를 만드는 첩경은 바로 서로가 믿고 따르는 관계 속에서 시작한다.

팀원의 이직 방지 대책과 코칭

전날 술자리에서 나누었던 조 대리의 이야기가 서 팀장의 마음을 계속 심란하게 했다. 당장 조 대리가 빠진다고 생각했을 때 현재 구축한 긴급 프로그램과 설계 자동화 시스템 등이 당장의 운영에 차질이 생길 수밖에 없다. 현재 경영지원팀은 조 대리를 포함해 과장 1명, 대리 1명, 사원 3명으로 운영되고 있다. 조 대리는 실무의 핵이라고 볼 수 있다. 물론 사원들이 있지만 아직 조 대리의 능력을 발휘하려면 적어도 2년은 있어야 한다. 서 팀장은 답답함 마음에 이직의 원인과 대책에 대한 체크리스트를 작성해보았다.

대책이 없는 것이 아니었다. 가만히 생각해보니 회사의 핵심인력들이 대리에서 과장급인데 실제로 대부분 조 대리와 같이 맞벌이 부부로서 비슷한 생각을 하고 있었다. 서 팀장은 이번 기회에 맞벌이 부부사원에 대한 지원 강화와 경력개발 프로그램을 강화할 필요성을 느꼈다. 그 비용은 우수 인력의 이직비용에 비하면 큰돈이 아니었다.

그리고 조 대리가 희망하는 학업에 대한 욕구를 해결해주기 위해서는 일을 하면서 공부를 할 수 있는 경력개발 프로그램이 시급했다. 이

〈표19〉 **조 대리의 이직 원인과 대책**

구분	이직 원인	이직 관련 대책
외부환경 요인	– 현재 경기 악화로 외부 노동시장의 활성화 되어 있지 않지만 우수 인력에 대한 스카우트는 광범위함.	–
조직요인	– 올해 인사고과에서 A판정으로 성과급 등 보상 실시함 (특이사항 없음)	–
작업환경 요인	– 상사 및 동료와 관계 좋음(특이사항 없음)	–
직무요인	– 현재 직무에 대한 한계와 새로운 일을 시도해 보고 싶어함.	– 현재 경영지원팀의 업무특성상 비정형적 업무와 긴급 업무로 업무부담이 가중할 수 있음. 필요한 경우 업무 조정을 통해 일과 생활의 균형을 고려함.
개인특성 요인	– 새로운 공부를 하기 위한 교육을 받고 싶어함 – 가족과의 시간을 좀더 얻고 싶어함. – 아내가 새롭게 일을 하게 되어 육아의 분담이 필요함.	– 회사에서 교육을 받을 수 있는 기회를 확인함(사이버/파견/자비 교육) – 업무 조정을 통해 정형화된 업무 수행부서로 이동검토 – 맞벌이 부부를 위한 육아지원 프로그램 검토(사내 탁아소 및 유치원, 맞벌이 부부 행복학교 등)

프로그램을 다른 사원들에게도 확대한다면 핵심인력을 유지·개발하는 데 도움이 될 것이다. 최근에는 사이버 MBA 프로그램 등 우수하면서 좋은 프로그램들이 많이 소개되고 있었다. 다음 기회에 정리해서 사장님 결재를 받아야겠다고 생각했다. 우선 조 대리의 마음을 돌리는 것이 시급했다.

다음 날 서 팀장은 조 대리와 저녁식사를 같이 하기로 했다. 이번에는 스테이크를 잘하는 집으로 갔다. 간단한 와인을 곁들이면서 대화를 나누기엔 안성맞춤이었다.

"이 집 스테이크 맛은 어때?"

"역시 팀장님께서는 미식가이십니다. 어떻게 맛 좋은 집들을 이렇게 많이 알고 계세요? 제가 줄은 잘 잡은 것 같습니다."

"줄을 잘 잡은 친구가 떠난다고 엄포를 놓는 건가?"

"그건 제 꿈을 위해서입니다. 물론 회사와 팀장님을 생각하면 저도 마음 한구석이 쓰립니다."

"다행이네. 철면피가 아니어서. 조 대리, 다른 대안은 없을까? 꼭 회사를 그만두고 학업을 해야 할까? 일을 하면서 공부도 하고 배운 것을 조직에 활용하면 더욱 살아 있는 공부가 되지 않을까?"

조 대리는 잠시 말이 없었다. 회사를 다니면서 공부하는 것을 생각해보지 않은 것은 아니었다. 그러나 먼저 조직에서 허용해줄 것인지 알 수 없었고, 허용해준다고 하더라도 일하면서 공부한다는 것이 과연 올바른 선택일지 판단을 내리기 힘들었다. 둘 다 집중하지 못하고 손해를 끼칠 우려가 높았다. 또한 양자를 병행했을 때 가족과의 시간은 더욱 줄어들 수밖에 없었다. 일단 저녁시간의 일부분은 아이양육을 위해서 할애해야만 했다. 일과 중에는 아이 돌보는 아줌마를 구해서 할 수 있지만 저녁까지는 무리다. 와이프도 전 직장에 복귀하면 야근이 뻔했다. 워킹맘이라고 봐주는 회사는 없다. 더구나 아내는 일을 하면 악착같이 하는 성격이다. 3년의 공백에도 그녀를 받아줄 수 있었던 것은 역시 그녀의 탁월한 실력 때문이었다.

"팀장님, 저도 일하면서 공부하는 것을 생각하지 않은 것은 아닙니다. 그러나 일하는 아내를 위해서는 제가 일정 부분 아이를 돌봐야 합니다. 현재 부서의 사정을 잘 알면서 제가 일주일에 2~3일 정도 일찍 귀가한다는 것은 불가능에 가깝습니다."

"평일에 일찍 가보긴 해봤어? 경영지원팀이라고 매일 늦게 가야 하는 법은 없어. 다만 우리가 늦게까지 일하는 것을 즐겨했을 따름이지. 지금부터라도 일하는 방식을 우리부터 바꾸면 된다고 봐. 그리고 프로젝트가 끝나는 시점에는 휴가도 주고."

"팀장님, 말씀만이라도 고맙습니다. 하지만 공부와 일을 둘 다 병행하다가 둘 다 소홀해질 수 있습니다. 그리고 제 일의 일부분을 누군가가 해줘야 하고요. 사실 그런 부탁하는 것도 저의 성격에 맞지 않습니다. 이번 기회에 집중해서 공부도 하고 싶고요. 경영 지원 업무를 하면서 좀 더 체계적인 이론과 방법이 필요하다는 갈증을 항상 느껴왔습니다. 이번 기회에 공부도 하고 실력도 업그레이드하고 싶습니다."

"실력을 키워서 어디에 활용할 건데?"

"컨설팅 회사에서 일해보고 싶습니다."

"역시 본격적인 컨설턴트의 길로 가고 싶은 것이구나."

"아직 최종 결정한 것은 아닙니다. 그러나 언젠가는 꼭 컨설턴트가 되어 우리 같은 중소기업 현실에 맞는 컨설팅을 하고 싶다는 꿈이 있었습니다. 지금의 중소기업 컨설팅을 보면 말이 컨설팅이지 보고서만 있고 실제적 변화는 없는 경우가 허다합니다."

"그래 나도 조 대리 마음 알지. 자네랑 같이 일한 지도 벌써 4년이 다 되어 가는데. 조 대리는 충분한 자질을 가졌어. 훌륭한 컨설턴트가 될 수 있을 거야. 하지만 5년의 직장경험만으로는 좀 짧지 않을까? 어떤 일을 마스터하려면 어느 정도의 시간이 필요할까?"

"글쎄요. 잘은 모르지만 어느 분야의 전문가가 되려면 적어도 10년은 해야겠지요."

"나는 조 대리를 잡고 싶은 생각도 크지만 그보다 성공한 삶을 살길 바라. 어떤 일을 하기에 앞서 충분한 실력과 준비가 되었다고 판단될 때 움직이는 것이 중요하지. 하루 이틀 살 인생이 아니기 때문이지. 다들 너무 성급해. 그러니까 제대로 된 제품이 안 나오는 거야."

"저도 그렇게 생각합니다."

"이번에 조 대리와 이야기하면서 회사의 인력관리 전반에 대해 생각해봤어. 우리가 중소기업이라고 한탄만 할 것이 아니라 강소기업이 되기 위해서 직원들에게 어떤 강점을 가진 회사가 될 것인가를 생각했지. 이직율이 높다고 한탄할 것이 아니라 사원들을 붙잡을 수 있는 메리트가 있어야 하는 것이지. 그래서 경력개발 프로그램으로 MBA프로그램과 학위파견 프로그램을 준비할까 싶어. 그리고 맞벌이 부부를 위해 회사 근처에 아이 돌보는 집을 마련할 것을 회사에 제안할 예정이야. 하나씩 프로그램을 마련하면 사원들의 안정화와 생산성 향상에도 도움이 되리라 생각해."

"맞습니다. 저와 같은 맞벌이 부부가 점점 늘어나고 있습니다. 특히 우수인력들은 아이들 육아에도 관심이 많죠. 그런 프로그램을 시도하면 우리도 대기업 부럽지 않다고 봅니다."

"그래 조 대리, 이번 프로그램을 자네가 맡아서 기획해주면 어떨까 싶은데?"

"네! 감사합니다. 열심히 준비하겠습니다."

우리 사장님 좀 쉬게 해주세요

"안녕하세요. 코치님, 오늘부터 우리 사장님 코칭 하시죠?"

"예 그렇습니다. 이 대리님도 잘 지내고 계시죠?"

"저야 잘 지내죠. 참, 우리 사장님 코칭 하실 때 주말에는 집에서 쉬시도록 조언 좀 해주세요."

"그거야 바쁜 일이 있으시니까 나오시는 것이겠죠."

"아니에요. 거의 매 주말마다 나오세요. 토요일에 오전에 나왔다가 오후에 들어가시고 일요일 오후에 또 출근하세요. 어떤 때는 금요일부터 회사에서 주무시는 날도 있어요."

"이 대리님이 어떻게 그렇게 잘 아세요?"

"사장님이 출근하면 가끔 전화가 옵니다. 이것 저것 업무에 대해서 챙기시죠. 전화로만 설명드리기 어려운 것들이 있잖아요. 그러면 저도 출근을 해야죠. 아예 주말마다 회사에 출근을 하고 있습니다. 이제는 안 나가면 왜 안 나오나 하는 눈치예요."

"그러고 보니 사장님이 쉬어야 하는 것이 아니라 이 대리님이 주말에 쉬고 싶은 것이네요?"

"그렇게 되나요? 사장님이 주말에 쉬셔야 저도 쉴 수가 있죠."

나는 가벼운 미소를 지며 "마음을 알겠습니다"라고 인사를 건네며 돌아섰다. A산업은 플랜트 장비를 개발 및 생산하는 중소기업이다. 지난 10년 동안 기업을 일구어오면서 많지는 않아도 항상 이익을 냈다. A산업의 Y사장은 '고객으로부터 인정받아 끝까지 생존하는 기업'을 만들자고 강조한다. 또한 회사의 직원들이 행복한 기업이 되어야 한다는 철학을 가지고 식당, 의료 분야에 대한 지원을 중요시하고 있다. 올곧은 성품으로 기술과 품질의 한 길을 달려온 분이다.

Y사장과의 코칭 말미에 질문을 했다.

"사장님은 주말에는 어떻게 지내세요?"

"주말에 가끔 집에 올라가거나 아니면 출근하죠. 평일에 검토하지 못한 설계도면이나 연구를 하면서 보냅니다."

"주말에는 좀 쉬고 싶지 않으세요? 지난 10년 동안 죽 그렇게 해오셨다는데……"

"회사 일이 있는데 주말이 어디 있습니까? 주말 다 쉬고 놀 것 다 놀고 사업 못합니다. 납기는 정해져 있죠. 인력은 부족하죠. 특히 설계능력이 제대로 따라오지 못하고 있어요."

"그래도 관련 부서장들이 있지 않습니까? 믿고 맡겨주시는 것도 좋지 않을까요?"

"일이야 당연히 믿고 맡기죠. 그렇지만 그들도 실수를 할 수 있고 놓치는 것이 있죠. 최종 의사결정권자인 나마저 확인하지 못하거나 챙기지 못하면 큰일이 납니다. 화학 플랜트 장비는 안전이 생명입니다. 바로 인명 사고나 대형 화재로 이어지죠."

"직원들이 '사장님 좀 주말에는 쉬게 해주세요'라는데, 그 점에 대해선 어떻게 생각하십니까"

"물론 일이 없을 때는 일찍 들어가야죠. 눈치를 보며 퇴근하는 것은 잘못된 것입니다. 다만 고객과의 제품 기한이 얼마 남지 않은 상황에서 일의 진척도가 늦어지거나 제대로 된 품질이 나오지 않으면 주말이나 일과 후에도 일을 마무리 지어야 합니다. 그것이 자기 업무에 대한 책임감이 아닌가요?"

Y사장은 일이 있는데 그것을 끝마치지 못하고 퇴근을 하거나 쉬는 것을 용납하지 않았다. 부족한 인력으로 납기를 맞추기 위해서는 직원들의 희생이 불가피하다고 이야기했다. 그렇게 할 수 있는 사람이 회사에 살아남고 그렇지 못하면 도태될 수밖에 없다고 했다. 또한 자신이 맡은 업무를 완수한 뒤에 개인적 일이나 휴식을 취하는 것이 직장인의 바람직한 태도라고 했다. 그러나 회사 일만큼이나 개인적인 생활을 중요시하는 신세대에게 그의 말은 무겁게 다가갈 수밖에 없다.

사장에게 일과 생활의 균형이란

사장은 회사가 만든 제품이나 서비스에 최종 책임을 지는 사람이다. 그 속에 자신이 있고 삶이 있다. 고객이 그 제품이나 서비스에 만족하고 사회나 이웃에 기여한다는 자부심으로 일한다. 이러한 무한책임과 집중된 역할 속에서 사장들은 스트레스에 항상 노출되어 있다. 이처럼 과도한 스트레스는 사장 자신의 건강뿐 아이라 조직의 사활에까지 영향을 미친다. 여기에서 사장들의 일과 생활의 균형이 중요한 이유에 대해 살펴보기로 한다.

첫째, 사장의 일과 생활에 대한 균형은 사장의 정신적 육체적 건강을 만든다. 사장의 생활은 긴장과 스트레스의 연속이다. 매일 중요한 의사결정을 해야 하며 그것은 책임을 수반한다. 경기가 좋을 때는 그나마 신바람이 나지만, 경기가 좋지 않거나 운영자금에 시달릴 때는 잠도 편이 못 잔다. 따라서 자신만의 긴장과 스트레스를 해소법을 가져야 한다. 혼자만의 시간이나 명상, 가벼운 목욕이나 운동, 다양한 사람들과의 대화도 좋다. 중요한 것은 일에서 벗어나 별도의 시간과 공간을 가져야 한다는 것이다. 회사와 달리 가정은 이 모든 것을 쉽게 할 수 있는 공간과 시간을 마련해준다. 일과 생활의 균형은 먼저 일과 생활의 분리를 통해서 이뤄질 수 있다.

둘째, 사장의 일과 생활의 균형이 직원들의 일과 생활의 균형을 좌우한다. 회사들마다 각각의 비전과 가치체계가 있다. 인간에 대한 존중 혹은 직원들이 행복한 회사, 배려와 봉사 등 다양한 문구가 있다. 그러나 이러한 회사의 가치체계에 관심을 가지는 직원들이 얼마나 될까? 관심이 없다는 것은 회사생활에서 그것을 느낄 수 없기 때문이다. 회사에서는 직원을 존중하고 배려한다고 하지만 직원들은 말보다는 구체적인 모습을 원한다. 밤늦게까지 일하고 상사의 명령에 충실한 직원이 승진하고 인정받는 조직에서 구성원들은 개인 생활을 말하기 어렵다. 특히 사장이 늦게까지 근무하거나 주말마다 출근하여 업무를 챙기면 직원들도 따라서 출근할 수밖에 없다. 사람들은 말이 아닌 행동을 통해 진위를 판단한다.

셋째, 사장의 균형 있는 삶은 구성원들과 조직의 비전과 가치를 한 방향 정렬시킴으로써 조직의 경쟁력을 강화한다. 현대 마케팅의 거장 필립 코틀러는『Market 3.0』에서 조직의 가치가 구성원들과 더불어 고객과 주주 모두의 가슴을 울리는 기업이 지속가능한 성장을 할 것이라고 강조했다. 일과 생활의 균형은 단순히 개인의 삶뿐 아니라 사회 구성원 모두의 삶의 질을 향상시키는 운동이다. 직원들이 행복한 회사를 만들려면 먼저 직원들의 마음을 얻어야 한다. 직원들의 마음을 얻어야 그들이 만들어내는 제품이나 서비스에 혼이 깃들 수 있다.

일과 생활의 균형을 만들기 위한 방법

GE사를 20년 동안 경영했던 잭 웰치는 그의 저서『위대한 승리Winning』에서 일과 생활의 균형에 대해 다음과 같이 적고 있다. "일과 생활의 균형은 우리 모두가 어떻게 생활을 관리하고 시간을 분배할 것이냐에 관한 문제이다. 즉 우선순위와 가치의 문제라는 것이다." 그러면서 상사의 관점에서 본 일과 생활의 균형 문제에 대해 다음과 같이 강조했다. "상사의 최고 우선순위는 경쟁력이다. 물론 그는 당신이 행복하기를 원한다. 하지만 회사가 성공을 하는 데 도움이 되는 경우에 한할 뿐이다." 이러한 잭 웰치의 이야기는 일과 생활의 주체가 누구이고 어떻게 만들어가야 할 것인가에 대해 좋은 시사점을 준다. 그렇다면 사장들의 일과 생활의 균형을 어떻게 만들어가야 할까?

먼저, 일과 생활에 대한 가치 기준의 정립^{Value setting}이다. 사장은 조직의 성과를 최우선 가치로 삼는다. 기업은 돈을 벌어야 존립할 수 있기 때문이다. 그 다음 중요 가치로 삶의 질 개선에 초점을 두어야 한다. 기업이 존재하는 이유는 인류의 번영과 행복을 위해서이다. 그를 위해서는 성과와 삶의 질이 함께 고려되어야 한다. 간혹 뉴스에 보면 구성원들에 군림하는 사장들의 모습이 나온다. 동남아 국가에 진출한 한국기업인들의 꼴불견을 질타하는 뉴스도 나온다. 결국 기업과 사람에 대한 가치기준의 혼돈에서 그 원인을 찾을 수 있다. 먼저 사장이 바로서야 기업이 바로 설 수 있다.

둘째, 일과 생활에 대한 통합적 시간관리^{Total time management}이다. 사장의 스케줄에 직장뿐 아니라 가정에서의 시간도 함께 포함되어 관리되어야 한다. 특히 육체적 건강을 위해 운동 시간의 확보와 정신적 건강을 위해 가족을 포함한 다양한 사람들과의 만남과 교류의 시간을 만들어야 한다. 경영 일선에서 교육이나 세미나의 장을 통해 다양한 지식과 경험을 배우고 교류하는 과정에서 정신적 건강뿐 아니라 사업의 아이디어도 함께 얻을 수 있다. 이제 사장의 시간관리는 회사뿐 아니라 일상생활에 대한 부분까지도 관리해야 한다. 사장 스스로 시간관리를 할 경우, 시간대별로 기록할 수 있는 다이어리를 활용하는 것도 좋은 방법이다.

끝으로, 직장과 가정의 분리를 통한 역할 충실화^{Role enrichment}이다. 직장에서 사장 역할을 평생 하면서 보낼 수는 없다. 때가 되면 후진들에게 물려주고 가정으로 돌아와야 한다. 그 시간의 선택은 자유이다. 전 세계인들의 추앙을 받는 애플의 전 CEO 스티브 잡스는 죽음의 순간에 되어서야 가족의 품으로 돌아왔다. 사람들이 일을 하는 이유는 나만을 위한 것이기보다 가족과 모든 사람들을 위한 것이다. 그렇다면 사장으로 재직하는 기간 동안에도 가정에 대한 시간 할애와 역할 수행은 중요한 일로서 받아들여야 할 것이다.

일과 생활의 균형이 기업의 성과와 연계된 좋은 사례로 LG생활건강의 차석영 부회장을 들 수 있다. 차부회장은 LG생활건강을 '일과 삶의 균형을 추구하며 생각이 자라는 소비자 마케팅 회사'라는 가치기준을 제시하며, '종업원 가치 제안'을 설정하고 야근 문화 없는 정시 퇴근을 정착시켜 직원들이 자기계발이나 적절한 휴식을 취할 수 있도록 했다. 그 결과 그의 취임 이후 LG생활건강은 27분기 연속 10% 이상 매출과 영업이익을 거둬 2005년 취임 당시에 비해 매출은 3배, 영업이익은 5배 늘어났다. 일과 생활의 균형은 단지 직원들의 복지뿐만 아니라 조직의 생산성에도 긍정적인 영향을 미친다. 또한 구인난에 시달리는 중소기업이 신세대 직장인들을 끌어들이는 좋은 조건이 된다.

5

최고의 팀이
최고의 조직을 만든다

조직의 소통과 개발 능력

신임 리더에게
필요한 전략은 무엇인가요?
- 어시밀레이션 워크숍

"안녕하세요, 부사장님! ○○부문장님으로 선임되신 것을 축하드립니다."

"고마워요, 김 과장."

"제가 오늘 찾아 뵌 것은 부문장님에게 저희 회사의 인사제도와 교육 프로그램을 소개해드리고, 신임 부문장님과 구성원들의 만남의 장인 어시밀레이션Assimilation을 제안 드리기 위함입니다."

"좋습니다. 그런데 어시밀레이션이 뭡니까? 구성원들과의 만남이라면 팀별로 면담을 할 예정인데요."

"팀 별로 구성원들과의 면담도 중요합니다. 어시밀레이션은 개별면담과 달리 구성원 전체와 부문장님과의 대화의 시간입니다. 특히 구성원들이 궁금하거나 알고 싶은 것, 부문장님에게 기대하는 것을 허심탄회하게 질문하고, 그에 대해 답변하는 형식으로 진행합니다."

"그래요? 그것 재미있겠네요. 우리 부문 구성원들이 몇 명이지요?

"약 540명입니다."

"540명과의 대화의 장이라, 한번에 나에 대한 궁금증을 해결할 수 있는 좋은 기회가 될 수 있겠네요. 좋습니다! 가까운 시일 내에 일정을 잡아 실시하도록 합시다.

신임 리더에게 필요한 어시밀레이션

이제 우리 기업에도 중요 포지션에 대한 외부 영입이 보편화되고 있다. 내부 승진이든 외부 영입이든 최적의 사람을 뽑기 위해 열과 성을 다하고 있다. 그러나 막상 사람을 뽑아놓고는 조직적응과 관계형성 지원에 소홀한 것이 현실이다. 신임 리더 당사자의 몫으로 여기는 분위기이다. 많은 경우 제도나 시스템의 소개, 회사의 규칙이나 조직도 혹은 중요 포지션의 사람들과 미팅을 진행하고 있다. 특히 신임 리더의 초반 3개월은 이 사람 저 사람을 만나거나 보고받는 자리가 대부분이다. 정작 중요한 자기 조직의 구성원들과 만남은 이뤄지기 어렵거나 수박 겉핥기 식으로 진행되는 경우가 많다.

그 결과 신임 리더들이 조직에 안착하기 힘들어 하거나 시간이 걸리는 경우가 많다. 실제로 리더십 전문 연구기관인 CLC[Corporate Leadership Council]가 미국 기업을 대상으로 조사한 결과(1997년)를 보면, 신임 리더 중 50%가 3년 이내에 실패한다고 한다. 특히 외부에서 영입한 신임 리더의 경우 실패 확률이 더 높다고 한다. 우리 기업에 대한 조사 결과는 없지만 비슷할 것이다. 특히 신임 리더에 외부 영입이 확대되면서 실패

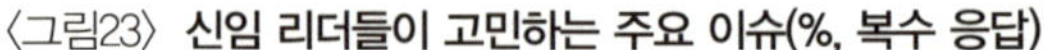

〈그림23〉 **신임 리더들이 고민하는 주요 이슈(%, 복수 응답)**

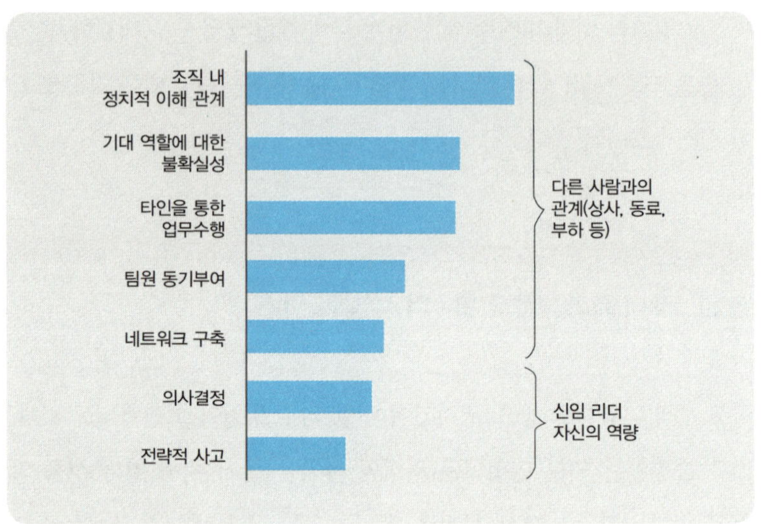

* 출처: DDI, 'Leaders in Transition' 2007(수정인용)

확률과 기회비용은 점차 증가하는 추세이다.

신임 리더로 뽑힌 사람들은 대부분 탁월한 역량과 경험을 가진 핵심인재들이다. 그런데 그들이 새로운 조직에서 성과를 내지 못하거나 적응하지 못하는 것은 무엇 때문일까? 이에 대해 세계적인 리더십 컨설팅 기관인 DDI^Development Dimensions International의 조사 결과(2007)를 보면 조직 내 정치적 이해관계, 기대 역할에 대한 불확실성, 타인을 통한 업무 수행, 팀원 동기 부여, 네트워크 구축 등 다른 사람과의 관계 구축에 대한 애로사항이 다수를 차지하고 있다.

내부 혹은 외부에서 탁월한 인재를 선발해놓고도 그들이 성과를 내지 못하거나 조직에 정착하지 못한다면 큰 손실이 아닐 수 없다. 이러한 손실 비용을 최소화하기 위한 노력이 바로 신임 리더의 소프트 랜

딩 프로그램인 어시밀레이션이다.

어시밀레이션Assimilation은 우리말로 '동화同化'이다. 동화의 사전적 의미는 '개인 또는 집단이 다른 개인이나 집단의 태도나 감정을 취득하여 경험이나 전통을 공유共有하기에 이르는 사회과정, 또는 이러한 사회과정에서 생겨나는 사회관계의 균형상태'이다.

이러한 어시밀레이션의 개념을 처음 도입한 기업이 바로 미국 GE사이다. GE는 신규 조직책임자가 새로 부임해왔을 때 1~3개월 이내에 리더와 구성원이 참여하여 구성원의 기대사항, 관심 및 궁금증에 대해 리더에게 답변 기회를 제공함으로써 상호 이해를 통해 팀워크를 형성하기 위해 실시했다.

우리나라는 일부 기업들에서 어시밀레이션을 실시하고 있다. 어시밀레이션 프로그램의 대상 팀장에서 사장까지 신임 리더라면 누구나 할 수 있다. 특히 내부 인사뿐만 아니라 외부 영입인 경우에는 꼭 실시해볼 것을 권장한다.

어시밀레이션의 성공적 운영법

어시밀레이션의 성공적 운영을 위해서는 첫째, 필요에 근거한 적절한 상황과 시기를 선택해야 한다. 둘째, 리더와 구성원의 열린 마음과 적극적인 자세가 필요하다. 셋째, 퍼실리테이터(진행자)의 원숙한 진행 스킬이 중요하다.

이러한 어시밀레이션의 운영은 인원 규모와 방법에 따라 다음 3가

<표20> **어시밀레이션 진행 프로세스**

단 계		내 용	시 간
사전준비		– 리더와 사전미팅 실시: 진행 프로세스에 대한 설명	2주 전
Assimilation Session	1) 구성원의 의견 취합	– 참석자 전원 입장 하에 취지 및 그라운드 룰 설명 – 리더 퇴장 후 리더에 대한 질문/의견 취합 및 게시	40분
	2) 리더가 질문 검토	– 구성원 퇴장 후 리더 입장 – 구성원 의견에 대한 리더의 답변 준비	20분
	3) 리더의 답변	– 구성원 의견에 대한 리더의 답변 – 구성원 보충 질문 및 리더의 답변	60분~90분
사후관리		– 모니터링 및 피드백: 구성원 인터뷰를 통해 신임 리더에 대한 반응 및 기대사항을 수렴하여 리더에게 피드백 – 신임 리더 대상 '코칭' 프로그램과 연계하면 더욱 효과적임	1개월 이내

지 형태로 구분할 수 있다. 첫째, 인원 규모가 30명 미만으로 소규모 인원으로 즉석에서 질문을 받고 응답할 수 있는 경우이다. 이러한 어시밀레이션이 가장 보편적인 기본형이다. 이 방법은 포스트잇을 활용하여 즉석에서 질문을 받고 신임 리더는 답변을 한다. 이때 리더의 답변이 추상적이기보다는 구체적이며 이야기하듯 스토리텔링 형식으로 진행하면 더욱 효과적이다. 기본형 어시밀레이션은 보통 2~3시간 정도가 소요되며, 전체 진행 프로세스는 <표20>과 같다.

다음으로 인원규모가 50명이 넘어갈 경우에는 질문을 받고 대답하기가 쉽지 않다. 인원이 많으므로 질문을 받고 정리하는 데 시간이 많이 소모된다. 이러한 경우에는 사전에 질문 내용을 조사하여 준비해둔다. 여기서는 퍼실리테이터의 진행 스킬이 중요하다. 또한, 진행 중간에 게임이나 동영상을 사용하면 흥미를 배가시킬 수 있다. 퍼실리테이터가 준비된 질문을 대신 질문하면, 각 문항에 리더가 답변을 한다. 이 방식의 장점은 인원에 구애받지 않고 진행할 수 있다는 것이다. 또한 즉석에서 질문을 받거나 종이비행기에 질문을 적어 날려보내는 방식을 활용하면 재미와 참여를 이끌어낼 수 있다.

끝으로 온라인으로 실시하는 어시밀레이션이다. 이것은 일대 일 혹은 일대 다의 방식으로 진행할 수 있다. 일대 일의 경우 정해진 기간 내에 리더에게 이메일로 질문을 보내면 답변하는 방식으로 진행한다. 또한 일대 다의 경우는 메신저 혹은 전자 게시판을 이용하며 묻고 답하는 형식이다. 문자라는 제약으로 많은 이야기를 나누기는 어렵다. 그러나 시간의 제약이 없으며 올려진 글을 통해 모든 사람들이 리더에 대한 궁금한 사항이나 질문에 대한 답글을 통해 이해할 수 있는 장점이 있다.

이러한 어시밀레이션에서 활용되는 주요한 질문 사항들을 정리하면 다음과 같다.

- 신임 리더에 대해서 이미 알고 있는 사항은?
- 신임 리더에 대해 잘 모르고 있거나 알고 싶은 사항은?
- 신임 리더가 구성원(조직)에 대해 알아야 할 사항은?
- 신임 리더에 대한 구성원의 기대는?
- 신임 리더에 대한 구성원의 관심 사항은?

끝으로 어시밀레이션을 진행할 때의 기본 규칙은 다음과 같다.

- 리더는 특정 의견의 질문자가 누구였는지 물어보지 않는다.
- 리더는 부정적인 정보도 환영해야 한다.
- 리더는 특정 질문에 대해서 답변하지 않을 수 있다.
- 참가 구성원은 1개 이상의 의견을 내도록 한다.
- 참가 구성원은 모든 질문에 솔직한 의견을 낸다.

어시밀레이션은 시간과 장소, 인원과 방법에 따라 다양하게 실시할 수 있다. 우리 기업에서는 기본형이 보편적이지만, 일대 다의 대규모 방식도 많이 사용한다. 대규모 방식을 많이 활용하는 이유는 신임 리더의 소속 인원이 많고 짧은 시간 내에 전체를 대상으로 신임 리더에 대한 궁금증이나 생각들을 직접 이해할 수 있기 때문이다. 어시밀레이션은 리더의 생각과 조직운영의 방향에 대해 공유함으로써 리더와 구성원 간 상호 이해와 신뢰를 형성하는 데 중요한 의미가 있다.

어시밀레이션의 구체적인 효과

같은 조직에서 생활하면서 어느 정도는 알고 있지만 그것은 사람에 대한 피상적인 경우가 많다. 대체로 소문에 근거한 것이다. 신임 리더가 임명될 때 그동안 조직 내에서 통용되었던 선입견들로 신임 리더에 대한 평가가 단정지어질 때가 있다. 이러한 경우 자신의 생각과 방향을 명확히 함으로써 새로운 리더십을 불어넣을 수 있다.

이상에서 살펴본 어시밀레이션의 효과는 리더 자신, 구성원 및 조직 전체의 관점에서 정리할 수 있다. 먼저 어시밀레이션은 리더에 대한 궁금한 점이나 기대사항 등을 이야기함으로써 리더 자신을 이해시키는 데 좋은 계기가 된다. 특히 외부에서 영입한 리더나 조직 내에서 승진하여 처음으로 리더가 된 경우, 리더로서 자리매김하는 데 좋은 계기가 된다. 여기서 리더는 조직의 운영방향 등을 공유함으로써 구성원들과 한 방향 정렬에도 도움이 된다.

다음으로 구성원들은 리더의 성장과정, 인재육성 및 조직 운영의 방향 등에 대한 궁금한 점들을 해결하고 상호 이해의 계기가 된다. 이를 통해 구성원들은 리더와 어떻게 일해야 하며 어떻게 행동해야 하는가를 인식하게 된다. 특히 신임 리더의 리더십 스타일을 이해함으로써 불필요한 낭비나 커뮤니케이션의 장애를 최소화함으로써 업무의 효율성을 높일 수 있다.

〈그림24〉 **신임 리더의 손익 분기점**

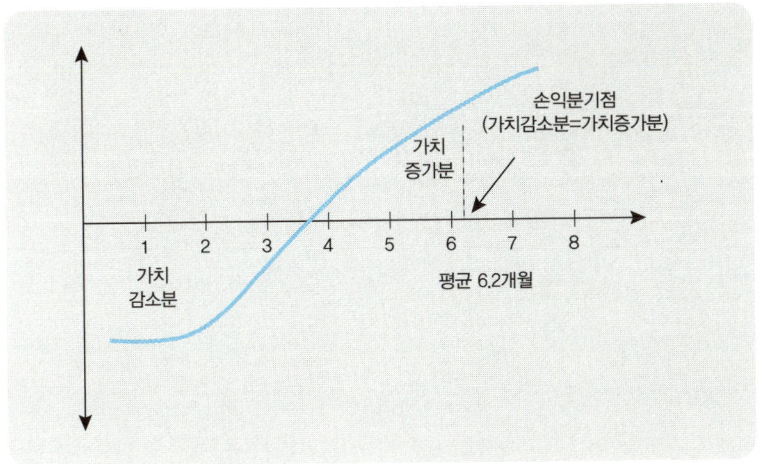

*출처: Michael Watkins, 'The First 90 Days', 2004. 《Harvard Business School Press》

마지막으로 조직에서는 신임 리더의 소프트 랜딩으로 기회비용을 최소화하고 조직의 생산성을 높일 수 있다. 오늘날의 스피드 경제에서 리더의 조기 정착은 새로운 보직을 장악하는 데 걸리는 시간을 획기적으로 단축시킬 수 있다. 하버드대학의 마이클 왓킨스 교수는 이를 손익분기점이라는 개념으로 표현했다. 손익분기점이란 신임 리더가 소비한 가치의 합과 창출한 가치의 합이 같아지는 지점이다.

〈그림24〉에서 보듯이 신임 리더가 손익분기점을 통과하는데 평균 6.2개월이 걸린다고 한다. 리더가 조직 내에서 얼마나 빨리 적응하느냐는 초 단위 경제에서는 조직의 승패를 좌우할 수 있는 요인이 될 수 있다. 이처럼 리더십 어시밀레이션 세션은 신임 리더가 조직 내 조기 정착뿐 아니라, 구성원들과 한 방향 정렬 및 원활한 커뮤니케이션을 통해 조직 운영의 효율성을 높이고 생산성을 향상시키는 출발점이 될 것이다.

어떻게 하면 업무에 성취감을 느낄까요?
- 어치브먼트 워크숍

"사람들은 왜 자신의 일에 몰입하지 못할까?"

"네? 상무님, 무슨 말씀이신지?"

"이 조직에 와서 사람들과 이야기를 해보니, 직장생활에 대해서는 불만이 없지만, 자신의 일에 만족하거나 즐거움을 느끼지 못하고 있는 것 같아."

"직무만족도가 낮다는 말씀이시군요."

"직무만족뿐만 아니라 자신의 직무에 몰입하지 못하는 것 같아. 왜 그럴까?"

"상무님, 모든 구성원 전체가 그렇지는 않다고 봅니다. 일부 구성원들의 경우 그런 경향이 있지만, 대부분의 사람들은 열심히 일하고 있습니다."

"일은 열심히 하지. 그렇지만 자신의 일에서 성취감이나 즐거움을 느끼는 사람은 드물다는 거야."

"과도한 업무와 목표달성에 대한 스트레스로 약간 지쳐 있는 것도 사실입니다. 경영위기 이후 지난 3년 동안 스트레치 골을 달성하기 위해 구성원 모두가 혼연일체가 되어 매진해왔습니다. 이제 그 피로감이 조직 전체로 밀려오는 타이밍이 아닌가 싶습니다."

"혁신피로로군. 쉬지 않고 일한다는 것은 불가능하지. 그러나 조직은 지속적인 혁신과 변화 없이는 살아남을 수 없지. 어떤 사람은 업무를 하고 난 다음 피로를 느끼는 사람이 있고 어떤 사람은 희열을 느끼는 사람이 있지. 그 일을 통하여 우리가 어떤 느낌을 가지는지가 중요하지."

"네, 저도 그 점에는 동감합니다."

"내가 사람들에게 '자신이 업무를 하면서 언제가 제일 좋았느냐'고 질문을 하니까 대답이 뭔 줄 알아? '언제 기뻤는지 기억이 잘 나지 않는다'였어. 이런 조직에서 무슨 창의적 아이디어와 세상을 뒤흔들 신규 프로젝트가 나올 수가 있겠어. 자고로 최고의 성과를 내는 조직은 머리가 살아 있고 가슴이 뜨거워야 하는데, 머리는 무겁고 가슴은 다 식었어. 어떻게 하면 사람들이 자신의 업무에서 성취감과 보람을 느낄 수 있을까?"

직무몰입을 가로막는 요인

몰입Flow 연구의 대가인 미하이 칙센미하이 교수의 『몰입의 즐거움 Finding Flow』에서 몰입이란 "삶이 고조되는 순간에 물 흐르듯 행동이 자연스럽게 이루어지는 느낌"이라고 했다. 즉 몰입이란 어떤 일에 집중

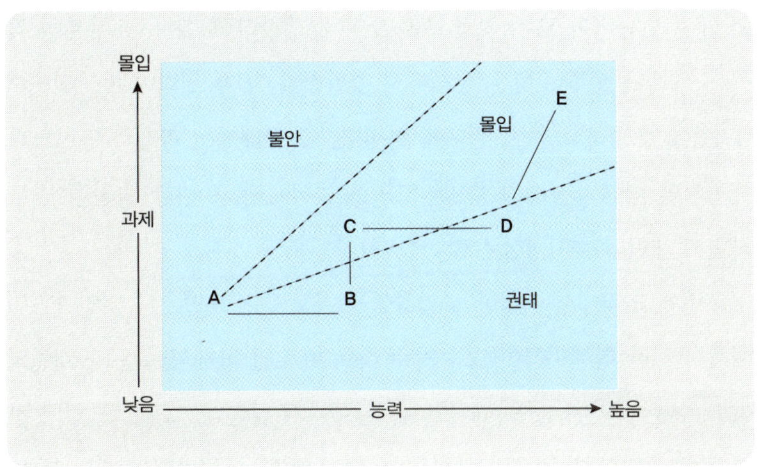

* 출처: 미하이 칙센미하이, 『몰입의 경영』(2006)

하여 일이 자연스럽게 진행되는 심리상태라고 볼 수 있다. 칙센미하이 교수에 따르면 사람들은 이러한 몰입의 경험을 통해 삶에 대한 즐거움과 성취감을 느낀다고 했다.

칙센미하이 교수의 의견을 볼 때, 직무몰입은 일하는 과정에서 발생하며 그 결과가 업무성취도이다. 즉, 업무성취도는 개인이 직무몰입을 통해 도출된 성과에 대해 개인이 느끼는 감정이다. 또한 업무성취도는 일하는 과정에서 성공의 경험이며 결과에 대한 만족도이며, 다른 일에 도전하기 위한 원동력이다. 그러므로 업무성취도를 높일 수 있는 지름길은 직무몰입도를 향상시키는 것이다.

그렇다면 조직에서 몰입은 어떤 상황에서 발생할까? 칙센미하이 교수의 또 다른 책『몰입의 경영Good Business』에서 몰입의 경험은 과제의 난이도와 개인의 실력에 따라 달라진다고 했다.

칙센미하이 교수는 〈그림25〉에서 보듯이 몰입경험은 과제의 난이도와 개인의 능력이 모두 적정 수준일 때 발생한다고 했다. 대부분의 활동은 과제와 실력이 낮은 상태에서 출발한다. 점차 실력이 향상되면서 B지점에 도달하고 다시 권태에 빠진다. 이 상태에서 과제의 난이도가 높아지면 다시 C상태의 몰입영역으로 돌아간다. 이러한 순환을 반복하면서 개인의 몰입경험은 발전한다.

그런데 조직에서 이러한 몰입경험을 가로막는 요인은 무엇인가? 위에서 제시한 칙센미하이 교수의 논리를 따르면 과제의 수준과 개인의 능력 수준이 맞지 않을 때 몰입은 일어나지 않는다. 또한 『몰입의 경영』에서는 명확한 목표의 상실, 피드백의 부재, 능력발휘의 기회 부족, 권한의 부재, 및 시간활용의 통제를 원인으로 꼽았다. 이러한 내용을 종합해보면, 직무몰입을 가로막는 요인을 일과 사람의 관점에서 다음 3가지로 정리할 수 있다.

첫째, 일의 양과 질의 문제이다. 오늘날 많은 직장인들은 일이 너무 많다고 호소한다. 특히 다운사이징과 업무효율화로 조직마다 최소의 인원을 가져간다. 떠난 사람의 업무는 없어지는 것이 아니라 남아 있는 사람들이 나눠 가진다. 일이 늘어날 수밖에 없다. 혹은 어떤 사람에게는 도전적인 업무가 주어지지 않는다. 그 이유를 물어보면 그 사람에게 그 일을 맡기기에는 불안하다는 것이다. 그는 업무 난이도가 낮은 반복적인 업무 속에서 자신의 능력발휘 기회를 잃어가고 있다.

또한 일의 질 문제는 더욱 심각하다. 일의 질은 과제의 난이도와 흡사하다. 조직의 일에서 난이도는 상대적이라고 볼 수 있다. 어떤 사람에게는 쉬운 일이 어떤 사람에게는 어려운 일이 된다. 또한 어떤 사람은 도전적인 일을 선호하고 어떤 사람은 도전적인 일을 꺼려한다. 사람이 다르듯이 과제를 받아들이는 형태 또한 다르다. 조직의 리더들이 공통적으로 하는 말이 있다. 조직 내에 사람들은 많지만 어렵고 힘든 과제를 수행할 만한 사람은 몇 되지 않는다고 한다. 능력이 부족하거나 소극적인 사람에게 고난도의 도전적인 과제를 부여할 수는 없다. 그러므로 일의 양과 질의 문제는 사람의 능력과 태도에 따라 다르게 적용해야 한다.

둘째, 상사와 동료에 대한 신뢰 관계이다. 먼저 조직에서 신뢰관계란 믿고 맡기고, 믿고 따르고, 믿고 도와주는 관계라고 볼 수 있다. 팀원이 20명이 넘어가면 하루에 팀장과 대화할 시간이 10분을 넘지 못하는 경우가 많다. 팀장들의 하루 일과를 보면 회의 참석과 보고로 꽉 차여 있어 팀원과 의미 있는 이야기를 할 여유가 없다. 업무적인 관계 그 이상을 형성하기도 쉽지 않다. 또한 팀장보다 더 많은 시간을 함께 하는 동료와의 관계도 업무적 도움을 주고받는 관계 이상을 형성하기가 쉽지 않다. 이 속에서 상호 신뢰를 형성하기 위해서는 상호 노력이 중요하다. 상호 간 신뢰를 형성하기 위해서 가장 중요한 것은 의사소통이다. 상사와 부하, 동료 간에 의미 있는 대화가 없고 관심이 부족하다면 신뢰를 쌓기는 어렵다. 이러한 환경 속에서 구성원들이 자신의 일에 몰입하기보다는 몰입하는 척할 뿐이다.

끝으로 일에 대한 동기부여와 보상이다. 동기부여는 일이 가지고 있는 가치나 비전, 그리고 인정과 칭찬 등의 활동을 말한다. 여기서 동기부여는 내재적 동기을 뜻하며 주로 일의 과정에서 일이 잘 되게 하기 위한 인정과 격려의 활동이다. 또한 보상은 외재적 동기을 뜻하며 일의 결과에 대한 물질적 지원을 의미한다. 이런 동기부여가 되지 않는 수많은 일들 속에서 개인들이 스스로 몰입하기란 쉽지 않다. 또한 활동의 결과에 대한 적절한 보상이 주어지지 않을 때 그 일에 최선을 다해 수행하는 사람은 없다.

업무성취 유형별 향상 방법

앞서 살펴본 직무몰입을 가로막는 요인 3가지를 해결할 수 있다면 직무몰입을 통한 업무성취도는 증가시키는 여건을 만들 수 있다. 그러나 개인의 직무몰입 정도와 일하는 방식에 따라 업무성취 유형은 달라진다. 직무몰입을 가로막는 3가지 요인을 토대로 일과 사람의 관점에서 업무성취 유형을 살펴보자.

먼저 일의 관점에서는 일의 양과 질의 관계 그리고 일에 대한 동기부여와 보상이 '직무가치'의 요인변수로 볼 수 있다. 또한 사람의 관점에서 상사와 신뢰관계, 동료와의 신뢰관계는 대인간 '신뢰관계'의 요인변수로 정의할 수 있다.

신뢰관계가 중요한 이유는 대인관계 형성의 핵심이기 때문이다. 상호 신뢰가 어느 정도 형성되었느냐에 따라 대인관계의 질을 결정한다. 인사조직 컨설팅 기관인 휴잇의 연구 '몰입 방해하는 엔트로피를 낮추려면'(《동아비즈니스리뷰》 45호)에 따르면, 몰입을 가로막는 요소의 절반은 인간관계에서 발생하는 문제였다. 이러한 문제의 대부분은 대인 간 신뢰가 형성되지 않았기 때문에 발생한다. '직무가치-신뢰관계' 라는

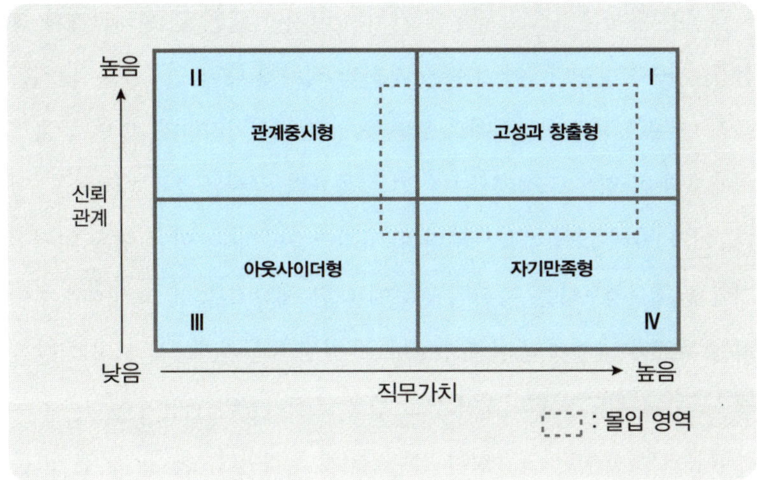

요인 변수의 조합을 통해 개인의 직무몰입 유형을 구분하면 〈그림26〉
과 같다.

먼저 업무성취 유형의 Ⅰ사분면은 개인의 직무에 대한 가치가 높고
대인 간 신뢰관계도 높은 '고성과 창출형'이다. 특히 직장에서 개인에
게 주어지는 일의 양과 질이 개인의 능력에 부합할 때 직무 가치는 증
대한다. 또한 그 일과 관련된 상가와 동료에 대한 우호적 분위기는 상
호 신뢰를 증대시켜 시너지 요인이 되어 높은 직무만족도와 최고의 성
과를 창출한다.

반대로 Ⅲ사분면은 개인의 직무가치와 대인 간 신뢰관계가 모두 낮
은 영역으로 '아웃사이더형'이라 할 수 있다. 이 유형에 속한 사람들은
조직 내 구성원 간의 신뢰관계가 낮아 지속적인 업무 수행에 어려움이
있다. 또한 조직 내보다는 조직 외부의 일에 관심이 높아 이직할 가능

성이 높다.

다음은 Ⅱ사분면으로 직무의 가치는 낮지만 대인 간 신뢰관계가 높은 '관계중시형'이다. 이 유형은 자신의 직무에 대한 만족도는 낮지만 조직 내 우호적인 대인관계로 원만하게 업무를 처리한다. 반면 상호관계에 치우칠 경우 조직에서 주어지는 목표와 과제를 소홀히 할 때도 있다. 이와 반대 영역이 Ⅳ사분면의 '자기만족형'이다. 이 유형은 타인에 대한 관계형성보다는 자신의 직무에 대한 애착이 높아 조직에서 주어지는 목표나 과업에 충실히 수행한다. 반면 대인관계에서 상처를 받을 경우 업무성취도가 떨어지며 심할 경우 조직이동의 원인이 된다.

점선으로 표시된 사각형이 직무몰입의 영역이다. 몰입 영역은 모든 유형에서 나타날 수 있다. 직무가치와 신뢰관계 모두 높은 Ⅰ사분면에 직무몰입이 높게 형성된다. 그러나 직무몰입이 일어난다고 모두 업무성취로 연결되지는 않는다. 그렇다면 각 유형에서 어떻게 하면 업무성취도를 높일 수 있을까? 개인의 선호도가 다른 만큼 유형의 변화는 쉽지 않다. 그렇다면 유형의 변화보다는 각 유형에서 업무성취도 향상 방법을 찾을 수 있다면 더욱 효과적이다. 〈그림27〉의 업무성취 유형별 향상 방법을 제안한다.

Ⅰ사분면의 고성과창출형의 경우, 직무수행 능력에 대한 인정과 칭찬, 그리고 업무에 대한 권한위임이 중요하다. Ⅱ사분면의 관계중시형의 경우, 우호적인 대인관계를 토대로 새로운 과제를 부여함으로써 업무성취도를 높인다. Ⅲ사분면의 아웃사이더형의 경우, 지속적인 교육, 상담, 코칭을 통해 직무가치와 대인 간 신뢰를 향상시킨다. 끝으로 Ⅳ사분면의 자기만족형은 인센티브, 포상 등의 금전적 보상이 주

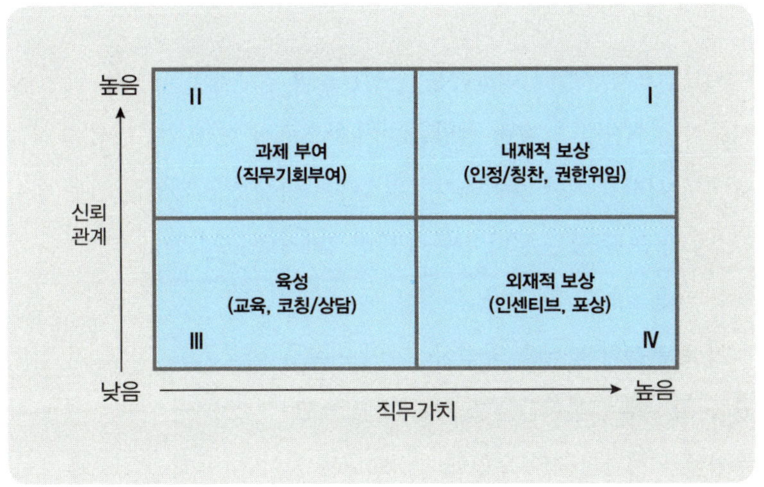

〈그림27〉 **업무성취 유형별 향상 방법**

효하다.

　각 유형별 업무성취도 향상 방법은 고정적 형태이기보다는 각 유형을 대표하는 방식으로 보면 된다. 또한 모든 유형에서 업무성취도 향상을 위해 인정과 칭찬의 동기부여를 동시에 활용하는 것이 효과적이다.

　개인이 조직에 몰입하기 위해서는 자신의 현재 상태를 대인 간 신뢰 정도와 자신의 직무가치에 대해 정확히 파악하여 현 위치를 인식할 필요가 있다. 여기서 자신의 업무성취 유형이 어느 사분면에 있는가는 중요하지 않다. 어느 유형에 있더라도 자신의 직무가치와 대인 간 신뢰관계가 달라진다면 다른 유형으로 변화될 수 있다. 중요한 것은 자신의 업무성취도를 지속적으로 향상하기 위해서는 자신에 맞는 동기부여 방법을 채택하거나 도움을 받아야 한다. 이것은 자신과 리더가 동시에 해야 할 역할이다.

어치브먼트 워크숍의 정의 및 방법

'어치브먼트achievement 워크숍은 구성원들의 업무몰입 향상을 위해 자신들이 성취감을 느꼈던 상황을 기술함으로써 현재 업무에서 성취감을 향상시키기 위한 것이다. 이 워크숍의 아웃풋은 개인의 업무 성취 리스트와 보람 있는 일터 만들기 방안 2가지로 구성되었으며, 세부 내용은 다음 〈표21〉과 같다.

이 워크숍의 특징은 긍정심리학의 이론을 바탕으로 개인들이 업무 활동 과정에서 성취감을 느꼈던 경험을 탐색함으로써 자연스럽게 직무몰입과 성과창출의 요인을 이끌어내는 것이다. 특히 도입부에 버츄카드게임Virtue card game을 통해 개인의 경험에서 미덕의 보석을 찾아줌으로써 서로에 대한 이해와 마음을 여는 계기를 만든다.

〈표21〉 **어치브먼트 워크숍**

구분	주요 내용	방법
Opening	– 진행안내 및 기대사항 – 마음을 열고(버츄 카드게임)	강의 토론
S1. 나를 돌아보기	1. 업무성취 List 만들기 – 기쁜 우리 젊은 날 (명상) – 업무성취 경험 그리기 – 업무성취 경험 나누기(짝 진행) – 개인별 업무성취 List 작성	강의/명상 작성 토론 작성
S2. 우리를 돌아보기	2. 보람일터 만들기 – 조별 활동 안내 및 도입 영상 – 업무성취 요인별 보람일터 방안 도출 – 보람일터 의사결정	강의/영상 발표 토론
Reflection	– 개인별 소감 나누기 – 마무리	발표

그 다음 자신의 업무 성취 경험을 명상을 통해서 이끌어낸다. 이 과정은 숙련된 명상코치가 있으면 더욱 효과적이다. 그 다음 명상을 통해 발견한 업무 성취 경험의 이미지를 그리고 두 사람이 짝이 되어 자신의 경험을 나눈다. 그 다음 자신의 경험을 정리하여 업무성취 리스트를 작성한다.

업무성취 리스트가 도출되면 2부에서는 성취 요인별 보람일터 만들기 방안을 전체 토론을 통해 정리한다. 이때 개인별 성취 요인의 공통점을 토대로 조직 차원에서 실시할 수 있는 업무성취도 향상 방안을 제안해본다. 업무성취도 향상 방안은 대체로 업무프로세스 개선, 리더십, 근무환경 및 제도 개선을 중심으로 나타난다. 이중에서 리더의 인정과 칭찬 격려에 대한 요구가 상대적으로 많이 제안된다.

여기에서 중요한 것은 개인의 업무성취 경험을 자연스럽게 이야기할 수 있는 분위기와 업무성취를 위한 환경을 개선하는 실천 노력이다. 한 번의 워크숍 논의로 끝난다면 구성원들은 다시는 이러한 과정에서 최선을 다하려 하지 않을 것이다. 작은 것 하나라도 개선하려는 의지와 실천이 더욱 중요하다.

어치브먼트 워크숍은 직무몰입을 통해 개인의 업무 성취감을 향상시키고 조직의 성과를 창출하는 조직 차원의 프로그램이다. 이 과정을 통해 구성원들은 업무 성취감이 성과창출의 중요한 요인임을 스스로 깨닫게 된다. 또한 조직의 리더들은 업무 성취감을 느낄 수 있는 근무환경을 만드는 것이 중요함을 느끼게 된다. 어치브먼트 워크숍은 개인들이 업무성취도를 높이고 즐거운 일터, 보람 있는 일터 만드는 계기가 될 것이다.

우리 팀은 앞으로 어떻게 될까요?
- MRG 워크숍

"팀장님! 왜 우리가 이 일을 해야 하죠? 기획팀은 다른 부서들이 꺼려하는 일들을 다 해야 하는 건가요?"

"박 대리, 무슨 말이지?"

"팀장님, 아무리 사업부 기획팀의 업무가 전사 이슈 팔로업하고 팀 간 문제를 조율하는 것이라지만, 품질이슈를 왜 우리가 합니까? 개발이나 생산, 고객지원부서에서 챙겨야 하는 거 아닙니까?"

"자네가 금방 이야기했듯이 개발과 생산, 고객지원 부서가 겹쳐진 문제이고 이 건은 사업부 차원의 중요 이슈이기 때문에 우리 팀이 관여하는 거야."

"팀장님, 그렇게 말씀하신다면 모든 사업부 이슈는 우리 기획팀을 거쳐야 할 것입니다. 이런 신규발생 이슈는 먼저 고객지원팀에서 이슈를 접수하고, 이슈 해결을 위한 관련자 미팅을 소집하는 것이 옳다고 생각합니다."

"박 대리, 아직도 내 말을 못 알아듣는구먼, 이 건은 우리 팀의 일이니 금요일까지 완료해!"

위 대화는 팀의 사명과 역할에 관련된 문제로 코칭을 요청한 Y팀장의 사례이다. Y팀장은 기획팀을 맡은 지 한 달도 채 되지 않는 상황에서 수시로 떨어지는 이슈 팔로업과 조정에 골머리를 앓고 있었다. 또한 팀원들과의 의견 충돌도 점차 늘어나고 있었다. 기획팀은 전사 또는 사업부 이슈가 발생하고, 반복되는 회의와 이벤트로 업무 강도가 높은 부서이다. 이런 상황에서 팀원들이 팀의 방향과 역할에 대해 혼란스러워하는 모습마저 보였다. Y팀장은 현 상황을 타계해나갈 방책을 고민하고 있었다.

필자는 Y팀장에게 현재 팀원들이 팀 방향에 대해 겪고 있는 혼란과 업무 부담을 감소시키기 위해 팀 방향 정립의 필요성과 MRG워크숍을 제안했다. MRG워크숍이란 팀의 방향성을 정립의 핵심인 사명Mission, 역할Role, 목표Goal를 설정하는 워크숍으로 각 영문의 첫 자를 딴 워크숍이다.

팀 방향 설정이 필요한 이유

팀 방향 설정이란 조직의 나침반을 만드는 것이다. 이 나침반은 팀원들이 어디를 가야 할지, 어떤 역할을 해야 할지, 그리고 목표가 무엇인지를 알려주는 대시보드와 같다. 그러나 많은 팀장들이 이러한 나침반을 만드는 것에 익숙하지 않다. 팀 차원의 방향 정립 필요성에 대해 의문을 제기하기도 한다. 먼저 팀 차원의 방향 설정의 필요성에 대해 살펴보기로 한다.

첫째, 조직 차원 비전체계는 팀 차원 비전체계와 방향성 정립이라는 측면에서는 동일하지만, 서로 초점이 다르다. 조직 차원의 비전체계가 구성원들의 핵심가치와 핵심역량을 중심으로 사업방향을 기술한 것이라면, 팀 차원의 방향 설정은 구성원 간 합의된 팀의 운영방향 수립과 실천에 그 목적이 있다. 또한 조직의 비전과 팀 차원의 비전이 한 방향 정렬될 때, 조직의 효과성은 높아진다.

둘째, 새로운 조직이 구성되었을 때 리더가 구성원들과 함께 조직의 사명과 역할 그리고 목표를 정립한다면 단기간 내에 리더와 구성원 간의 한 방향 정렬이 가능해질 것이며 조직의 시너지 역시 향상될 것이다.

끝으로 기존 조직의 사명과 역할의 변동이 생겼을 때 그 필요성이 대두된다. 조직은 그대로 있는 것이 아니라 변화한다. 성장하기도 하고 쇠퇴하기도 하며 역할의 변화가 발생할 수 있다. 같은 팀이지만 역할이 추가되거나 축소되는 경우도 있다. 이것은 조직개편이 발생할 때 함께 일어난다. 오늘날 급격한 기술의 변화는 조직의 변화를 가속화한다. 팀원들이 조직의 사명과 역할에 대해 혼란스러워할 때, 조직의 변화된 방향에 맞게 팀의 사명과 역할에 대한 한 방향 정렬이 중요하다.

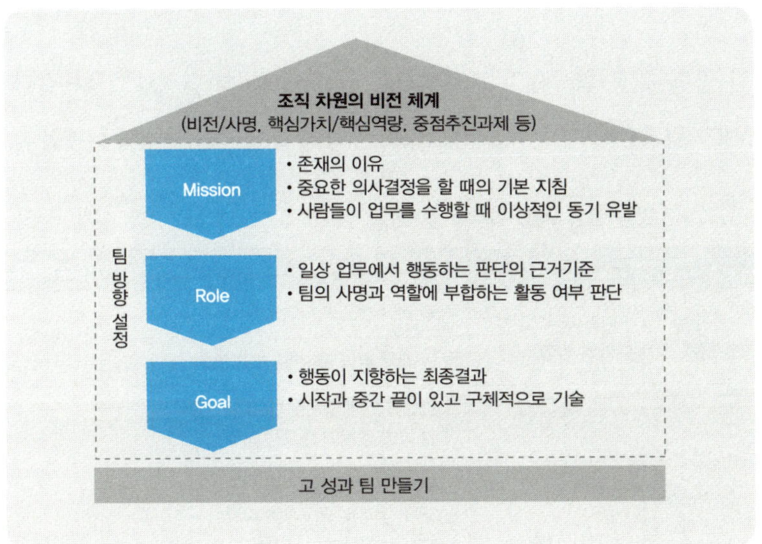

팀 방향 설정의 구성요소

조직 차원의 비전체계는 조직이 지향하는 미래 방향을 구체화한다. 조직 차원의 비전체계는 비전과 미션, 핵심가치와 핵심역량, 중장기 전략과 전략과제를 중심으로 구성된다. 한편 팀 차원의 방향 설정은 조직 비전의 하위 개념으로 구성은 〈그림28〉과 같다. 팀 방향 설정의 구성요소는 사명, 역할, 그리고 목표이다. 여기서 사명은 팀의 존재이유이며 업무 수행 및 의사결정의 기본 지침을 준다. 또한 역할은 업무에서 수행해야 할 행동기준이며 목표는 팀이 수행해야 할 최종 결과를 말한다. 이러한 사명과 역할 그리고 목표 설정이 MRG 워크숍의 핵심 산출물이다.

팀 방향 설정과 MRG 워크숍

팀 방향 설정 워크숍의 프로세스를 간략히 정리하면 〈표22〉와 같다. MRG 워크숍의 세 단계를 중심으로 내용과 운영방법에 대해 살펴본다.

〈표22〉 **팀 방향 설정 MRG 워크숍 프로세스**

구분	단원명	주요 내용	기간
1) 준비 단계	니즈 파악 및 팀 개발 방향 설계	– 팀 개발 필요성 파악 – 팀 개발 방향 설계 및 개발	D–3주
2) 워크숍 실시 (D–Day)	도입	– 워크샵 안내 및 Ice–breaker – 팀 방향 설정의 중요성 이해	1시간
	팀 방향 설정	– 우리가 만들고 싶은 팀 – 고객 정의 및 요구사항 파악 – 팀의 사명(Mission) 만들기 – 팀의 역할(Role) 수립 – 팀의 목표(Goal) 정하기	6시간
	최고 팀을 향하여	– 팀 방향(사명, 역할, 목표) 이미지화 및 발표	1시간
3) 사후 관리	개인별 목표 기술서 작성	– 팀 방향(사명, 역할, 목표)에 따라 개인별 과제 및 목표 구체화	D+1개월 이내
	팀 변화 진단 및 모니터링	– 팀 효과성 진단 및 사후 관리	D+6 개월~

(1) 준비단계

팀 방향 설정, MRG 워크숍은 팀 개발에 대한 요구사항 파악에서 시작된다. 조직의 현 상황과 구성원들의 요구사항이 제대로 분석되어야 본 워크숍에서 오류를 최소화할 수 있다. 팀 개발 필요성 파악에는 인터뷰나 설문지 기법을 많이 사용한다.

팀 개발 필요성이 인정되면 MRG 워크숍을 설계하고 진행 프로그램을 개발한다. 이때 주의할 점은 팀 구성원들의 직종이나 직무에 따라 진행 방법과 내용을 차별화해야 한다는 것이다. 또한 게임이나 영상 등 재미있는 소재를 활용하면 팀 방향 설정 워크숍을 보다 재미있게 진행할 수 있다.

(2) 워크숍 실시

팀 방향 설정 MRG 워크숍의 준비가 끝나면 본 워크숍을 실시한다. 먼저 워크숍 안내는 MRG 워크숍의 목적, 리더의 기대사항 및 진행 규칙에 대해 소개한다. 또한 워크숍 참가자들의 긴장을 풀기 위해 간단한 게임이나 퀴즈, 체조 등을 하면 더욱 효과적이다.

가. 우리가 만들고 싶은 팀

워크숍의 첫 단계는 우리가 만들고 싶은 팀의 이미지를 그려 본다. 이것은 토론을 통해 문장으로 정리할 수도 있고, 그림이나 이미지 구성을 통해 도출한다.

기획팀의 MRG워크숍의 경우에는 다양한 이미지가 그려졌다. 독수리, 다리, 기러기, 험한 산을 오르는 셀파 등 주로 사업부를 리딩하거나 상호 소통의 연결고리 역할을 강조하는 이미지가 많았다. 이런 활동을 통해 기획팀의 방향성을 정립을 위해 팀 구성원들의 중지를 모으는 출발점이 된다.

나. 고객의 정의 및 요구 사항 파악

팀의 사명과 역할을 수립하기에 앞서 팀의 고객에 대한 정의가 중요하

다. 고객은 내부 고객과 외부 고객으로 구분할 수 있다. 내부 고객은
사내 고객으로 자기 팀의 전후 프로세스 상의 고객을 말한다. 또한 외
부 고객은 사외 고객으로 협력사, 공급업체, 관공서, 소비자로 구분할
수 있다. 또한 내부·외부 고객과 전공정·후공정 고객들의 요구사항
을 작성한다.

기획팀의 MRG워크숍에서는 고객의 요구사항 파악하는 과정을 통
해 바이어뿐 아니라 상품기획, 개발, 생산 및 고객지원 부서들도 자신
들의 고객임을 인식한다.

다. 팀의 사명·역할·목표 만들기

팀 방향 설정을 위한 사명, 역할, 목표 도출을 위해 참가자들을 6~8명
을 한 조로 나눈다. 각 조별로 사명, 역할 및 목표를 토론을 통해 작
성한다. 사명과 역할 그리고 목표를 작성하는 프로세스는 기본적으로
유사하며 다음과 같다.

첫째, 개인별로 사명·역할·목표에 포함될 키워드를 3~5장 정도 작
성한다. 포스트잇을 활용하면 도움이 되며 포스트잇 한 장에 하나씩
작성한다.

둘째, 개인들이 작성한 포스트잇을 진행자에게 제출한다. 진행자는
개인이 작성한 아이디어를 유사한 것끼리 모으고 분류한다.

셋째, 키워드를 바탕으로 사명·역할·목표 초안을 작성한다. 이때
에도 포스트잇에 한 문장씩 작성한다.

넷째, 진행자는 초안을 통합 및 분류한다. 최종안이 선정되면 그것
을 토대로 수정 및 보완한다.

다섯째, 최종안을 다듬고 구성원들의 합의와 동참을 이끌어낸다.

팀의 사명이 도출되면 사명을 수행하기 위해 필요한 팀의 역할을 도출한다. 팀의 역할은 사명의 실천을 위해 구체적인 행동 언어로 기술한다. 그것은 역할이 행동의 기본 방침을 제공하기 때문이다.

끝으로 팀의 사명과 역할에 따라 수행할 업무의 최종 결과를 정량적이고 달성 가능한 목표로 설정한다. 일반적으로 목표 설정은 'SMART의 원칙'에 의거해서 작성한다. SMART란 Specific(구체적), Measurable(측정 가능), Aggressive yet Achievable(진취적이고 달성 가능), Result(결과지향적), Time-bounded(달성기간 명시)를 말한다.

팀의 사명·역할·목표 만들기는 MGR 워크숍의 가장 중요한 핵심 부분이다. 앞의 기획팀 경우 MRG 워크숍 이전에는 사명이 없었다. 기획팀의 사명과 목표를 정하는 데는 큰 어려움이 없었으나, 역할을 설정하는 데 팀장, 관리자 및 사원들 간 인식의 차이가 컸다. 이번 기획팀의 MRG 워크숍에서 Y팀장은 역할 정립 과정에서 자신의 생각을 이야기 했고 팀원들도 팀장의 생각을 이해하는 계기가 되었다. 팀 구성원들의 협의를 통해 팀의 사명, 역할, 목표가 구체화되면 팀의 비전체계로 발표를 한다. 여기서 팀의 방향성이 상호 정합성이 맞는지를 확인한다. 팀의 방향성이 완성되면 쉽고 재미있게 이해하기 위해 팀 비전체계도로 이미지화 작업을 한다. 팀의 방향성을 문장과 그림 혹은 이미지로 형상화하면 기억하기 쉽고 실행에 용이하다.

(3) 사후 관리

워크숍이 끝나고 난 뒤, 팀의 방향성에 따라 개인별 역할과 목표를 구체화한다. 이것은 일반적으로 목표설정이라고 불린다. 팀의 사명, 역할 및 목표가 설정되면, 개인 수준에서 무엇을 해야 할지를 구체화하는 데 큰 도움이 된다. 또한 조직 간 사명과 역할에 대한 혼돈을 최소화할 수 있다.

끝으로 팀 변화 진단 및 모니터링은 팀의 방향 설정에 따라 개인별로 업무가 수행되는지, 또는 개인들은 자신의 업무에 만족하며 성과를 창출하는지를 진단을 통해 확인한다. 여기서 진단은 개인별 인터뷰, 포커스 그룹 인터뷰FGI 혹은 설문을 통해 팀의 방향성 실천 정도를 파악한다. 이 진단 결과를 통해서 개선 사항을 도출하고 실행력을 높인다.

MRG 워크숍의 기대효과

"팀장님, 우리 팀을 처음 맡으시면서 어떻게 팀원들이 가장 답답해하는 것을 풀어주실 수 있으셨어요?"

"그동안 팀의 방향에 대해 모두 혼란스러웠나 보네."

"네, 사실 팀장님이 새로 오신 지 한 달이 지나도록 저희들과 대화가 부족해서 좀 서운했습니다. 그러나 오늘 같은 자리를 통해 팀의 사명과 역할 그리고 목표에 대해 함께 이야기를 나누면서 서로의 생각을 이해할 수 있어 좋았습니다."

"좀 더 일찍 했으면 더욱 좋았을 텐데…… 앞으로도 팀에 대한 의견은 언제든지 허심탄회하게 이야기하세요. 그리고 오늘 실시한 팀 방향 설정, MRG 워크숍이 어떤 점에서 도움이 되었나요?"

"팀 방향 설정을 같이 했다는 자체가 새롭습니다. 기존에는 조직의 방향을 팀장님들이 지시하는 대로 따르는 톱다운Top-down 방식이 대부분이었습니다."

"그런 경우가 많지요."

"그동안 시키는 일만 했죠. 새로운 일을 할 필요가 없었습니다. 그런데 팀장님께서는 제로 베이스의 관점에서 사업부 목적을 달성하기 위해, 우리가 무엇을 해야 하는지에 대한 근본적인 질문을 던지셨습니다. 또한 팀 방향 설정 과정도 상호간의 토론과 합의를 통해서 정리하셨고요."

21세기는 창조의 시대이다. 기존의 '하면 된다'는 방식이 아니라, 스스로 할 수 있는 분위기 형성이 중요하다. 팀의 사명과 역할 그리고 목표가 팀원들과 합의 속에서 정립된다면, 팀원들은 스스로 과제를 설정하고 실행하면서 성과를 창출하기 위해 노력할 것이다. 팀 방향 설정은 조직의 근간인 팀 조직이 성과를 창출하기 위한 변화의 출발점이다. 또한 갈수록 치열해지는 경영환경 속에서 조직이 성공하기 위한 팀 차원의 기폭제와 같다. 조직의 최소 단위인 팀이 방향을 잃는다면, 그 조직은 뿌리부터 흔들리기 시작한다. 일찍이 방향을 잃은 조직이 성공한 전례는 없다.

팀 사이에 갈등이 생겼어요
- ITB 워크숍

"팀장님 큰일 났습니다."

"뭐야, 박 대리?"

"중국의 H사에서 개발 납기를 준수하지 못했다고 지체보상금을 요구한답니다."

"납기를 준수하지 못했다고? 어제까지 납기 맞출 수 있다고 생산관리에서 이야기했잖아!"

"물론 제품을 생산했습니다만 품질보증팀에서 H사 제품의 품질에 문제가 있어 결함의 해결이 완료된 뒤에 양산에 들어갈 수 있다고 합니다."

"누가 그런 이야기를 협의도 없이 일방적으로 통보를 했어?"

"……"

상품기획팀 박 대리가 소속 팀장인 최팀장에게 긴급 보고를 하다 질책을 받았다. 박 대리는 머뭇거리더니 품질보증팀 이 과장에게 전화를 걸었다.

"이 과장님, 중국 H사 신제품 양산이 연기되었다고 들었습니다. 3일 전까지 양산 승인을 받은 제품이 어떻게 갑자기 연기되었는지 알 수가 없네요?"

"박 대리, 그걸 몰라서 지금 묻습니까? 이번 양산 예정인 중국 H사 신제품의 변경된 품질요건서를 보냈나요? 변경된 품질요건서는 이틀 전에 받았단 말이에요. 양산 이틀 전에 신규 품질요건서를 보내주면 말이 되나요?"

"아니 이 과장님! 중국 H사에서 3일 전에 변경된 품질요건서를 보내줘서 늦었지 않습니까?

"그럼 계약은 왜 하는 거야? 그냥 물량만 받아오면 되느냐고?"

"과장님! 계약은 영업에서 했지 우리가 했습니까? 우리도 영업에서 받은 것입니다. 그리고 영업에서 이야기 들을 때도 지난번 품질요건서와 다르지 않다, 다만 단서 조항이 있는데 제품의 하자가 있을 경우에 해당한다고 들었단 말입니다."

"박 대리, 장사 하루 이틀 해? 중국 업체들의 관행을 아직도 모른단 말이야. 그런 식으로 대충 넘어가면 어떡해! 목마른 사람이 우물 판다고. 계약서의 내용을 수정한 경우 개발 일정의 연기나 생산에 차질이 없도록 사전 조치를 해야 하지 않겠어?"

"과장님, 제가 무슨 힘이 있습니까? 영업에서 기다리라 하고, 제품은 만들어야 하고, 그래서 지난번처럼 하면서 일단 개발에 들어갔고, 시제품까지 만들었지 않습니까?"

"시제품 만들 때 한 번 더 요청을 했어야지, 제품 출하했다고 반송되어서 돌아오면 책임질 겁니까?"

"지금의 하자가 반송될 정도의 심각한 문제가 아니지 않았습니까? 그리고 양산 연기를 결정하실 때, 왜 우리 팀과 협의를 안 하십니까? 직접 고객과 협의하고 양산 일정까지 바꾸면 저희 팀은 무엇이 됩니까?"

두 사람은 한참을 더 옥신각신하며 책임 공방을 벌였다. 고객의 클레임에 대한 구체적 이유와 대처방안에 대해서는 이야기도 나누지 못한 채 책임 떠넘기기에만 급급했다. 상품기획팀 최팀장은 이 상황을 보며 속으로 생각했다.

'왜, 이런 문제가 계속 반복될까? 품질보증팀은 이런 문제를 자체적으로 판단해서 고객과 협의해도 되는 걸까?'

물론 품질요건서에서 지적한 대로 되어 있는 제품이 아니면 양산에 들어가서는 안 된다. 그렇다고 납기가 있는데 마냥 기다릴 수도 없는 상황이었다.

최팀장은 며칠을 고민하다 필자에게 메일을 보내왔다. 현재 상품기획팀과 개발팀 그리고 품질보증팀 사이에 서로 보이지 않는 갈등이 있다고 했다. 이러한 팀 간 갈등을 해결할 수 방안이 없는지 의뢰해왔다.

최팀장과의 미팅을 통해 현재 상품기획팀과 품질보증팀의 이슈를 다음과 같이 정리했다. 두 팀 모두 동일 고객을 대상으로 업무를 한다. 상품기획팀은 제품의 특성과 개발일정에 초점을 둔 반면, 품질보증팀은 제품 품질과 양산 시 발생할 문제를 중요시한다. 조직 내에서는 양 팀이 상호 견제하는 역할을 하면서 고객에게 최적의 제품을 제공하는 데 기여한다. 그러나 문제는 제품을 바라보는 관점이 다르고 평가 기준이 다르기 때문에 갈등은 계속되어왔다.

필자는 위 사례에 대한 분석을 통해 최 팀장에게 양 팀 간 문제를 1)

팀의 미션과 역할의 차이 2)평가 기준의 상이함에 따른 문제 대처 방법의 차이 3)양 팀 간 문제 발생 시 의사소통 채널의 부재를 꼽았다. 이것을 해결하기 위해 양 팀 간 갈등 해결을 위한 ITB을 제안했다. ITB^{Inter Team Building}란 상호 관련된 업무를 수행하는 2개 이상의 조직을 대상으로 비생산적이며 효율성을 저해하는 업무들을 규명하고 개선하여 조직 간 협력풍토를 증대시켜나가는 조직 간 팀워크 증진 활동이다.

조직 간 문제 해결을 위한 ITB

조직생활에서 갈등이 없는 곳은 없다. 문제는 갈등의 유무가 아니고, 갈등을 어떻게 조절하고 해결해서 조직의 성과로 연결시키느냐에 있다. 서로 잘 하려는 활동 속에서 발생한 문제를 처리하는 입장은 다를 수밖에 없다. 다음에서 조직 간, 팀 간 이슈해결을 위해 ITB가 필요한 상황을 살펴보기로 한다.

첫째, 조직 간 상호 커뮤니케이션 부재로 인해 업무가 누수되거나 효율성이 저하될 때.

둘째, 지나친 성과주의로 인해 조직 간 이기주의 및 우월주의가 증대하고 조직 간 경쟁이 심화되어 상호 불만이 증대할 때.

셋째, 조직 간 목표가 상충하거나 인식의 차이로 인해 갈등이 증폭될 때.

조직 내에서 이러한 커뮤니케이션의 부재, 지나친 성과주의, 팀 간 목표의 충돌이 나타나는 이유는 무엇일까? 그 핵심에는 각 조직별로 자기 조직의 이익을 최대화하고 우선시하려는 경향 때문이다. 또한 오늘날 기업에서는 사업부나 각 부문의 자율 경영이나 분권화 추진으로 지역별, 제품별로 직접 관리를 강화하고 있다. 에드워드 베이커는, '이기주의로 꽉 막힌 '사일로'를 깨라(《동아비즈니스리뷰》 39호)'에서 조직 간 협력의 어려움을 사일로의 개념으로 설명하고 있다.

'사일로'란 곡식을 저장해두는 원통 모양의 창고를 말한다. 경영학에서는 조직 내 부서들이 외부와 담을 쌓고 다른 부서와의 협력이나 교류 없이 내부적 이익만을 추구하는 모습이 마치 사일로와 닮아 있다는 데서 '조직 내 부서 간 장벽'을 뜻하는 용어로 사용하고 있다. 이처럼 사일로가 기업내부의 사업부 간, 부문 간, 팀 간까지 널리 퍼져 있다. 사일로를 해결하기 위해, 에드워드 베이커는 "보상체계, 직무평가제도 자체를 완전히 뜯어고쳐야 한다. 경영진은 커뮤니케이션, 협력수준, 팀워크, 팀 차원의 해결책 등을 모두 고려해 보상을 실시해야 한다"고 주장했다. 이것은 조직 내 사일로를 없애기 위한 통합적인 해결책이다.

그러나 내부경쟁과 분권화의 문화를 바탕으로 한 보상체계와 평가체계를 포기하기란 쉽지 않다. 성과주의와 분권화의 장점이 있는 이상 사일로는 필연적이다. 그렇다면 조직 내 사일로 문제에 대한 시각을 바꿔 볼 필요가 있다. 분권화 조직과 경쟁의 장점은 살린다면 어느 정도의 사일로는 용인할 필요가 있지 않을까? 문제는 조직 내의 사일로가 아니라 사일로로 인해 발생하는 조직 전체의 성과나 고객의 클레임이다. 사일로의 역기능이나 이로 인해 발생하는 문제들을 극복하면서 상호 원원하는 방법은 없을까? ITB를 통해 조직 전체를 도려내는 것이 아니라 환부의 핵심을 치료하는 방법을 살펴본다.

미국의 조직개발 대가 윌리엄 다이어는 그의 책 『세계 초일류 조직을 위한 팀 빌딩Teambuilding』에서 ITB의 초점을 "모든 부서들을 똑같게 만들까가 아니라, 서로 다르고 대조적인 부서들로 하여금 서로 협조하여 더불어 일할 수 있게 하는 통합화 프로세스Integration Process를 개발하는 것"이라고 했다.

또한 그는 ITB의 중요성에 대해, "그룹 간 여러 문제점들이 발생했을 때 여러 부서들이 공조체제를 이루어 작업하여 어려운 점들을 해결하고 일을 부드럽게 풀어가야 한다. 부서의 구성원들이 자기가 속한 부서에만 충성을 다하는 것은 전체 조직의 목적을 달성하는 데 치명적으로 해로운 것"이라고 강조했다.

갈등 유형별 분류

조직 간이나 팀 간에 발생하는 갈등의 유형은 다양하다. 다양한 갈등만큼 그것을 해결하는 방법 또한 달라야 한다. 여기서는 갈등의 유형을 사람 간 갈등, 업무 프로세스상의 문제, 팀·조직 간 역할 충돌이나 미정립으로 구분하여 살펴본다. ITB는 조직 내 발생하는 모든 갈등을 해결할 수는 없다. 조직 내에서 발생하는 대표적인 문제나 갈등을 위 3가지 분류로 구분하여 그에 맞는 ITB 방법을 〈표23〉와 같이 정리한다.

〈표23〉 갈등 유형별 ITB 진행방법

갈등 유형	사례	ITB방법		
		개입 유형	진행 내용	주의할 점
사람들 간의 갈등	1) 양 조직의 리더가 서로 감정이 좋지 않아 팀원들 간의 이해 조정이 어려운 경우 2) 양 조직의 구성원들 간의 알력이나 감정 때문에 문제해결이나 협력이 안 되는 경우	어항게임(Fishbowl Game): 어항 밖에서 어항 안에 있는 물고기를 들여다 보는 것처럼 관찰하고 경청하는 방법	1) 관련 2팀 중에서 X팀이 안쪽에 둥그렇게 앉는다. Y팀은 X팀 바깥에 둥그렇게 앉아 X팀의 이야기를 경청하거나 기록한다. 2) X팀의 토론이 끝난 뒤 Y팀과 자리와 역할을 바꾼다. Y팀이 안 쪽에서 토론하는 동안 X팀은 바깥 원에서 경청하며 기록한다. 3) 토론이 끝난 뒤 각 팀이 이야기한 사항을 토대로 문제점과 해결방안을 제시하고 상호 협의하여 결정한다.	– 안에 있는 팀이 토론할 때 바깥 원에 있는 팀은 질문하거나 참견할 수 없다. – 상호 이야기에 감정이 격해질 수 있으므로 사전에 운영규칙을 숙지하고 필요한 경우 외부 컨설턴트를 활용한다.
업무 프로세스 상의 문제	1) 조직의 초기 설계에 명확한 업무 구분 없이 업무를 수행하면서 문제가 발생 2) 조직 간 업무프로세스가 있지만 실제 행위에서는 지켜지지 않는 경우	사전질문List 활용법 (ITB 기본형)	1) 사전 미팅을 통해 ITB 진행방법과 규칙에 대해 공유하고 본 세션에서 논의할 이슈나 문제를 제안한다. 2) 작성된 List를 상호 교환하여 해결 방안을 사전에 검토한다. 3) ITB Meeting에서 감사마당, 도움마당, 실천 마당을 중심으로 사전에 제안된 이슈나 문제를 협의하여 해결방안을 수립하고 실천을 다짐한다.	– ITB의 기본형으로 가장 많이 사용한다. – 감정 개입을 최소화 한다. – 공식적인 합의 수락 의식을 진행한다.
조직 간/ 팀 간 역할 충돌 및 미정립	1) 신생조직의 경우 역할 정립이 미흡하여 혼란을 초래 2) 조직의 발달에 따라 역할이 변화하여 충돌하는 경우	임시 TFT (Task Force Team) 운영	1) 각 팀의 전문가들을 차출하여 임시 TFT를 구성한다. 2) TFT는 인터뷰, 설문 등을 활용하여 각 팀의 문제점을 파악하여 해결방안을 수립한다. 3) 전체 팀 회합을 통해 해결방안을 공유하고 확정한다.	– TFT에 과도한 문제해결 노력 요구한다. – 전체 구성원들의 합의를 이끌어내기 어렵다.

ITB의 구체적인 실행 프로세스

앞에서 조직 내 갈등 유형에 따른 ITB 진행방법을 소개했다. 실제 조직 내 갈등은 3가지 방법 이외에 더 있을 수 있으며 혹은 혼합하여 발생하기도 한다. 그럴 때는 3가지 ITB 방법을 혼합하여 사용하면 도움이 된다. 다음에서는 ITB의 가장 기본이 되는 '사전질문 활용법'인 ITB 기본형의 실행 프로세스를 중심으로 살펴본다.

〈표24〉 **ITB 실행 프로세스**

단계		주요 내용	산출물
1) Pre–Meeting (사전준비)		– Needs파악: ITB의 필요성 및 요청사항 파악 – 본 세션 설계: ITB의 컨셉과 실행계획을 수립 – 사전 준비: 팀별 간사 선정, 구성원 의견 수렴 및 일정 및 장소 선정	– 실시계획안 – 도움마당 '질문 리스트' (알려주기 시트) 작성
2) ITB Meeting (본미팅)	감사 마당	(1) 도입: 진행안내 및 Ice Breaking (2) 올려주기: 우리 팀이 느낀 상대 팀의 고마운점 토론 및 공유	– ITB합의서
	도움 마당	(3) 알려주기: 상대 팀에게서 겪은 애로사항 및 요구사항 전달(사전 질문 리스트 활용) (4) 제안하기: 상대 팀의 요구사항에 대해 검토 및 해결안 제시(채택/불채택/보류 판정, 불채택시 사유를 명기함)	
	실천 마당	(5) ITB 합의서 작성 및 발표 (6) 마무리 (석식 및 화합의 장 연계)	
3) Follow up Meeting (사후관리)		– 실행 Follow up meeting: 초기 6개월 동안 월 1회 실시하여 ITB합의서 점검 및 보완 – ITB검증 워크샵: ITB실시 6개월 이후 이전과 이후를 비교 검증하는 워크샵	– ITB합의서 체크리스트 – ITB합의서 보완 및 수정

(1) Pre-Meeting (사전준비)

Pre-Meeting의 핵심은 ITB를 해야 할 필요성과 요구사항의 파악에 있다. 이를 위해 양 팀의 실무 담당자들이 모여 사전 미팅을 실시한다. 이 미팅에서 ITB의 기본 콘셉트와 실행계획을 수립한다. 또한 본 세션에서 논의할 양 팀의 이슈 및 요구사항을 작성한다. 요구사항은 사전 질문인 '알려주기 시트'에 작성한다. '알려주기 시트'는 상대 팀으로부터 발생하는 이슈나 애로사항을 업무 단위별로 문제점을 기술하며 그에 대한 개선방향을 기술한다. 이 시트는 ITB 본 세션의 도움받기 마당에서 활용된다.

ITB를 준비하면서 고려해야 할 ITB의 성공적 운영을 위한 3가지 요인은 다음과 같다. 첫째, 양 팀 리더의 ITB 실시에 대한 명확한 합의이다. 여기서 합의란 '하면 좋다'라는 방관자적 입장이 아니라, '이것은 꼭 필요하다. 그래서 내가 꼭 참석하겠다'라는 적극적 의지의 표명이 있어야 한다. 실제 ITB를 준비하면서 양 팀의 리더가 거부하는 바람에 중도에서 포기한 경우가 적지 않다.

둘째, 양 팀의 구성원들이 ITB의 필요성에 대해 사전에 인지하며, 그 중요성에 대해 공감해야 한다. 의례 한 번씩 하는 양 팀 간 회의나 회식 자리가 아니라, 양 팀 간에 발생하는 문제나 이슈를 터놓고 이야기하고 해결하는 장이라는 공감대가 형성되지 않으면 효과적인 대안은 나오지 않는다.

셋째, ITB 자체가 실제 이슈나 문제를 해결해주지 않는다. 다만 실천을 위한 과제나 방안을 도출할 뿐이다. ITB를 하면서 ITB 결과에 대해서는 어떻게 실행하고 관리할 것인가를 사전에 꼭 합의해야 한다.

본 세션 및 사후 미팅에서 논의하면 늦거나 제대로 관리되기 어렵다.

이 3가지 요인들을 사전미팅에서 충분히 고려하고 준비해야 한다. ITB의 성공적 운영은 사전미팅에 달려 있다.

(2) ITB Meeting (본 세션)

ITB Meeting은 3개 마당 4단계로 진행된다. 먼저 감사마당은 상대 팀에 대한 감사의 마음을 표시한다. 그동안 생활하면서 느꼈던 고마운 일들에 대해 감사와 인정의 시간이다. 이 시간 동안 상대 팀이 감복할 수 있도록 인정과 칭찬을 해주는 것이 좋다.

다음은 도움마당이다. 도움마당은 '알려주기'와 '제안하기' 2단계로 나뉜다. 먼저 '알려주기' 단계는 우리 팀이 상대 팀에게서 겪었던 애로사항이나 요구사항을 전달한다. 이 단계는 본 세션에서 바로 토론을 통해 제안할 수도 있고, 사전 미팅에서 준비한 자료를 토대로 양 팀이 논의할 수도 있다. 이에 대한 구분은 ITB의 목적이 양 팀 간 신뢰와 팀워크, 단합의 성격이 강하다면 본 세션에서 논의하는 편이 용이하다. 왜냐하면 당일 감사마당에서 서로에 대한 감사와 인정으로 형성된 신뢰의 감정이 '알려주기' 단계까지 연계되어 애로사항이나 요구사항이 갖는 의미를 상대방의 입장에서 쉽게 이해하기 때문이다. 반면 사전미팅을 통해 자료를 준비할 필요가 있는 경우는 보다 공식적인 관계에서 이슈나 문제해결에 초점이 주어질 경우 사용하는 편이 효과적이다.

'제안하기' 단계는 '알려주기' 단계에서 애로사항이나 요구사항에 대해, 우리 팀이 상대 팀에게 해줄 수 있는 해결방안을 검토하고 제안하는 단계이다. 여기서는 채택, 불채택, 보류의 3가지로 의사결정을 할 수 있다. 만약 불채택의 경우에는 사유를 명확히 밝혀 오해가 없도록 한다. 또한 보류의 경우에도 언제까지 보완하여 대안을 제시하겠다는 것을 구체화하는 것이 좋다.

끝으로 실천마당은 감사와 도움 마당에서 논의되고 합의된 사항들을 서로 합의 사인을 하고 실천 다짐을 하는 장이다. 이 마당에서 유의할 점은 서로 합의된 사항들의 구체적 실천 아이템들이 명확해야 하며 기간이나 담당자가 명확히 명시되어야 실행의 장에서 혼돈을 최소화할 수 있다. 상호 ITB합의서가 교환된 뒤에는 석식이나 화합의 시간을 통해 혹시나 발생했을지도 모르는 오해나 감정을 해소하면 더욱 효과적이다.

(3) Follow up Meeting(사후 관리)

Follow up Meeting은 ITB Meeting에서 합의된 사항의 실천 결과를 검증하는 시간이다. 이 과정을 통해 보완할 점이나 새롭게 추가할 사항들을 협의한다. 처음 6개월까지는 매달 1회의 실무 간사 미팅을 하는 것이 바람직하다. 6개월이 지난 시점에서는 ITB검증 미팅을 통해 이전과 이후의 변화 사항 전반을 체크하고 실행계획서를 보완하여 수정계획서를 작성하는 등 ITB 전반을 평가해본다.

필자의 경험으로 볼 때, ITB Meeting까지는 잘 되지만, 이후의 Follow up Meeting이 잘 지켜지지 않는 경우가 가끔 있었다. 만약 Follow up Meeting이 실시되지 않는다면 실제로 약속했던 사항들이 제대로 실행되지 않는다고 볼 수 있다. 바쁜 일상과 많은 과제 속에서 지속적인 실행이나 관리가 어려운 것이 현실이다. 그러므로 과제들

의 실행에 어려움이 없도록 시스템이나 구조 및 프로세스의 개선을 정
례화하고, 시스템의 변화를 통해 구성원의 행동변화를 유도하는 것도
효과적이다. 또한 리더들의 관심과 지속적인 확인으로 약속된 사항들
을 지켜갈 수 있도록 지원 및 분위기 조성이 필요하다. 초기에는 이러
한 약속사항들이 습관이 되지 않아 익숙하지 않다. 그러나 이것이 관
행이 되고 습관이 되면 자연스런 변화를 이끌어낼 수 있다.

앞서 ITB의 성공적인 운영에 필요한 고려사항 3가지에서 언급했듯
이 ITB는 리더나 참가자들의 필요성에 대한 공감대가 충분히 형성되
어야 하며 특히 ITB자체가 문제나 과제를 해결해주지 않는다. 결국 현
업에서 ITB 활동결과의 부단한 실천만이 과제와 이슈 해결의 지름길
임을 명심하자!

l신서 5074

팀장의 품격

1판 1쇄 인쇄 2013년 6월 5일
1판 3쇄 발행 2017년 5월 4일

지은이 김성완
펴낸이 김영곤 **펴낸곳** (주)북이십일 21세기북스

출판사업본부장 신승철
영업본부장 신우섭
출판영업팀 이경희 이은혜 권오권 홍태형
프로모션팀 김한성 최성환 김주희 김선영 정지은
홍보팀 이혜연 최수아 박혜림 백세희 김솔이
제작팀 이영민

출판등록 2000년 5월 6일 제406-2003-061호
주소 (우 10881) 경기도 파주시 회동길 201(문발동)
대표전화 031-955-2100 **팩스** 031-955-2151 **이메일** book21@book21.co.kr

ⓒ 김성완, 2013

(주)북이십일 경계를 허무는 콘텐츠 리더

21세기북스 채널에서 도서 정보와 다양한 영상자료, 이벤트를 만나세요!
가수 요조, 김관 기자가 진행하는 팟캐스트 '[북팟21] 이게 뭐라고'
페이스북 facebook.com/21cbooks   블로그 b.book21.com
인스타그램 instagram.com/21cbooks   홈페이지 www.book21.com

ISBN 978-89-509-5015-6 13320

책값은 뒤표지에 있습니다.
이 책 내용의 일부 또는 전부를 재사용하려면 반드시 (주)북이십일의 동의를 얻어야 합니다.
잘못 만들어진 책은 구입하신 서점에서 교환해 드립니다.